U0113394

# “一带一路”倡议背景下
## 中国对外贸易发展研究

China's Foreign Trade Development under the Background of Belt and Road Initiative

王微微◎著

中国经济出版社
CHINA ECONOMIC PUBLISHING HOUSE
·北 京·

**图书在版编目（CIP）数据**

“一带一路”倡议背景下中国对外贸易发展研究／王微微著. --北京 ：中国经济出版社，2021. 10（2023. 8 重印）
ISBN 978-7-5136-6604-6

Ⅰ. ①一… Ⅱ. ①王… Ⅲ. 对外贸易-贸易发展-研究-中国 Ⅳ. ①F752

**中国版本图书馆 CIP 数据核字（2021）第 174113 号**

组稿编辑 崔姜薇
责任编辑 张 博
责任印制 马小宾
封面设计 任燕飞装帧设计工作室

**出版发行** 中国经济出版社
**印 刷 者** 北京建宏印刷有限公司
**经 销 者** 各地新华书店
**开　　本** 710mm×1000mm 1/16
**印　　张** 16
**字　　数** 253 千字
**版　　次** 2021 年 10 月第 1 版
**印　　次** 2023 年 8 月第 2 次
**定　　价** 78. 00 元
**广告经营许可证** 京西工商广字第 8179 号

**中国经济出版社** **网址** www. economyph. com **社址** 北京市东城区安定门外大街 58 号 **邮编** 100011
本版图书如存在印装质量问题，请与本社销售中心联系调换（联系电话：010-57512564）

**版权所有 盗版必究**（举报电话：010-57512600）
**国家版权局反盗版举报中心**（举报电话：12390） **服务热线**：010-57512564

# 目 录
# Contents

# 第一章

# 导　论

2008年国际金融危机爆发后，世界经济增长率出现明显下滑趋势，全球贸易增速也有所放缓，特别是2015年全球贸易增长同比下降11.8%，为2009年以后首次出现的较大幅度萎缩。随着世界经济一体化和全球化程度日益加深，我国与全球经济的相互联系和影响日渐紧密，全球贸易持续低迷势必影响我国外贸发展。究其原因，一方面是周期性因素造成的结果，另一方面也是结构性因素使然，如全球价值链收缩等。随着国际市场需求的逐步萎缩，我国外贸环境日趋严峻，劳动力、土地和原材料等生产成本日渐提高，如何寻求新的切入点，以促进我国外贸发展，成为一个亟待解决的现实问题。

推进“丝绸之路经济带”和“21世纪海上丝绸之路”建设，是中国国家主席习近平统筹国内国际两个大局，顺应地区和全球合作潮流，契合沿线国家和地区发展需要，立足当前、着眼长远提出的重大倡议和构想。作为构建人类命运共同体的伟大实践，“一带一路”建设由此掀开了世界经济与区域经济发展进程中的新篇章。“一带一路”是世界上地理跨度最大的经济走廊，连接亚、欧、非三大洲，沿线65个国家总人口达到44亿人，约占全球的63%①；经济总量约21万亿美元，占全球的29%②。“一带一路”倡议提出以来，我国外贸发展进入重要战略机遇期，面临前所未有的机遇。商务部制定并颁布的《对外贸易发展“十三五”规划》（商贸发〔2016〕484号）提出，要抓住“一带一路”沿线国家基础设施建设和产业转型升级的机遇，推动大型成套设备及技术、标准、服务出口，加快机电产品和高新技术产品出口。“一带一路”倡议为沿线国家优势互补、开放发展提供了机遇，是国际合作的新平台，也为实现与沿线各国发展战略的对接、发掘我国外贸发展潜力、促

① “一带一路”沿线国家的名单并非固定，随着“一带一路”倡议的推进，沿线国家的名单也会呈现动态变化。

② 殷德生，金培振．改革开放40年中国对外贸易变革的路径、逻辑与理论创新［J］．上海经济研究，2018（10）：116-128.

进经济的快速发展提供了机会。

党的十八大以来，中国加快构建开放型经济新体制，推动形成更高水平的开放格局，“一带一路”倡议成为中国企业“走出去”的重要机遇，也是中国发展惠及亚洲、实现人类命运共同体的关键渠道。

自“一带一路”倡议提出以来，中国积极参与，不断与“一带一路”相关国家深化发展多边经贸关系和区域经济合作，提升贸易投资自由化和便利化水平，持续推进更高水平的对外开放，催生了世界经济新格局，共建“一带一路”效果不断显现。在中国和其他“一带一路”沿线国家的共同努力下，“一带一路”从无到有、由点及面，开局良好、效果已显。“一带一路”沿线国家中不乏发展势头良好的新兴经济体，我国与有关国家经贸合作水平不断提高，贸易往来持续扩大，贸易结构不断优化，贸易新增长点逐步培育，为各参与方的经济发展注入了新活力。2013—2019 年，我国与“一带一路”沿线国家货物贸易总额超过 7.3 万亿美元，年均增长 4.3%，高于同期中国对外贸易增速；2019 年我国与“一带一路”沿线国家货物贸易总额占我国货物贸易总额的比重达到 29.3%；2018 年，我国同“一带一路”周边 28 个国家进出口贸易额比 2012 年增长 25%，超过我国同美、欧贸易额之和。由此看来，“一带一路”沿线国家的贸易流量和贸易潜力不容小觑。作为“一带一路”建设“五通”之一，贸易畅通是构建“一带一路”的重点内容。为了促进贸易畅通，自 2013 年以来，中国采取了一系列举措，如加快自由贸易区和自由贸易港的建设、建立跨境经济合作区、与沿线国家签署或升级贸易协定、举办多个国际性的博览会、大力简化进出口程序、推动投资贸易体制机制的创新，以此降低贸易壁垒，消除贸易合作的障碍，从而大力推动“一带一路”贸易的发展。截至 2020 年 5 月，中国政府已先后与 138 个国家、30 个国际组织签署 200 份共建“一带一路”合作文件。①

但同时也要看到，我国对外贸易依然面临着一系列严峻的挑战，世界经济复苏缓慢，国际市场需求缩小；中美贸易摩擦加剧，贸易环境恶化；生产成本上涨，企业利润降低。为了促进我国外贸发展，提升外贸竞争力，有必

---

① 商务部国际贸易经济合作研究院．中国“一带一路”贸易投资发展报告 2020 [R/OL]．(2020-12-01) [2021-01-01]．https://mp.weixin.qq.com/s/9kiS0qWKH9FCaNd1mOhDOA

要在“一带一路”倡议背景下开展对我国与沿线国家贸易发展前景的研究，并提出相关对策建议，这有利于引导我国的优势企业“走出去”，构建我国主导的全球价值链，进一步促进我国国内产业结构升级，提高我国的开放水平，并可以使我国对外贸易的发展进入良性循环①，增强在“一带一路”沿线国家和地区间的竞争力，吸引更多的外部资金，促进我国外贸的持续健康增长、发展更高层次的开放型经济，同时对于建设贸易强国，实现我国出口商品结构、竞争优势、增长动力、营商环境及全球治理中的地位等方面的转变具有重要的现实意义。

在此背景下，“一带一路”倡议是中国对外开放和开放型经济体系的新思路，其包含的“和平合作、开放包容、互学互鉴、互利共赢”等内容，正是丝绸之路文化内涵的体现，也是中国倡导的新经济全球化模式内涵的体现。“一带一路”倡议的实施有助于完善对外开放新格局（盛斌、黎峰，2016），有利于提升中国开放型经济发展质量、优化区域开放结构（申现杰、肖金成，2014）。

中国推进“一带一路”倡议将给沿线国家带来双赢的结果。卢锋（2015）认为“一带一路”倡议将为中国经济开拓更具全方位特点的开放格局，有利于中国与广大发展中国家共谋发展，获得更广泛利益。沈铭辉（2016）认为中国提出“一带一路”倡议，促进境外经贸合作区融入“一带一路”建设，有利于我国企业更加直接地参与国际竞争。“一带一路”沿线多为基础设施相对落后的发展中国家，中国与沿线国家开展交通基础设施等项目合作，可为“一带一路”倡议的实施奠定良好开局（杨思灵，2015）。李新和张鑫（2016）认为“一带一路”倡议有利于形成国内区域经济协调发展新格局和全方位对外开放新格局。

不少学者结合“一带一路”相关数据进行实证分析，发现“一带一路”倡议对推进沿线国家的贸易发展可以起到积极作用。孙楚仁等（2017）利用1996—2014年的数据，采用双重差分法研究“一带一路”倡议对我国对外出口的影响，研究表明“一带一路”倡议显著提高了中国对沿线国家的出口总

---

① 林建勇，洪俊杰．全球贸易发展的趋势与特点——兼论中国外贸发展新策略［J］．现代管理科学，2016（10）：73-75.

量，且对出口产品数量的促进作用大于对出口产品价格的影响。综合资源、位置、环境、文化等因素，徐梁（2016）通过分析“一带一路”沿线30个国家的面板数据，在国家层面对要素禀赋结构与动态比较优势之间的相关关系进行实证检验，发现积极参与到“一带一路”建设中，将会为沿线各国的经济发展提供持续稳定的动力。邹嘉龄等（2015）利用2014年中国海关统计数据以及2010年中国30个省区市区域间投入产出表，分析了中国与“一带一路”沿线国家的贸易相互依赖关系，发现中国与“一带一路”沿线国家间的贸易依赖程度加深，同时呈现出不对称性。

作为全球最大的新兴经济体，中国在新兴经济体经贸合作和群体化发展中扮演着极其重要的角色。就“一带一路”沿线的新兴经济体而言，根据湛柏明和贾净雪（2018）的解释，“一带一路”沿线新兴经济体可以界定为中国与埃及、匈牙利、印度、印度尼西亚、马来西亚、巴基斯坦、菲律宾、波兰、俄罗斯、泰国、土耳其等12个国家。桑百川等（2010）的研究认为我国与新兴市场国家之间的对外贸易比重迅速上升，拓展与深化新兴市场是中国开放经济发展的内在要求，具有重要的战略意义。拓展与深化新兴市场战略，应根据我国与新兴市场之间的贸易合作潜力状况，有重点、有次序地渐次推进，从确定重点对象市场，建立贸易促进体系，提出具体的促进进出口举措，促进服务贸易的举措，实行配套的促进出口的投资策略和促进贸易的FTA策略等方面着手拓展新兴市场。

党的十九大报告提出“推动形成全面开放新格局”，在“一带一路”倡议背景下，大幅度放宽市场准入，扩大服务业特别是金融业对外开放、保护外商投资合法权益、保护知识产权、创造国际一流营商环境等一系列政策措施的出台将使中国对外贸易迈上新台阶。从长远看，中国经济发展需要更多依靠内需尤其是消费需求拉动。但就当前而言，对外贸易仍然是中国开放型经济体系的重要组成部分和国民经济发展的重要推动力量，在“一带一路”倡议背景下保持其稳步发展与优化升级，无论是对扩大就业、增加国家税收，还是缓解资源能源约束和带动产业发展等各个方面，均有不可或缺的作用[①]。

① 马相东，王跃生．全球贸易新常态与中国外贸发展新策略［J］．中共中央党校学报，2015，19（6）：77-84.

因此，中国应顺势而为，抓住“一带一路”倡议为中国外贸转型升级与提质增效所创造的战略机遇，采取适当的贸易发展策略，推动中国从贸易大国迈向贸易强国。

本书将“一带一路”倡议和中国外贸发展两大主题融合在一起，以“一带一路”沿线国家为主要研究对象，以其中的主要新兴经济体为突破口，深入分析中国与沿线新兴经济体之间的贸易发展状况、面临的挑战和潜在风险，推动“一带一路”倡议背景下中国与沿线新兴经济体积极开展双边经贸合作，提升贸易便利化水平，促使新兴经济体发展模式朝向更加具有整体性、群体性和系统性的方向转变，更加积极主动地参与全球经济治理体系改革，同时带来如下三方面效应：

第一，在“一带一路”倡议与新兴经济体集团化、群体化建设的背景下，中国积极拓展与沿线国家的贸易往来，将加快“一带一路”合作倡议从宏观框架设计向微观具体实施转变，以沿线国家尤其是沿线新兴经济体为突破口，有利于我国的对外贸易发展找到一条落实“一带一路”合作倡议建设的优化路径。

第二，“一带一路”合作倡议与新兴经济体群体化的共同建设将为后危机时代我国大力发展货物和服务贸易，加强与新兴经济体的经贸合作提供新方向与新思路。

第三，尽管我国贸易规模增长比较迅速，但是在贸易质量和效率方面，相比经济发达国家和地区还存在一定差距。全面研究“一带一路”倡议背景下我国对沿线国家尤其是新兴经济体双边贸易的相关问题，不仅能够为我国外贸政策的制定提供合理、科学的客观依据，同时也有利于提升我国出口竞争力。

相较于以往的文献及研究，本书的分析思路更开放、角度更全面、结构更完整。本书拟全方位、多层面地对国家经贸合作现状、潜力与发展前景进行对比分析，为“一带一路”倡议背景下中国开展对外经贸合作提供新方向，在世界经济新体系和全球治理新体系构建和变革中扮演更加积极主动的角色。

# 第二章

# “一带一路”相关研究的理论基础和文献综述

## 第一节 “一带一路”相关研究的理论基础

习近平总书记在博鳌亚洲论坛2018年年会开幕式上的重要主旨演讲中指出：“没有哪个国家能够独自应对人类面临的各种挑战，也没有哪个国家能够退回到自我封闭的孤岛。”

古代丝绸之路经由陆路和海路联通了沿线各国各地区，扩大了与沿线国家和地区的经贸合作，而且逐步扩展到政治、文化、教育、科技等领域的交流与合作，是东西方文明互鉴、凝聚共识的大动脉。经由古代丝绸之路，中国及沿线区域的经贸往来络绎不绝，文化交流欣欣向荣，形成了最初的利益共同体①。

“一带一路”建设与合作是中国改革开放再出发的新起点，更是中国与世界命运相通的新机遇。1978年，中国做出了改革开放的伟大抉择，改革开放40多年，我国经济社会发展取得了历史性成就，发生了历史性变革，是中国对外开放的1.0阶段。同时也要看到，经过40年的发展，我国对外开放的外部环境发生了深刻变化。这对我国加快构建新时代全面开放格局、发展更高水平的开放型经济新体制、推动全球治理体系完善、提出中国方案、做出中国贡献、更好彰显中国智慧等带来新挑战、新机遇和新动力。新时代，我们要按照习近平总书记提出的要求，坚持“中国开放的大门不会关闭，只会越开越大”② 的理念，推动对外开放战略紧紧围绕从富起来到强起来的强国梦目标，加快形成全面开放新格局，建立高层次高水平开放型经济新体制，引领我国经济迈向高质量发展。加快形成全方位开放新格局，加快形成陆海内外

---

① 朱执，杨楹．世界历史理论视域中的“一带一路”［J］．思想理论教育导刊，2019（10）：35-40.

② 中华人民共和国商务部．习近平主席在博鳌亚洲论坛2018年年会开幕式上发表重要主旨演讲［EB/OL］．(2018-04-10)．http：//www.mofcom.gov.cn/article/zt_ topic19/zywj/201804/20180402730791.shtml

联动、东西双向互济的开放新格局是其中的重要内容。2013 年，中国提出了"一带一路"倡议，构建以"合作共赢"为核心的新型国际关系与人类命运共同体，这是中国积极参与完善全球经济治理体系，顺应贸易投资便利化、自由化和法治化的趋势，在新一轮开放中提升中国制度性话语权和影响力的重要体现，是推动中国全面开放新格局形成的 2.0 阶段。

## 一、马克思世界历史理论

马克思世界历史理论贯穿于《1844 年经济学哲学手稿》《德意志意识形态》《共产党宣言》《资本论》等系列著作中，通过对现实的人的物质生活世界和具体实践，尤其是对西方殖民扩张对世界各国命运产生的影响进行深入剖析而形成的。马克思、恩格斯多次从中国的历史问题、未来走向等角度论述过中国。

在《俄国的对华贸易》① 一文中，马克思指出："如果同中国的海上贸易由于现在发生的军事行动而停止，欧洲所需的全部茶叶可能就只有靠这条商路供应了。""由于这种贸易的增长，位于俄国境内的恰克图就由一个普通的要塞和集市地点发展成一个相当大的城市了。""欧洲将从这条陆路得到茶叶的供应……"说明在西方列强通过武力方式开拓出海洋贸易之路以前，中国就已经以和平的方式开拓出通向世界的海洋贸易通道，而且，中国同时还开拓出了经蒙古国、俄罗斯通向欧洲的大陆贸易通道。在《政治经济学批判（1857—1858 年手稿）》中，马克思提出"共同体"的概念，指出其可分为两个阶段：自然形成的共同体以及经由劳动者本身创造出来的共同体。"土地是一个大实验场，是一个武库，既提供劳动资料，又提供劳动材料，还提供共同体居住的地方，即共同体的基础。"② "共同体（指第二阶段的共同体），就不能再像第一种情况下那样以一种自然形成的形式出现了，共同体本身已经是被创造出来的、产生出来的、派生出来的、由劳动者本身创造出来的共同体。"③ 马克思认为，这种由劳动者本身创造出来的共同体，可用来概括所

---

① 选自《马克思恩格斯全集》第 12 卷第 166-168 页。该文作为社论载于 1857 年 4 月 7 日《纽约每日论坛报》第 4981 号，原文是英文。

② 马克思恩格斯全集（第 30 卷）[M]. 北京：人民出版社，1995：466.

③ 马克思恩格斯全集（第 30 卷）[M]. 北京：人民出版社，1995：493.

有不再是自然形成的共同体。只要我们根据人类社会历史的客观发展过程对照研究手稿，同时从个体与共同体关联的视角来讨论问题，就可以增加一种视角来理解唯物主义历史观。① 这可以视作中国“一带一路”建设的马克思主义理论渊源。从马克思世界历史理论的角度看，国际分工细化、生产力发展和世界交往是世界历史形成的重要推动力，其揭示了民族、国家相互依存关系的重要性，可见“一带一路”实践是马克思世界历史理论在经济学领域的当代延续，也是其当代价值的昭示。

当前，世界多极化、经济全球化、文化多样化的深入发展以及新一轮科技与产业革命的加速推进促使人类社会走进世界历史时代，而这一时代主题便是构建人类命运共同体。② 人类命运共同体理念继承和发展了马克思世界历史理论。在《德意志意识形态》中，马克思指出：“各个相互影响的活动范围在这个发展进程中越是扩大，各民族的原始封闭状态由于日益完善的生产方式、交往以及因交往而自然形成的不同民族之间的分工消灭得越是彻底，历史也就越是成为世界历史”“历史向世界历史的转变，不是‘自我意识’、宇宙精神或者某个形而上学幽灵的某种纯粹的抽象行动，而是完全物质的、可以通过经验证明的行动”③。地理大发现引起国际贸易，资产阶级革命与工业革命相继开展，中国改革开放与共建“一带一路”深入推进，这些重大实践便是对马克思世界历史理论的最好印证。上述“历史向世界历史转变”这一核心论断表明生产力、分工和交往的不断发展形成了世界历史，揭示了人类社会从地方性、区域性向世界性、开放性转变的客观必然性，从理论和实践上为构建人类命运共同体奠定了坚实的基础。④

人类命运共同体是“一带一路”倡议的理论支撑和价值遵循；“一带一路”则是构建人类命运共同体的推进动力和建构机制。“一带一路”倡议的提出实现了国际关系从“利益共同体”“价值共同体”到“命运共同体”的过

---

① 胡为雄．全面把握马克思的共同体理论——基于《政治经济学批判（1857—1858 年手稿）》研究［J］．毛泽东邓小平理论研究，2020（1）：42-50+107.

② 曹绿．以马克思世界历史理论审视人类命运共同体［J］．思想理论教育，2017（3）：39.

③ 马克思．德意志意识形态［M］．北京：人民出版社，2003：32-33.

④ 梁昊光．“一带一路”：内在逻辑、全球定位和学理支撑［J］．深圳大学学报（人文社会科学版），2019，36（4）：80-89.

渡，是对马克思世界历史理论的当代解读。[①]"一带一路"倡议积极促进国际经贸合作，努力实现政策沟通、设施联通、贸易畅通、资金融通、民心相通，为促进全球发展持续增添新的动力。"一带一路"倡议是中国的，但机遇是世界的。提出这一倡议，顺应了亚欧大陆要发展、要合作的普遍呼声。它让世界各国认识到，在积极发展本国经济的同时还可以带动相关国家乃至整个世界的发展，因此"一带一路"建设得到众多国家和国际组织的响应和支持，一些国家纷纷将自身发展战略与"一带一路"对接，在优势互补的基础上更好地实现自身发展。比如，"一带一路"建设同俄罗斯提出的欧亚经济联盟、土耳其提出的"中间走廊"、英国提出的"英格兰北方经济中心"等发展战略实现对接。

## 二、地缘经济理论

所谓地缘经济，指的是一定地理空间范围内国家或地区间的经济联系，以及相互依存而构成的经济体系。[②] 20 世纪 80 年代末 90 年代初，东欧剧变、苏联解体、华约解散，世界格局发生巨变，国际政治的主旋律由"军事争霸"转向"经济角逐"，[③] 各国间的实力竞争逐步演变为经济实力上的较量，经济利益成为国家利益的重要组成部分，这使得地缘经济理论的诞生具有迫切的现实需求。而伴随经济全球化浪潮，大国主导下的地缘经济蓬勃发展，地缘经济理论由此应运而生。理论界以爱德华·卢特沃克、理查德·索罗门、卡尔罗·让等为代表的欧美学者，在 20 世纪 90 年代初提出了以经济利益和经济关系取代军事对抗和政治关系作为国际关系主轴的理论，即地缘经济理论[④]。地缘经济学是地缘研究中的主要领域之一，是一门跨学科、跨理论的交叉学科，其理论来源包括地缘政治学、地理学、区域经济学、社会学、国际关系等领域。传统地缘经济学主张国家通过经济竞争或合作实现对国际市场

---

① 朱执，杨楹．世界历史理论视域中的"一带一路"［J］．思想理论教育导刊，2019（10）：35-40.

② 李敦瑞．地缘经济视域下的对外开放：大格局与新境界［J］．兰州学刊，2020（2）：102-109.

③ 萨本望．新兴的"地缘经济学"［J］．世界知识，1995（5）：2-4.

④ 李正，陈才，熊理然．欧美地缘经济理论发展脉络及其内涵特征探析［J］．世界地理研究，2014，23（1）：10-18.

的控制权、国际贸易规则的制定权、行业地位的统治权、价值链分配的话语权等经济主导权的争夺。①

为提升国别或者区域竞争力，加快融入经济全球化的进程，世界各国主动加快开放步伐，创建了一批地缘性合作组织。在亚洲，经济合作席卷了大多数国家与地区。1993 年 11 月 1 日，《马斯特里赫特条约》正式生效，欧盟诞生。1994 年中亚经济联盟成立，2002 年并入欧亚经济共同体。地处西亚海湾的阿拉伯国家合作委员会于 2003 年启动海合会关税联盟。此外，中日韩等国与东盟分别开展了“10+X”合作模式，并在此基础上逐步建立自由贸易区，2010 年 1 月 1 日中国—东盟贸易区正式全面启动。在 1989 年美国和加拿大建立自由贸易区的基础上，1992 年美、墨、加等三个国家签署了成立北美自由贸易区协议。2018 年美墨加三国签署《美国—墨西哥—加拿大协定》（USMCA），继续深化在美墨和美加边境地区的合作。2020 年 11 月 15 日，历时 8 年之久的《区域全面经济伙伴关系协定》（RCEP）正式签署，该协定由东盟十国发起，邀请中国、日本、韩国、澳大利亚、新西兰、印度共同参加（“10+6”），旨在通过削减关税及非关税壁垒，建立 16 国统一市场。这标志着当前世界上人口最多、经贸规模最大、最具发展潜力的自由贸易区正式启航。可见，随着经济全球化日益加深，世界各国之间的相互依赖性增强，越来越多的发展中国家有机会利用自身地理区位和要素禀赋等优势实现经济崛起。

2008 年国际金融危机爆发以来，全球经济发展格局经历了深刻调整。“一带一路”建设秉承共商、共享、共建原则，坚持互利共赢，兼顾各方利益和关切，寻求利益契合点和合作最大公约数，体现各方智慧和创意，各施所长，各尽所能，把各方优势和潜力充分发挥出来。其所倡导的包容、合作、开放、共享理念得到了沿线国家的高度认同，与传统地缘经济理论所强调的竞争、排他、争夺、控制的传统观点形成鲜明对比，在逻辑、视角、实现方式、目标等各方面都超越了传统地缘经济理论，形成了一种新的地缘经济观。

---

① 丁云宝．“一带一路”视域下的新地缘经济观［J］．同济大学学报（社会科学版），2019，30（2）：35-44.

## 三、地缘政治理论

传统地缘政治理论认为海上交通线、战略要地等地理因素对国家利益、国家战略等具有重要影响，要以地理空间态势进行权力博弈，其实质上奉行的是权力的哲学，主张国家要追逐权力、独占权力。较有代表性的是英国地缘政治学家麦金德，其于1904年发表了著名的《历史的地理枢纽》一文，阐释并推进了海权与陆权相对立的地缘政治理论。20世纪90年代以来，全球化呈现出纵深发展的态势，国与国之间的政治沟通、经贸往来、文化交流等达到了前所未有的高度，人类社会变成了"我中有你，你中有我"的利益共同体，同时深刻而广泛的国家竞争也将国际社会变成了巨大的"竞技场"。在这种时代语境下，各国源于地理环境、地理资源等所产生的政治互动越来越激烈，国家地缘政治的重要性更加明显，许多大国都提出了明确的地缘政治战略。①

从本质上看，"一带一路"实现了对传统地缘政治理论的超越。

首先，"一带一路"超越了传统地缘政治的"权力观"，由追逐权力变为共享利益和发展，通过促进自由贸易给沿线国家带来福祉，达到互利共赢的结果。中国提出"一带一路"倡议顺应了和平、发展、合作、共赢的时代潮流，为沿线国家提供了一个具有广泛包容性的合作平台，是推动开放合作，促进和平发展的"中国方案"，而不是中国实现自身战略目标的工具。按照麦金德的理论，基础设施项目仅是一国动员起来对抗另一国的工具。② 而"一带一路"谋求增进理解和信任、加强全方位交流，内蕴和平共处、和谐包容、互学互鉴、合作共赢的新国际关系理念，包含了打造政治互信和经济融合的利益共同体的战略诉求。③ 共商、共建、共享为建设"一带一路"的核心原则，超越了传统地缘政治以权力为出发点的逻辑，使地缘政治逻辑起点非权

---

① 杨艳玲．"一带一路"倡议的地缘政治视角解读［J］．产业与科技论坛，2019，18（11）：8-9.

② 科林·弗林特，张晓通．"一带一路"与地缘政治理论创新［J］．外交评论（外交学院学报），2016，33（3）：1-24.

③ 杨艳玲．"一带一路"倡议的地缘政治视角解读［J］．产业与科技论坛，2019，18（11）：8-9.

力化，提出“一带一路”倡议并不是为了谋求权力本身，而是旨在建立一条福泽沿线各国的发展之路，丰富地缘政治的权力内核，以积极的影响力吸引沿线国谋合作、谋发展。地缘政治的权力观解读发生变化，共建“一带一路”超越了地缘政治，不追求以大国主宰或霸权争夺的方式实现全球政治治理秩序的稳定，而是强调不同地缘文化的国家只要存在“利益交汇点”，便可以形成“利益共同体”①，以此为逻辑，逐步构建人类命运共同体。

其次，“一带一路”超越了传统地缘政治狭隘的“中心—边缘”观。西方地缘政治想象僵硬地将世界地缘政治空间区分为中心与边缘，在此基础上实施以本国、本民族为中心的地缘政治战略和实践，容易加剧国家间的竞争、对立和冲突。“一带一路”构想则实现了一种范式转换，其“中心”和“边缘”是相对存在的，“中心”发展变化，“边缘”也相对变化，超越了单个国家视角的狭隘性与局限性，有利于充分调动参与各国的积极性，实现共商、共建、共享“一带一路”。

最后，“一带一路”肩负阐释中国特色地缘政治思想、优化中国地缘政治环境的历史使命。对崛起中的中国而言，厘清原有地缘政治环境情况，阐释中国地缘政治思想的独特性与和平特质，进一步优化中国地缘政治环境，才能更好地落实全面对外开放的发展战略，实现经济的高质量发展。

所以，“一带一路”正在超越传统的地缘政治，将开创包容、均衡、普惠的合作架构。由于牵涉国家众多、各自发展差异大，“一带一路”统一的机制化建设较难，但区域、次区域机制化先行，势在必行，其关键在于从地缘政治角度谋划“一带一路”建设，将地缘政治理念融入“一带一路”倡议的经济、文化、外交等层面，同时超越传统的地缘政治，在基于“一带一路”倡议对中国周边和沿线国家地缘重塑的过程中，更注重国家之间共同利益，提高沿线国家参与的积极性，提高发展中国家的参与积极性，加强沿线国家之间的地缘联系，打造互联互通网络。

① 梁昊光．“一带一路”：内在逻辑、全球定位和学理支撑［J］．深圳大学学报（人文社会科学版），2019，36（4）：80-89.

## 第二节　国内外研究现状与文献综述

随着"一带一路"建设的持续推进，国内外关于"一带一路"的研究成果也在不断丰富，这些研究成果主要包括学术论文和著作等形式。

### 一、国外学术界关于"一带一路"的研究现状

从国外关于"一带一路"学术研究的发文数量和引用率来看，2014—2019年，"JSTOR西文过刊数据库"收录的期刊中主题为"One Belt One Road"的文献总数为2016篇，其中2014年到2019年分别发表了1158篇、917篇、554篇、418篇、304篇和123篇论文（见图2-1），呈现出逐年下降的趋势。总体来看，国外关于"一带一路"的研究文献虽然数量不多，但整体学术水平相对较高，说明"一带一路"相关研究同样受到了国外学者的重点关注。

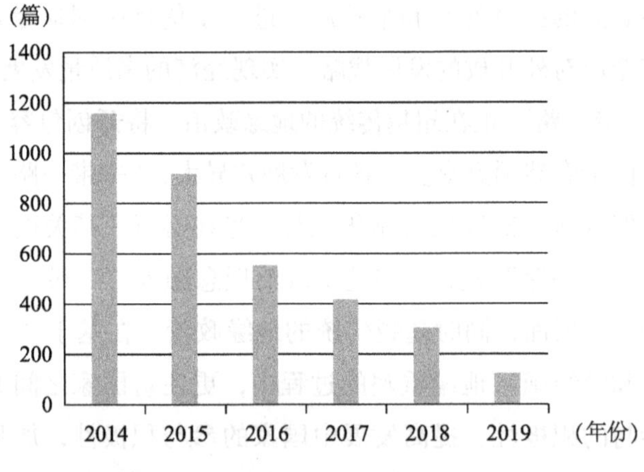


**图2-1　2014—2019年国外发表的主题为"一带一路"的学术论文数量年度分布**

### 二、国内学术界关于"一带一路"的研究现状

从国内学术界发文数量和发文年度来看，2014—2019年，中国知网（CNKI）收录的全部期刊中主题为"一带一路"或"丝绸之路经济带"或

“21 世纪海上丝绸之路”的文献数量共计 47249 篇，其中 2014 年到 2019 年分别发表了 1486 篇、7807 篇、8005 篇、12040 篇、10441 篇和 7470 篇，整体呈先增后减的趋势，发文量在 2017 年达到了最高点。

中国知网收录的 CSSCI 核心期刊中主题为“一带一路”或“丝绸之路经济带”或“21 世纪海上丝绸之路”的文献数量为 5875 篇，2014—2019 年分别发表了 150 篇、915 篇、1130 篇、1365 篇、1262 篇和 1053 篇（见图 2-2）。

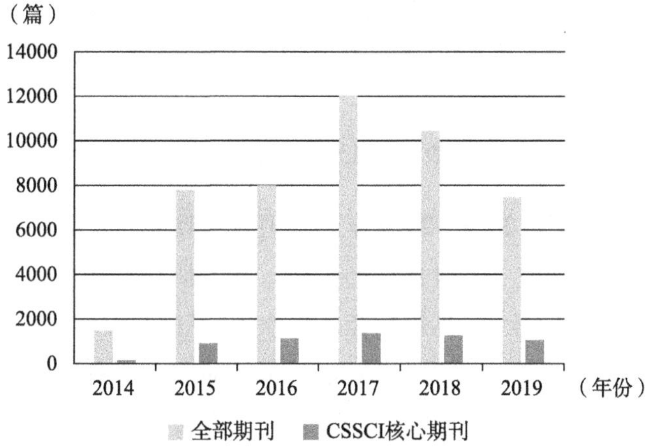


**图 2-2　2014—2019 年国内发表的主题为“一带一路”的学术论文数量年度分布**

不难发现，相对于全部期刊，CSSCI 核心期刊中围绕“一带一路”的相关文献数量仅占“经济与管理科学类”总体发文量的 2.74%，在一定程度上说明国内关于“一带一路”的高水平学术研究成果占比相对较低。

从研究的关键词来看，除“一带一路”“丝绸之路经济带”“走出去”“‘一带一路’倡议”这些通用高频关键词外，其他出现频率较高的关键词依次是：“企业管理”（710 次）、“产能合作”（491 次）、“高峰论坛”（414 次）、“跨境电商”（365 次）、“财政管理”（487 次）、“财政金融”（294 次）、“互联互通（271 次）”（见图 2-3）。与此同时，CSSCI 核心期刊中相关研究关键词的内容和频次并没有发生较大的变化。由此可见，国内围绕“一带一路”开展的研究主要涉及经济、政治、社会、文化等多个领域，研究主题较为分散，整体偏向宏观层面，同时伴有较强的舆论性。

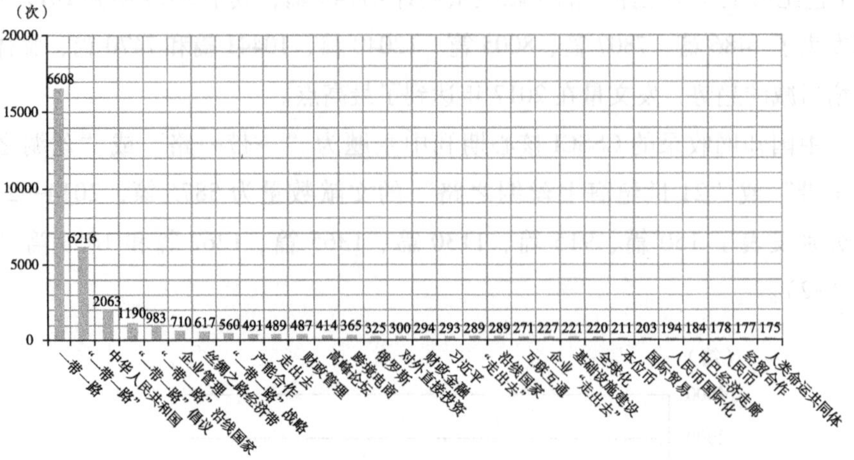


**图 2-3　2014—2019 年国内发表的主题为“一带一路”学术论文的关键词出现频次**

从研究层次来看，2014—2019 年在中国知网收录的全部期刊中，按频次高低依次为：基础研究（社科）（3954 次）、政策研究（社科）（508 次）、行业指导（社科）（273 次）、高等教育（28 次）、基础与应用基础研究（自科）（11 次）、行业技术指导（自科）（5 次）、政策研究（自科）（5 次）、职业指导（社科）（4 次）、大众文化（3 次）、工程技术（自科）（1 次）。不难发现，除基础研究外，研究文献的层次主要集中在政策研究和行业指导两个方面，这说明国内关于“一带一路”的学术研究多数仍停留在操作层面，缺乏较有深度的理论文章。

从出版著作方面来看，六年（2014—2019 年）来国内已出版了百余部以“一带一路”为主题的书籍，其中具有一定学术水平的研究著作有：刘卫东等著的《“一带一路”战略研究》《“一带一路”——引领包容性全球化》《“一带一路”建设对策研究》，王义桅的《世界是通的——“一带一路”的逻辑》《“一带一路”：机遇与挑战》，刘伟等著的《“一带一路”：全球价值双环流下的区域互惠共赢》《“一带一路”：产业与空间协同发展》《“一带一路”：区域与国别经济比较研究》，邹磊的《中国“一带一路”战略的政治经济学》以及白永秀等著的《丝绸之路经济带研究》等。以上这些出版著作主要从提出背景、理论内涵、战略意义、合作内容等方面对“一带一路”建设展开了较为深入扎实的研究。①

可见，自2013年以来，“一带一路”已成为国内学术界持续讨论的热点话题，一大批丰硕的研究成果为共建“一带一路”提供了扎实的理论指导。随着“一带一路”建设的逐步推进，相关研究成果也在不断扩展与深化。

## 三、“一带一路”倡议与我国对外贸易研究的文献综述

目前国内关于“一带一路”倡议与我国对外贸易研究的重点问题主要集中在多边与双边贸易合作效应、贸易竞争性和互补性、贸易结合度、贸易依赖程度、贸易效率与贸易潜力、贸易便利化、贸易潜力等方面。

### （一）“一带一路”倡议背景下多边与双边贸易合作效应

“一带一路”倡议对中国与沿线国家的整体贸易合作起到了促进作用，对中国与沿线国家在农产品、能源、钢铁、基础设施等领域的贸易与合作产生了积极影响。

于海龙（2018）指出，自“一带一路”倡议提出后，我国与周边国家农产品贸易总额持续增长，2010—2014年更是由433.9亿元增长至615.1亿元，每年递增7.2%，保持了良好的态势，如能进一步降低各国之间政治风险、文化冲突以及收益分配方式等负外部性问题的影响，则我国与丝绸之路经济带国家进行的农产品贸易仍有提升空间，如：土地密集型农产品、多品类农产品贸易仍具有较大潜力。因此我国应致力于农业科技先行，农产品贸易和农业投资跟进的方法，保证农业对外合作，有效提升农业生产能力以及人民生活水平。潜旭明（2017）的研究显示，“一带一路”大背景下，我国与中东地区能源贸易紧密，受能源合作环境的复杂多变、大国因素的干扰、能源政策的出台等因素的影响，现阶段中国能源进口仍面临不少挑战。促进区域资源的市场融合、建立并创新能源合作机制，实现双边合作的集群式发展能为中国开展国际能源合作带来新的历史机遇。石泽浩（2017）采用复杂网络的分析方法对“一带一路”沿线各个国家的钢铁贸易格局及其近十年内的演变规律进行了全新解构，发现“一带一路”沿线各国钢铁贸易伙伴比较固定，

---

① 白永秀，何昊，宁启．五年来“一带一路”研究的进展、问题与展望［J］．西北大学学报（哲学社会科学版），2019，49（1）：149-162.

且大多数国家的贸易伙伴较多，市场呈现多元化，其中中国钢铁出口最大的市场为南亚及东南亚国家，而中东地区则是中国钢铁出口依赖度第二的地区；地缘相近的国家往往存在着紧密的钢铁贸易往来，虽然钢铁贸易已经涉及"一带一路"沿线绝大部分国家，但地理距离仍然是影响大国进行贸易权衡的重要因素之一。因此，解放新疆独特的区位优势，以解决国内钢铁产业结构不合理的问题是现阶段的一大目标。许娇（2016）利用GTAP模型模拟分析"一带一路"六大经济走廊交通基础设施建设的经贸效应，认为中国与各大经济走廊交通基础设施互联互通所产生的经贸效应强于中国与单一经济走廊的互动，"一带一路"经济走廊交通基础设施互联互通，对于中国大陆和各大经济走廊的进、出口贸易量与实际GDP增长都十分有利。

"一带一路"倡议不仅整体贸易效应显著，还对中国与沿线特定国家或者特定区域一体化组织之间的贸易也产生了较大的推动作用。

葛涛（2017）利用三元边际分解框架，将中国在中亚市场上的进口增长进行结构性分解，从总体和动态分布演进考察了中国进口中亚农产品的三元边际特征：中国在中亚市场上的进口份额不断提升，且"一带一路"倡议的贡献巨大，年均增长率从2013年之前的10%上升到2013年之后的34.52%，拓展边际是中国从中亚进口增长的源泉，年均增速达到15.84%。价格边际变化比较平稳，年均增速仅为0.08%。同时，经济规模对拓展边际与数量边际分别表现为显著的负向、正向作用，而生产效率与之相反，说明中亚国家在做大农业经济规模的同时也应该注重生产效率的提升。姚予龙（2018）的研究显示中国已经成为世界最主要的林产品消费国，消费缺口极大，中俄两国林业贸易应该更加深化进行，应搭建企业投资生产平台，在主要边境口岸布局建设各种类型林业加工园区，提升林业产业竞争力。郑国富（2017）的研究显示东盟与中国在经济发展层次、消费偏好与传统习俗、农产品供需结构等方面的差异使双方农产品贸易合作领域广、关联度高、潜力大，2001—2016年中国与东盟农产品贸易结合度指数均大于1。农产品贸易壁垒较大程度阻碍双边合作升级发展、互补性农产品贸易潜力未挖掘以及国别间农产品贸易发展不均衡的问题仍然是中国与东盟贸易升级急需解决的问题。

### （二）"一带一路"倡议背景下中国与沿线国家的贸易联系

关于中国与"一带一路"沿线国家的贸易联系，现有文献从多个层面和角度出发，对中国与沿线国家的贸易关系、贸易竞争性和互补性、贸易依赖程度、贸易效率与贸易潜力、中国对外贸易所面临的障碍和防范措施方面等进行分析，研究方法多元化。

1. “一带一路”倡议背景下中外贸易竞争性和互补性

已有研究中，大部分学者利用显性比较优势指数、引力模型等实证工具分析中国与沿线国家的贸易竞争性和互补性，多以静态分析为主，大多文献样本期较短，且很少能对“一带一路”倡议前后中国与沿线国家贸易互补性的变化及特征进行比较。

张慧等（2018）研究表明，中国与“一带一路”国家木质林产业贸易的竞争关系较弱，互补性较强，贸易前景广阔；贸易市场和贸易潜力市场分布不相符，中国出口到“一带一路”地区的贸易潜力产品主要是劳动密集型木质林产品，而进口的贸易潜力产品则是以资源密集型木质林产品为主；“一带一路”大多数国家属于“潜力开拓型”，且各国具有贸易潜力的木质林产品差异较大。王金波（2017）指出中国与“一带一路”经济走廊国家仍以产业间贸易为主，且互补性大于竞争性，他采用了综合贸易互补性指数、产业内贸易指数、Lafay 指数、出口相似度指数和贸易密集度指数等实证测度指标，从贸易竞争性、互补性和产业国际竞争力三个方面对中国与“一带一路”经济走廊国家贸易互补性，贸易关系和增长潜力进行了系统的测度和分析。李敬等（2017）的研究显示，“一带一路”沿线国家货物贸易有着竞争性与互补性的双重关系，基于网络分析方法，刻画 2005 年不同出口额度的标准网络，并对该网络进行密度分析，发现“一带一路”沿线国家贸易增长速度高于全球平均水平，贸易往来频繁，互补性大于竞争性。刘倩等（2018）研究用贸易专业化指数和显性比较优势进行测算和分析，显示中国新疆出口与哈萨克斯坦、俄罗斯、吉尔吉斯斯坦和亚美尼亚进口的贸易互补性较强，出口对哈萨克斯坦的依赖性最强，而与白俄罗斯的贸易互补性较弱。韩永辉、罗晓斐、邹建华（2015）基于联合国 Comtrade 数据库，测算了中国与西亚诸国的出口相似度指数、贸易结合度指数、格鲁贝尔—劳埃德产业内贸易指数、布雷哈特边际产业内贸易指数以及显示性比较优势指数，发现中国与西亚贸易的竞争性较弱、贸易互补性较强，两地贸易联系紧密并呈现产业间贸易特征。

2. "一带一路"倡议背景下中外贸易依赖程度

我国与"一带一路"沿线国家之间存在较高的贸易依赖度，双方贸易发展潜力巨大，中国应积极推进与沿线国家的贸易往来，与区域性沿线国家有针对性地发展对外贸易。

Georgiev Georgi（2015）认为"一带一路"实施有利于促进欧亚各国的经济发展，目前国家间的经济联系仍然严重依赖地理位置，对相关经济体的相互依赖性进行分析至关重要。张雨佳等（2017）对"一带一路"沿线64个国家与中国之间的贸易依赖程度进行综合分析，并对中国的主要贸易伙伴国（印度、新加坡、马来西亚、俄罗斯和泰国）与中国之间的商品贸易影响因素进行探究。发现"一带一路"沿线国家贸易对外依存度较高。沿线国家与中国之间的贸易往来越来越密切，贸易总量持续增长，东南亚11国当前与中国贸易往来最为密切、中亚五国与中国之间贸易关系发展最为迅速。在研究区间内，"一带一路"沿线国家与中国的贸易相互依赖程度稳定加深，但是沿线各国对中国单向依赖一直较为明显。余妙志等（2016）发现我国的农产品贸易总体上处于比较劣势，与南亚的出口贸易结合度比较稳定但力度低，进口贸易结合度逐年攀升，关系越来越紧密。我国同南盟的农产品出口在各大市场上均存在较激烈的竞争。冯永琦等（2017）引入市场提供指数（MP指数）作为市场依赖度评判标准，发现东南亚国家以及蒙古国，相对其他国家地区而言，对中国初级产品、中间产品和最终消费品的MP指数都比较高，并引入边截距固定系数面板模型，将"一带一路"沿线国家MP指数作为自变量、中国MP指数作为因变量，发现"一带一路"沿线国家对中国产品市场具有较高依赖性。

3. "一带一路"倡议背景下中外贸易效率与贸易潜力

在"一带一路"倡议提出背景下，全面评估其对中国与"一带一路"沿线国家的贸易效率与贸易潜力对促进对外贸易、实现高质量发展意义重大。对"一带一路"沿线国家贸易效率和潜力的测算，国内许多学者主要从国家层面进行研究，使用引力模型测算贸易潜力。但在传统的构建引力模型方法中，除部分易于衡量的因素外，其余多数因素对贸易潜力的影响均被纳入随机扰动项中，这使估计的贸易潜力存在偏差，因此不能很好地解决贸易阻力问题。为进一步解决贸易阻力的问题，引力模型引入随机前沿方法，即把阻碍或促进贸易发展的因素放入贸易非效率项中，这很好地解决了贸易阻力被忽视和无法测算的问题。

赵翊（2014）基于贸易引力模型研究发现，对于出口潜力实现比不足0.3的科威特、卡塔尔、科摩罗等国，中国出口存在巨大的潜力；对于一些经济落后的石油天然气等能源匮乏的阿拉伯国家中国的出口已过度；但同与欧美国家存在历史上的宗主国和殖民地关系且现在与欧美经贸关系密切的国家相比，中国的贸易表现较弱，有较大的出口潜力。孙金彦、刘海云（2016）通过使用时变衰减随机前沿引力模型得出中国与“一带一路”沿线国家的出口贸易效率和总贸易效率均呈随时间递增的变化趋势；“一带一路”沿线国家的实际贸易量与贸易潜力之间的差距应该主要由贸易非效率项来解释。付韶军（2016）采用了面板数据随机前沿引力模型测算了出口贸易效率的估计值，发现经济吸引力、中国从各国进口、中国对各国直接投资、陆地是否接壤以及是否签订自由贸易协定等因素均对中国出口产生正向效应，而距离因素对中国向各国出口产生负向效应。张剑光、张鹏（2017）采用改进的贸易效率测算模型来测算双边贸易效率，将影响国际贸易的众多因素概括成三种力量：贸易吸引力、贸易阻力和贸易推力。计算了12个年度中国与“一带一路”沿线国家、与美国的双边出口效率值，发现沿线国家对中国的出口剩余潜力很大；沿线国家对中国的出口效率总体呈下降趋势，表明沿线国家在中国市场的竞争力在下降。

4. “一带一路”倡议背景下中外贸易便利化

“一带一路”倡议带来了贸易便利化程度的提升，在现有文献中也得到了验证。

李思奇（2018）使用贸易结合度指数（TII）、出口市场相似度指数（ESI）、贸易互补性指数（TCI）计算发现中国与中亚五国双边经贸合作基础稳固、互补性较强，但仍存在部分制约因素，此外，还将贸易便利化引入GTAP模型，对其经贸效应进行分析，并基于“一带一路”的时代背景为中国与中亚五国在贸易领域发展提出政策建议。

刘宇等（2016）利用改进的可计算一般均衡模型，将时间成本的“等值关税”引入GTAP（全球贸易分析）模型，以测算两国关税削减和贸易便利性提升的经济影响。研究发现关税削减只能使中国的GDP增长0.02%，哈萨克斯坦的 GDP 增长 0.68%。如果考虑时间成本这一贸易便利化措施，中国的经济增长幅度将增加 9 倍，达到 0.17%，哈萨克斯坦的经济发展也将得到极大促进。这说明贸易便利化对经济的促进作用大于关税削减，忽视时间成本的研究将严重低估中哈贸易自由化的正面影响。柴利、董晨（2018）选取了基础设施、电子商务、规章制度、海关环境和金融服务这 5 个一级指标，并将其细化为 16 个二级指标，建立贸易便利化测评体系，选取"一带一路"沿线 25 个亚洲国家 2006—2017 年的面板数据，采用拓展的贸易引力模型进行实证分析，并采用主成分分析法，测算出各个指标的权重，以测算"一带一路"沿线国家贸易便利化程度。研究发现，贸易便利化对我国跨境电商出口具有显著的促进作用，而且不同的贸易便利化措施对我国跨境电商向东亚、西亚、中亚、南亚地区出口贸易有不同程度的影响。张晓静、李梁（2015）采用"一带一路"沿线 45 个国家 2008—2013 年的样本数据，利用扩展的贸易引力模型测算国家贸易便利化水平，通过实证分析发现"一带一路"沿线国家的贸易便利化水平对中国的出口贸易影响显著，"一带一路"不同区域的贸易便利化水平对中国出口的影响也不尽相同。由此中国应加大与"一带一路"沿线国家贸易便利化水平建设的投入，积极参与自由贸易区的谈判，在推进"一带一路"沿线各国贸易便利化合作方面有所侧重。

**（三）实证研究方法**

从数据分析方法的角度，研究涉及的统计分析方法有 GL 指数和 RCA 指数（付明辉、祁春节，2016；曲如晓、刘霞，2017）、TCI 指数（何敏、张宁宁，2016）、H-K 测度方法（黄杰等，2018）、K 值聚类算法（公丕萍等，2015）、核密度估计方法等。

涉及的计量分析方法有 GTAP 模型（雷会妨和马远，2018）、随机前沿引力模型（樊兢，2018；方英、马芮，2018；程广斌、刘伟青，2018；宗慧隽、王明益，2018）、扩展的引力模型（范兆斌、黄淑娟，2017；谢涛，2017；范秋芳等，2019；胡艳英、楼尔基，2018；李兵、颜晓晨，2018）、GVAR 模型（黄旭东、石蓉荣，2018）、CMS 模型（李慧玲等，2016）、PSM 模型（陈高、胡迎东，2017）、似无关方法与相邻效应函数（张艳艳、于津平，2018）、贸易强度指数模型（张会清、唐海燕，2017）、汇率变动引力模型（吕诚伦、王学凯，2019）、时变参数状态空间模型（徐承红等，2017）、Cox 随机效应混合模型（马佳羽、韩兆洲，2018）等。

从相关文献的研究中，可以得出以下结论：

（1）“一带一路”背景下开展国际经贸合作对于全球各国都具有重大意义，参与国不论大小、强弱、贫富一律平等，不仅充分体现了古丝绸之路交流、互鉴、共存的精神内核，同时具备更高的开放度和包容性。“一带一路”倡议的提出，给世界带来了以“开放、平等、包容”为核心的“一带一路”全球化理念。

（2）“一带一路”倡议大大推动了中国与沿线国家的经贸合作，让很多国家有机会通过国际合作融入全球化进程，寻求在国际分工中的合理地位，依托“一带一路”合作机遇实现本国产业结构升级，把握国际化发展的重要机遇。

（3）目前的文献多采用定量和定性相结合的方法，学者们结合最新数据，采取不同方法、从不同角度研究中国与“一带一路”沿线国家之间的经贸关系，通过分析可以得出综合结论：中国与“一带一路”沿线国家间的经济贸易紧密度较高，双方合作有进一步增大的潜力。

（4）贸易便利化水平高低、基础设施建设完善程度、劳动效率高低等因素会对我国及“一带一路”沿线各国的贸易带来影响，因此我国应积极推动自贸区建设，提升贸易便利化水平、完善基础设施建设，进行产业升级改造、提高劳动效率，为全球价值链的整体提升提供强劲动力，引导经济全球化发展方向，让经济全球化进程更有活力、更加包容、更可持续。

（5）目前，“一带一路”倡议在实施上存在一定的难题：如获得各国的文化理解和文化认同尚需时日；沿线国家政治稳定性强弱不一、意识形态各异、政治制度不同等，这些都给中国与沿线国家经贸合作带来阻力。中国应加强对沿线各国经济政治制度、历史、民俗、国民心理、语言文字等方面的研究，同时加大宣传，倡导合作，逐步增加理解，提高合作水平。

总之，由于“一带一路”倡议视野极为宏大，在时空维度上具有深远影响，且提出的时间不长，理论和实践积累尚不充分，因此关于中国在“一带一路”倡议背景下如何更好地开展国际经贸合作、发展国际贸易的研究较为浅显和庞杂，想要形成较为完备的研究体系和更有深度的研究成果，还有待学界进一步地探讨和较长时期的积累。

## 第三章

# 改革开放以来中国外贸发展历程

## 第一节　改革开放以来中国货物贸易发展历程及成就

1978 年改革开放至今，我国对外贸易进出口额总体呈现出增长态势。就贸易总量而言，1978 年我国外贸总量只有 210.85 亿美元，截至 2004 年 11 月 20 日，我国外贸进出口额首次突破 1 万亿美元大关，达到 11545.55 亿美元，成为我国外贸发展新的里程碑①。2016 年，我国出口额达 20976.32 亿美元，居世界第一，占全球总份额的 13%。2017 年进出口商品总额达到了 41052.18 亿美元。就贸易差额而言，中国改革开放 40 年来对外贸易常呈现贸易顺差态势。1978—1993 年，共有 11 个年份出现贸易逆差；1994 年之后出口贸易额大于总进口额，而且净出口额不断增长。在 1994 年，我国贸易顺差额仅为 53.91 亿美元，2015 年贸易顺差额达到历史新高，为 5939.02 亿美元，累计增长了 110 多倍。2018 年，中国进出口商品总额高达 4.62 万亿美元，以人民币计超过 30 万亿元，再创历史新高（见表 3-1）。2019 年全年货物进出口总额 315446 亿元，比上年下降 0.97%。中国在世界贸易中的排名及比重见图 3-1。

**表 3-1　1978—2019 年中国对外贸易情况**　　单位：亿美元

| 年份 | 出口商品总额 | 进口商品总额 | 进出口商品总额 | 净出口 | 贸易总额增速 |
|---|---|---|---|---|---|
| 1978 | 99.54 | 111.31 | 210.85 | -11.76 | — |
| 1979 | 136.141 | 156.206 | 292.347 | -20.065 | 38.65% |
| 1980 | 180.99 | 199.41 | 380.4 | -18.42 | 30.12% |
| 1981 | 220.07 | 220.14 | 440.21 | -0.07 | 15.72% |
| 1982 | 223.21 | 192.85 | 416.06 | 30.36 | -5.49% |

① 杜海涛．迈向贸易强国我国进出口总额第一次突破万亿美元［J］．台声，2005（2）：50-51.

续表

| 年份 | 出口商品总额 | 进口商品总额 | 进出口商品总额 | 净出口 | 贸易总额增速 |
|---|---|---|---|---|---|
| 1983 | 222.26 | 213.9 | 436.16 | 8.36 | 4.83% |
| 1984 | 261.39 | 274.1 | 535.49 | -12.71 | 22.77% |
| 1985 | 273.5 | 422.52 | 696.02 | -149.02 | 29.98% |
| 1986 | 309.42 | 429.04 | 738.46 | -119.62 | 6.10% |
| 1987 | 394.37 | 432.16 | 826.53 | -37.79 | 11.93% |
| 1988 | 475.16 | 552.68 | 1027.84 | -77.52 | 24.36% |
| 1989 | 525.38 | 591.42 | 1116.8 | -66.04 | 8.66% |
| 1990 | 620.91 | 533.45 | 1154.36 | 87.46 | 3.36% |
| 1991 | 719.1 | 637.91 | 1357.01 | 81.19 | 17.56% |
| 1992 | 849.4 | 805.85 | 1655.25 | 43.55 | 21.98% |
| 1993 | 917.44 | 1039.59 | 1957.03 | -122.15 | 18.23% |
| 1994 | 1210.06 | 1156.15 | 2366.21 | 53.91 | 20.91% |
| 1995 | 1487.8 | 1320.84 | 2808.64 | 166.96 | 18.70% |
| 1996 | 1510.48 | 1388.33 | 2898.81 | 122.15 | 3.21% |
| 1997 | 1827.92 | 1423.7 | 3251.62 | 404.22 | 12.17% |
| 1998 | 1837.12 | 1402.37 | 3239.49 | 434.75 | -0.37% |
| 1999 | 1949.31 | 1656.99 | 3606.3 | 292.32 | 11.32% |
| 2000 | 2492.03 | 2250.94 | 4742.97 | 241.09 | 31.52% |
| 2001 | 2660.98 | 2435.53 | 5096.51 | 225.45 | 7.45% |
| 2002 | 3255.96 | 2951.7 | 6207.66 | 304.26 | 21.80% |
| 2003 | 4382.28 | 4127.6 | 8509.88 | 254.68 | 37.09% |
| 2004 | 5933.26 | 5612.29 | 11545.55 | 320.97 | 35.67% |
| 2005 | 7619.53 | 6599.53 | 14219.06 | 1020 | 23.16% |
| 2006 | 9689.78 | 7914.61 | 17604.39 | 1775.17 | 23.81% |
| 2007 | 12204.56 | 9561.16 | 21765.72 | 2643.4 | 23.64% |
| 2008 | 14306.93 | 11325.67 | 25632.6 | 2981.26 | 17.77% |
| 2009 | 12016.12 | 10059.23 | 22075.35 | 1956.89 | -13.88% |

续表

| 年份 | 出口商品总额 | 进口商品总额 | 进出口商品总额 | 净出口 | 贸易总额增速 |
|---|---|---|---|---|---|
| 2010 | 15777. 54 | 13962. 47 | 29740. 01 | 1815. 07 | 34. 72% |
| 2011 | 18983. 81 | 17434. 84 | 36418. 65 | 1548. 97 | 22. 46% |
| 2012 | 20487. 14 | 18184. 05 | 38671. 19 | 2303. 09 | 6. 19% |
| 2013 | 22090. 05 | 19499. 9 | 41589. 95 | 2590. 15 | 7. 55% |
| 2014 | 23422. 93 | 19592. 33 | 43015. 26 | 3830. 6 | 3. 43% |
| 2015 | 22734. 68 | 16795. 66 | 39530. 34 | 5939. 02 | -8. 10% |
| 2016 | 20976. 32 | 15879. 25 | 36855. 57 | 5097. 07 | -6. 77% |
| 2017 | 22633. 29 | 18418. 89 | 41052. 18 | 4214. 4 | 11. 39% |
| 2018 | 24800 | 21400 | 46200 | 3400 | 12. 54% |
| 2019 | 24984. 1 | 20768. 9 | 45753 | 4212. 5 | -0. 97% |

数据来源：1978—2019 年统计数据来自世界银行网站；2018 年、2019 年统计数据来自海关总署。

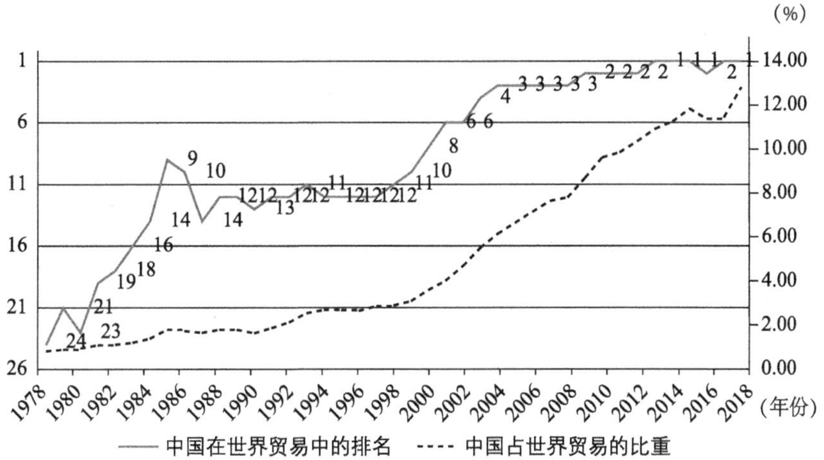


**图 3-1　中国在世界贸易中的排名及比重（1978—2018 年）**

数据来源：世界银行网站。

中国对外贸易发展主要经历了五个阶段：第一阶段为 1978—1992 年的探索尝试阶段，这一时期我国对外贸易呈现快速增长态势；第二阶段为 1993—2001 年的全面发展阶段，这一时期我国对外贸易总量呈现平稳较快增长；第三阶段为 2002—2007 年的纵深发展阶段，2001 年中国加入世界贸易组织

（WTO），是中国对外贸易发展进程中的一座里程碑，标志着中国对外开放事业发展到新的阶段；第四阶段为2008—2011年的危机应对阶段；第五阶段为2012年至今的对外贸易发展新时期。

## 一、改革开放以来中国货物贸易发展历程

### （一）第一阶段：1978—1992年的探索尝试阶段

经过改革开放初期的积累以及开放程度的加深，中国的对外贸易在此阶段保持快速增长的态势。

此阶段中国对外贸易的发展特点是扩大出口。1978—1992年，中国的对外贸易战略从极端的进口替代型贸易战略逐渐转向扩大出口的倾斜战略。在这一阶段，基于国内改革开放和经济发展的需要，中国集中对出口政策进行了一系列调整。为了鼓励出口，中国先后实施了贸易补贴、减免关税、出口退税、外汇留存等措施，极大地推动了中国的对外贸易。这一时期，中国的对外贸易表现出如下特征：

（1）实行相对开放和优惠的经济贸易政策鼓励出口。

（2）采取人民币汇率低估的汇率政策方式鼓励出口。

（3）产业政策上向出口行业倾斜。鼓励和扶持出口型产业，同时进口相应技术设备，实施物资分配、税收和利率等优惠，构建出口生产体系，限制外资企业商品内销，实行出口退税制度并建立进出口协调服务机制等。国内大部分资源流向出口行业，如机电、纺织、服装等行业。①

（4）限制进口。对于进口仍采取相对严格的审批措施，同时通过关税、进口许可证、外汇管制、进口商品分类经营管理、国营贸易等措施实施进口限制。

经过这一阶段的改革，中国对外贸易取得了飞跃式发展。1978年，我国出口总额仅为99.5亿美元，贸易逆差11.7亿美元，1992年出口总额增长至849.4亿美元，贸易顺差43.55亿美元。1978年中国外贸总额在全球排名仅为第24位，而到了1992年则提升至全球第12位，中国的贸易份额占全球的

① 邢学杰．我国相机抉择的国际贸易政策及措施分析［J］．企业经济，2011，30（12）：24-27.

贸易份额也由 1978 年的 1.65%上升到了 1992 年的 4.29%。①

尽管这一阶段的对外贸易取得了巨大成就，但仍存在诸多问题：首先，由于经济长期封闭运行，难以迅速与世界接轨，出口商品匮乏；其次，开放意识不足，许多制度推行中遇到较大阻碍；最后，市场经济体制尚未建立，投资环境对外资的吸引力较低。因此，对外贸易改革必须继续持续和深入。②

### （二）第二阶段：1993—2001 年的全面发展阶段

1992 年到加入 WTO 之前，中国对外贸易在贸易总量和贸易结构上均有较大改善。1993 年到 2001 年中国的外贸总额由 1957.03 亿美元增长到了 5096.51 亿美元，国际排名从第 11 位上升至第 6 位。而中国的贸易份额占全球贸易份额也由 1993 年的 5.09%上升到了 2001 年的 8.05%。在进口产品中，机械及运输设备占据主要地位；主要出口产品也从轻纺产品逐渐向机电产品转变。

1992 年，中共十四大正式确立我国经济体制改革的目标是建立社会主义市场经济体制。在建立社会主义市场经济体制的过程中，对外贸易体制改革也在逐渐深化，1994 年 1 月，国务院做出《关于进一步深化外贸体制改革的决定》，改革的重点是用经济手段调控外贸运行、建立现代企业制度和加快下放外贸经营权，主要举措有：进行汇率制度改革，建立以市场为基础的人民币汇率形成机制；降低关税总水平；建立产权清晰、权责明确、政企分开、管理科学的企业制度，并实行股份制改革；对具备条件的国有生产企业、商业物资企业、科研单位等各类经济实体赋予外贸经营权，设立中外合资对外贸易公司试点；完善对外贸易法律法规。到 20 世纪 90 年代后期，我国外贸体制发生了根本性变化，基本形成以市场为导向，与国际规则相适应的外贸体制框架。在此阶段最显著的特点就是出口产业升级。

随着国家对贸易作用的认识不断提高，开放市场也势在必行，这也让对外贸易体制的改革进一步深化，国家对进口的控制强度逐渐减弱，这是市场化取向和对外贸易自由化的必然要求。随着价格改革的逐渐深入以及国内市场与国际市场的逐步接轨，中国出口不再以创造更多外汇为首要目的，而开

---

① 根据世界银行数据库世界各国历年进出口额数据计算整理得出。

② 倪沙．改革开放 40 年来中国对外贸易发展研究［J］．现代财经（天津财经大学学报），2018，38（12）：32-40.

始注重提高国内比较优势。

这一时期中国的进口政策出现了重大调整，进口不再单纯围绕具有比较劣势的产品展开，而逐渐由“调剂型”向“发展型”转变，即从进口那些本国具有比较劣势的产品，以保证国民经济的正常发展和人民生活的正常供应的“调剂型”，向进口与整个国民经济发展战略相结合，以提高国内技术和产业水平，保证和促进国民经济全面发展的“发展型”转变。具体而言，这一阶段进口政策的重大调整体现在以下三个方面：一是更加强调进口是为出口服务的理念，为出口而进口的物资更加针对有出口潜力的产品；二是进口更强调先进技术的引进而不是成套设备的引进；三是进口的重点虽然仍是围绕引进先进技术和关键设备展开，但对一般商品，特别是消费品的进口已不再采取严格控制的态度。

这一时期国家对出口贸易的认识也有了较大转变，出口不再以创汇为目的，而逐渐转向提高国内比较优势。[①] 提高国内比较优势需要加强资本密集型出口产品的国际竞争力。因此，出口政策的重点就放在了改善出口商品结构、大力发展资本密集型产品的出口、制定有利于资本密集型产品出口的相关优惠政策上。

这一阶段的外贸体制改革为中国对外贸易发展创造了良好的宏观环境，但对外贸易仍然在本国的规则和制度下进行，尚未与国际接轨，这种情况极大地阻碍了我国对外贸易的持续发展，也限制了经济开放的程度。

### （三）第三阶段：2002—2007 年的纵深发展阶段

2002 年到 2007 年中国的外贸总额由 6207.66 亿美元增长到了 21765.72 亿美元，增速达到了 278%，2002 年中国外贸总额在全球排名为第 6 位，而到了 2007 年则提升至全球第 3 位，而中国的贸易份额占全球贸易份额也由 2002 年的 9.39%上升到了 2007 年的 15.32%。

在此阶段，中国的对外贸易首先经历了快速的增长，这主要归功于中国加入了 WTO，各国关税水平降低，使得中国的进出口更具有优势，在此阶段中国对外贸易的鲜明特点就在于中国融入全球贸易。

1998 年亚洲金融危机的爆发，使许多国家开始重新审视出口导向战略，从先前的绝对奉行变为后来的选择性调整。从贸易政策的导向性这一角度考

① 莫兰琼．改革开放以来中国对外贸易战略变迁探析［J］．上海经济研究，2016（3）：44-51.

虑，中国这一阶段实施的是融入全球贸易的战略，与上一阶段相比，此阶段的贸易发展战略在内涵和特征上出现了新的调整。

（1）在出口产品的结构方面，提倡“科教兴贸”战略，鼓励技术密集型产品的出口，在加入WTO以后，中国高新技术机电产品的出口明显上升。2004年中国高新技术产品出口仅为1655.35亿美元，而到了2007年出口额上升至3478.25亿美元，增长率达到了110%（见表3-2）。

**表3-2　2004—2017年中国高新技术产品进出口情况**　　单位：亿美元

| 年份 | 高新技术产品出口金额 | 高新技术产品进口金额 | 高新技术产品进出口总额 |
|---|---|---|---|
| 2004 | 1655.35 | 1614.14 | 3269.49 |
| 2005 | 2182.43 | 1976.6 | 4159.03 |
| 2006 | 2814.25 | 2472.98 | 5287.23 |
| 2007 | 3478.25 | 2869.85 | 6348.10 |
| 2008 | 4156.11 | 3419.4 | 7575.51 |
| 2009 | 3769.09 | 3098.43 | 6867.52 |
| 2010 | 4924.13 | 4126.73 | 9050.86 |
| 2011 | 5487.88 | 4629.92 | 10117.8 |
| 2012 | 6011.63 | 5070.77 | 11082.40 |
| 2013 | 6600.81 | 5579.42 | 12180.23 |
| 2014 | 6604.9 | 5512.36 | 12117.26 |
| 2015 | 6552.11 | 5480.57 | 12032.68 |
| 2016 | 6035.73 | 5236.2 | 11271.93 |
| 2017 | 6674.43 | 5840.33 | 12514.76 |

数据来源：国家统计局网站。

（2）在出口市场结构方面，积极推行市场多元化战略，以降低对美国等主要出口市场的依赖程度，削弱外来风险对中国经济的冲击。2002—2007年中国出口情况［分国别（地区）］见表3-3。

**表3-3　2002—2007年中国出口情况［分国别（地区）］**　　单位：亿美元

| 年份 | 2002 | 2003 | 2004 | 2005 | 2006 | 2007 |
|---|---|---|---|---|---|---|
| 总额 | 3255.96 | 4382.28 | 5933.26 | 7619.53 | 9689.78 | 12204.56 |
| 亚洲 | 1703.59 | 2226.06 | 2955.00 | 3664.31 | 4558.36 | 5680.11 |
| 日本 | 484.34 | 594.23 | 735.14 | 839.92 | 916.39 | 1022.71 |
| 韩国 | 155.35 | 200.96 | 278.18 | 351.09 | 445.26 | 561.41 |
| 中国香港 | 584.63 | 762.89 | 1008.78 | 1244.81 | 1553.85 | 1844.32 |

续表

| 年份 | 2002 | 2003 | 2004 | 2005 | 2006 | 2007 |
|---|---|---|---|---|---|---|
| 中国台湾 | 65.86 | 90.05 | 135.45 | 165.50 | 207.35 | 234.58 |
| 东盟 * | 235.68 | 309.25 | 429.02 | 553.71 | 713.14 | 941.79 |
| 新加坡 | 69.84 | 88.69 | 126.87 | 166.33 | 231.85 | 296.38 |
| 非洲 | 69.61 | 101.84 | 138.16 | 186.83 | 266.90 | 372.90 |
| 欧洲 | 592.22 | 882.73 | 1224.02 | 1656.37 | 2153.72 | 2878.82 |
| 欧盟 * * | 482.12 | 721.55 | 1071.62 | 1437.12 | 1860.01 | 2451.92 |
| 英国 | 80.59 | 108.24 | 149.68 | 189.77 | 241.63 | 316.58 |
| 德国 | 113.72 | 175.36 | 237.56 | 325.28 | 403.16 | 487.18 |
| 法国 | 40.72 | 72.94 | 99.22 | 116.40 | 139.10 | 203.26 |
| 意大利 | 48.27 | 66.53 | 92.25 | 116.91 | 159.73 | 211.72 |
| 荷兰 | 91.08 | 135.05 | 185.19 | 258.77 | 308.61 | 414.13 |
| 俄罗斯 | 35.21 | 60.35 | 91.03 | 132.12 | 158.32 | 284.89 |
| 拉丁美洲 | 94.88 | 118.79 | 182.42 | 236.83 | 360.29 | 515.43 |
| 北美洲 | 742.69 | 981.39 | 1332.37 | 1746.77 | 2191.37 | 2521.84 |
| 加拿大 | 43.03 | 56.33 | 81.62 | 116.54 | 155.17 | 193.97 |
| 美国 | 699.46 | 924.74 | 1249.48 | 1629.00 | 2034.72 | 2327.04 |
| 大洋洲 | 52.89 | 72.89 | 101.71 | 128.87 | 160.10 | 211.05 |
| 澳大利亚 | 45.85 | 62.63 | 88.38 | 110.62 | 136.25 | 179.94 |

注：东盟 *：包括文莱、印度尼西亚、马来西亚、菲律宾、新加坡、泰国，1996 年后增加越南，1998 年后增加老挝和缅甸，2000 年后增加柬埔寨。

欧盟 * *：1994 年前称欧共体，包括比利时、丹麦、英国、德国、法国、爱尔兰、意大利、卢森堡、荷兰、希腊、葡萄牙、西班牙，1995 年后增加奥地利、芬兰、瑞典。自 2004 年 5 月起，统计范围增加塞浦路斯、匈牙利、马耳他、波兰、爱沙尼亚、拉脱维亚、立陶宛、斯洛文尼亚、捷克、斯洛伐克。自 2007 年 1 月起，增加罗马尼亚、保加利亚。

数据来源：历年商务部《中国对外贸易形势报告》。

（3）顺应国际分工在经济全球化下的新变化，加入了全球产品制造的产业链，参与国际贸易的方式从先前的成品出口转向零部件出口，中国日益成为世界工厂，对外贸易额大幅度上升，外资企业的出口额和进口额占中国出口总额和进口总额的比重不断上升，2005 年其出口额和进口额占比分别为 58.3%和 58.7%。出口产品以劳动密集型产品为主，并向技术密集型产品过渡。产品主要集中在机电、纺织、服装等行业。受制于世界经济复苏缓慢，国际市场需求萎靡不振，对外贸易增速明显放缓；与此同时，中国出口还是依赖劳动密集型、技术含量低以及品牌附加值低的加工组装环节，出口产品结构有待优化提升。整体而言，中国的出口产品显示出中国的自主创新能力和核心竞争力仍然处于弱势地位（见表3-4）。①

**表3-4 2002—2007年中国出口情况（分贸易方式）** 单位：亿美元

| 年份 | 2002 | 2003 | 2004 | 2005 | 2006 | 2007 |
|---|---|---|---|---|---|---|
| 总额 | 3255.96 | 4382.28 | 5933.26 | 7619.53 | 9689.78 | 12204.56 |
| 一般贸易 | 1361.87 | 1820.34 | 2436.35 | 3150.91 | 4163.18 | 5385.76 |
| 加工贸易 | 1799.27 | 2418.49 | 3279.88 | 4164.81 | 5103.75 | 6176.56 |
| 其他 | 94.82 | 144.88 | 217.45 | 304.27 | 423.80 | 617.83 |

数据来源：国家统计局。

这一阶段中国经济融入世界经济体系的程度不断加深，在开放共赢的理念下，中国对外贸易实现了突飞猛进的发展，对外资的吸引力显著增强。加入WTO使中国经济与世界经济联系更加紧密，一方面拓宽了中国经济发展空间，另一方面世界经济的波动对中国的影响也相对变大。

### （四）第四阶段：2008—2011年的危机应对阶段

2008—2011年中国的外贸总额由25632.6亿美元增长到了36418.65亿美元，增长率达到了42.07%，2008年中国外贸总额在全球排名第3位，而到了2011年则提升至全球第2位。而中国的贸易份额占全球的贸易份额也由2008年的15.63%上升到了2011年的19.7%。

2008年美国爆发次贷危机，并引发了国际金融危机，对世界经济发展产生了极为不利的影响，在国际贸易领域表现尤为直接和明显。由于许多国家对进口商品的需求持续减少，我国出口自2008年11月起，连续7个月大幅缩减，机电产品出口增速大幅回落，加工贸易出口大幅滑坡。11月开始，中国机电和高新技术产品出口由前10个月的增长转为下降，降幅分别为4.8%和9.5%，12月降幅分别扩大到8.2%和15.8%。11月、12月当月加工贸易出口分别下降10.8%和15.7%。②

受国际金融危机的影响，我国对外贸易发展受到了严重冲击，为应对金融危机对贸易的冲击，我国采取了扩大内需、缓解出口压力，稳定外需、保

① 李萌．新常态背景下我国对外贸易发展问题研究［J］．新经济，2016（23）：36.

② 中华人共和国商务部．中国对外贸易形势报告（2009年春季）［R/OL］．（2009-05-04）．http：//zhs.mofcom.gov.cn/article/cbw/200905/20090506218805.shtml

持出口产品国际竞争力的一系列措施：增加居民收入，转变消费观念；大力扶持企业"走出去"，进行资金支持，改善融资环境，解决外贸企业融资困难；进行政策支持，完善加工贸易政策，引导企业转型升级；完善出口退税政策和出口信用保险政策。

2009 年第一季度国际金融危机继续蔓延，世界经济深度衰退，外需严重萎缩，中国进出口也大幅下降；第三季度美欧日等主要经济体经济刺激措施开始逐步见效，世界经济开始企稳复苏，国际市场需求逐步回稳，加上国内稳外需政策效应不断显现，中国进出口形势逐步好转并在 11 月转降为升（见图 3-2）。第一、第二、第三季度进出口额同比分别下降 24.9%、22.1%和 16.7%，第四季度进出口同比由负转正，实现了 9.2%的增长。2009 年中国出口占全球出口比重由上年的 8.9%提高到 9.6%，超过德国成为世界第一出口大国。2010 年，中国外贸实现了恢复性快速增长，进出口已经恢复到次贷危机前的水平并再创历史新高，为"十一五"外贸发展规划目标的胜利完成画上圆满句号。2012 年全年进出口规模再创新高，贸易大国地位巩固，外贸市场、产品、主体和区域结构优化，贸易顺差继续收窄，外贸发展质量效益提高。① 2003—2012 年中国出口商品结构、进口商品结构见表 3-5、表 3-6。

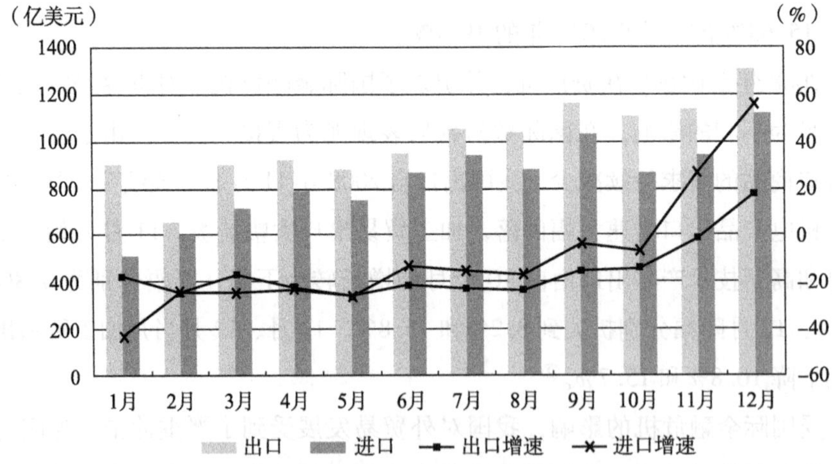


**图 3-2　2009 年中国外贸月度进出口增长情况**

① 中华人共和国商务部．中国对外贸易形势报告（2010 年春季）[R/OL]．（2010-04-27）．http：//zhs.mofcom.gov.cn/article/cbw/201004/20100406888112.shtml

**表 3-5　2003—2012 年中国出口商品结构**

单位：亿美元

| 年份 | 2003 | 2004 | 2005 | 2006 | 2007 | 2008 | 2009 | 2010 | 2011 | 2012 |
|---|---|---|---|---|---|---|---|---|---|---|
| 总额 | 4382. 28 | 5933. 26 | 7619. 53 | 9689. 78 | 12204. 56 | 14306. 93 | 12016. 12 | 15777. 54 | 18983. 81 | 20487 |
| 初级产品 | 348. 10 | 405. 50 | 490. 39 | 529. 25 | 615. 47 | 778. 48 | 630. 99 | 817. 17 | 1005. 52 | 1005 |
| 食品及活动物 | 175. 33 | 188. 70 | 224. 81 | 257. 22 | 307. 51 | 327. 64 | 326. 03 | 411. 53 | 504. 97 | 520 |
| 饮料及烟类 | 10. 19 | 12. 14 | 11. 83 | 11. 93 | 13. 96 | 15. 30 | 16. 41 | 19. 06 | 22. 76 | 25 |
| 非食用原料 | 50. 33 | 58. 43 | 74. 85 | 78. 62 | 91. 54 | 113. 46 | 81. 56 | 116. 02 | 149. 78 | 143 |
| 矿物燃料、润滑油及有关原料 | 111. 10 | 144. 76 | 176. 21 | 177. 76 | 199. 44 | 316. 35 | 203. 83 | 267. 00 | 322. 76 | 310 |
| 动、植物油脂及蜡 | 1. 15 | 1. 48 | 2. 68 | 3. 73 | 3. 03 | 5. 74 | 3. 16 | 3. 56 | 5. 26 | 5. 44 |
| 工业制成品 | 4035. 60 | 5528. 18 | 7129. 60 | 9161. 47 | 11564. 68 | 13506. 98 | 11385. 64 | 14962. 16 | 17980. 48 | 19481 |
| 化学品及有关产品 | 195. 86 | 263. 68 | 357. 72 | 445. 31 | 603. 56 | 793. 09 | 620. 48 | 875. 87 | 1147. 87 | 1135 |
| 按原料分类的制成品 | 690. 30 | 1006. 54 | 1291. 26 | 1748. 36 | 2198. 94 | 2617. 43 | 1847. 75 | 2491. 51 | 3196. 00 | 3331 |
| 机械及运输设备 | 1878. 88 | 2682. 91 | 3522. 62 | 4563. 64 | 5771. 89 | 6733. 25 | 5904. 27 | 7803. 30 | 9019. 12 | 9643 |
| 杂项制品 | 1261. 01 | 1563. 93 | 1941. 91 | 2380. 29 | 2968. 53 | 3346. 06 | 2996. 70 | 3776. 80 | 4594. 10 | 5356 |
| 未分类的其他商品 | 9. 56 | 11. 12 | 16. 09 | 23. 88 | 21. 76 | 17. 15 | 16. 45 | 14. 68 | 23. 39 | 14. 16 |

数据来源：国家统计局网站。

**表 3-6　2003—2012 年中国进口商品结构**

单位：亿美元

| 年份 | 2003 | 2004 | 2005 | 2006 | 2007 | 2008 | 2009 | 2010 | 2011 | 2012 |
|---|---|---|---|---|---|---|---|---|---|---|
| 总额 | 4127. 60 | 5612. 29 | 6599. 53 | 7914. 61 | 9561. 16 | 11325. 67 | 10059. 23 | 13962. 47 | 17434. 84 | 18184 |
| 初级产品 | 727. 83 | 1173. 00 | 1477. 10 | 1871. 41 | 2429. 78 | 3627. 76 | 2892. 02 | 4325. 56 | 6043. 76 | 6349 |
| 食品及活动物 | 59. 59 | 91. 56 | 93. 88 | 99. 97 | 114. 97 | 140. 50 | 148. 24 | 215. 66 | 287. 65 | 352 |
| 饮料及烟类 | 4. 91 | 5. 48 | 7. 82 | 10. 41 | 14. 02 | 19. 20 | 19. 54 | 24. 29 | 36. 85 | 44 |
| 非食用原料 | 341. 19 | 553. 78 | 702. 12 | 831. 64 | 1179. 09 | 1672. 08 | 1408. 22 | 2111. 18 | 2852. 55 | 2696 |
| 矿物燃料、润滑油及有关原料 | 292. 14 | 480. 03 | 639. 57 | 890. 02 | 1048. 26 | 1691. 09 | 1239. 63 | 1887. 04 | 2755. 60 | 3130 |
| 动、植物油脂及蜡 | 30. 01 | 42. 14 | 33. 70 | 39. 38 | 73. 44 | 104. 88 | 76. 39 | 87. 40 | 111. 11 | 125 |
| 工业制成品 | 3400. 53 | 4441. 23 | 5124. 09 | 6044. 72 | 7128. 41 | 7703. 11 | 7163. 53 | 9622. 72 | 11390. 82 | 11834 |
| 化学品及有关产品 | 489. 80 | 657. 44 | 777. 42 | 870. 79 | 1074. 99 | 1191. 95 | 1121. 24 | 1496. 36 | 1811. 44 | 1792 |
| 按原料分类的制成品 | 639. 05 | 740. 72 | 811. 59 | 869. 60 | 1028. 67 | 1071. 59 | 1077. 32 | 1311. 13 | 1503. 28 | 1459 |
| 机械及运输设备 | 1928. 69 | 2526. 24 | 2906. 28 | 3571. 08 | 4125. 08 | 4419. 18 | 4079. 99 | 5495. 61 | 6303. 88 | 6529 |
| 杂项制品 | 330. 17 | 501. 55 | 608. 72 | 712. 95 | 875. 04 | 976. 19 | 851. 92 | 1135. 26 | 1277. 09 | 1365 |
| 未分类的其他商品 | 12. 82 | 15. 29 | 20. 08 | 20. 30 | 24. 65 | 44. 20 | 33. 06 | 184. 37 | 495. 13 | 687 |

数据来源：国家统计局网站。

### （五）第五阶段：2012 年至今的对外贸易发展新时期

2012—2017 年中国的外贸总额由 3.87 万亿美元增长至 4.11 万亿美元，增速达到 19.46%，2012 年中国外贸总额在全球排名第 2 位，到 2017 年提升至全球第 1 位。中国贸易份额在全球贸易份额中的占比由 2012 年的 20.7%上升到了 2017 年的 22.9%。2018 年，中国货物贸易总额 4.6 万亿美元，占全球份额为 23.65%。2019 年，中国货物贸易总额 4.58 万亿美元，在全球贸易中所占比重为 24%。

2012 年以来，中国外贸面临的内外部环境复杂严峻，外贸发展面临外需低迷、成本升高、摩擦增多等多重困难和压力，进出口增速下滑至个位数。针对不利形势，中国政府及时出台稳定外贸增长的政策措施，外贸增速企稳回升，进出口在国际市场的份额进一步提升，转方式、调结构步伐加快，发展质量稳步提高。[①] 2013 年，政府及时出台促进进出口稳增长调结构的政策措施，推动对外贸易规模扩大、份额提升、结构优化，2013 年中国成为世界第一货物贸易大国。2014 年以来，在国际市场不景气、世界贸易深度下滑的背景下，中国外贸总体保持平稳增长，国际市场份额进一步提高，贸易大国地位更加巩固，结构继续优化，质量和效益不断改善。2015 年，中国货物贸易进出口和出口额稳居世界第一，国际市场份额进一步扩大，贸易结构持续优化，质量效益继续提高。2016 年进出口降幅收窄，2017 年和 2018 年中国货物贸易进出口和出口额仍居世界第一，贸易结构进一步优化，质量效益继续提升，动力转换不断加快。[②] 2019 年中国外贸发展面临的环境更加严峻复杂，世界经济下行风险增大，保护主义威胁全球贸易稳定增长，但我国外贸发展的基本面良好，政策环境不断改善，蕴含着新的发展潜力。应该继续按照党中央、国务院决策部署，贯彻新发展理念，以供给侧结构性改革为主线，落实高质量发展要求，推动落实国务院出台的一系列外贸政策，减轻进出口企业负担，同时加快贸易强国建设进程，推进“五个优化”“三项建设”[③]，

---

① 中华人共和国商务部．中国对外贸易形势报告（2013 年春季）[R/OL]．（2013-04-28）．http：//zhs. mofcom. gov. cn/article/cbw/201304/20130400107526. shtml.

② 中华人共和国商务部．中国对外贸易形势报告（2018 年春季）[R/OL]．（2018-05-07）．http：//zhs. mofcom. gov. cn/article/cbw/201805/20180502740111. shtml.

③ “五个优化”是指贸易国际市场布局、国内区域布局、外贸商品结构、经营主体结构和贸易方式五方面优化；“三项建设”是指加快外贸转型升级基地建设、贸易平台建设及国际营销网络建设。这使外贸的结构调整和动力转换步伐进一步加快。

努力保持外贸平稳发展、质量提升。2020 年在世界经济面临新冠肺炎疫情严重冲击的情况下，1—11 月中国进出口总额达到 29.04 万亿元人民币，同比增长 1.8%，其中出口 16.13 万亿元人民币，进口 12.91 万亿元人民币，贸易顺差 3.22 万亿元人民币。11 月当月，我国出口 1.8 万亿元人民币，进口 1.29 万亿元人民币，贸易顺差 5071 亿元人民币。可见，在新冠肺炎疫情严重冲击世界各国经济之时，由于国内防控工作创造的良好环境，中国外贸及经济复苏动力十足，这也反映出中国对外贸易具有独特发展优势。一方面，中国拥有完整的上下游供应链，使得生产不至于中断；另一方面，中国拥有较强的经济应变能力，能够及时抵御外界不确定因素带来的冲击。从 11 月的外贸数据来看，不仅口罩等纺织品、塑料制品、家具、玩具增长幅度较大，农产品、机电产品、高新技术产品更是表现优异，环比增幅分别为 14.2%、15.2%、18.8%。一个关键因素是，中国经济结构优化趋势明显，这是提升应变能力的重要基础和关键因素。①

这一新时期，中国外贸既存在新的发展机遇，也面临困难和挑战。世界经济有望保持复苏势头，国际市场需求总体继续增长，但贸易保护主义加剧威胁全球贸易增长。中国经济稳中有进、稳中向好态势进一步巩固，随着供给侧结构性改革不断深化，中国外贸发展的内生动力不断增强。中国经济已由高速增长阶段转向高质量发展阶段，要坚持新发展理念，落实高质量发展要求，深化外贸领域供给侧结构性改革，积极培育贸易新业态新模式，促进加工贸易创新发展，促进进出口平衡发展，加快推进贸易强国建设。

党的十九大报告提出"推动形成全面开放新格局"。大幅度放宽市场准入，扩大服务业对外开放，保护外商投资合法权益；探索建设自由贸易港；创新对外投资方式。一系列政策措施的出台将使中国对外贸易迈上新台阶。2012—2019 年中国出口商品结构见表 3-7。

① 李嘉宝．中国外贸强劲复苏提振全球信心（专家解读）［N］．人民日报海外版，2020-12-14（10）．

**表 3-7　2012—2019 年中国出口商品结构**

单位：百万美元

| 指标 | 2012 年 | 2013 年 | 2014 年 | 2015 年 | 2016 年 | 2017 年 | 2018 年 | 2019 年 |
|---|---|---|---|---|---|---|---|---|
| 出口商品总额 | 2048714 | 2209005 | 2342293 | 2273468 | 2097632 | 2263329 | 2487400 | 2499028 |
| 初级产品出口额 | 100558. 2 | 107267. 6 | 112692. 1 | 103927. 1 | 105186. 8 | 117733. 2 | 135085. 8 | 133935. 9 |
| 食品及主要供食用的活动物出口额 | 52074. 91 | 55726. 09 | 58913. 62 | 58154. 36 | 61097. 65 | 62626. 14 | 65472. 62 | 64991. 16 |
| 饮料及烟类出口额 | 2590. 41 | 2608. 87 | 2883. 01 | 3309. 29 | 3539. 15 | 3468. 29 | 3711. 68 | 3477. 46 |
| 非食用原料出口额 | 14341. 47 | 14562. 73 | 15826. 37 | 13917. 14 | 13101. 67 | 15439. 77 | 18022. 17 | 17224. 15 |
| 矿物燃料、润滑油及有关原料出口额 | 31006. 96 | 33786. 1 | 34446. 01 | 27901. 51 | 26873. 19 | 35389. 10 | 46814. 13 | 47088. 79 |
| 动、植物油脂及蜡出口额 | 544. 47 | 583. 83 | 623. 12 | 644. 82 | 575. 14 | 809. 89 | 1065. 23 | 1154. 30 |
| 工业制成品出口额 | 1948156 | 2101736 | 2229601 | 2169541 | 1992444 | 2145638 | 2352021 | 2359988 |
| 化学品及有关产品出口额 | 113565. 4 | 119617. 5 | 134543. 2 | 129579. 6 | 121928. 8 | 141293. 5 | 167525. 4 | 161776. 1 |
| 轻纺产品、橡胶制品矿冶产品及其制品出口额 | 333140. 8 | 360606. 4 | 400224. 2 | 391017. 7 | 351244. 7 | 368564. 1 | 404753. 1 | 406767. 6 |
| 机械及运输设备出口额 | 964361. 3 | 1038534 | 1070504 | 1059118 | 984212. 3 | 1082329 | 1208055 | 1195501 |
| 杂项制品出口额 | 535671. 9 | 581249 | 622061. 6 | 587444. 7 | 529488. 4 | 547691. 7 | 565814. 2 | 583534. 7 |
| 未分类的其他商品出口额 | 1416. 79 | 1729. 05 | 2267. 16 | 2380. 94 | 5570. 29 | 5759. 69 | 5873. 34 | 12408. 96 |

数据来源：历年商务部《中国对外贸易形势报告》。

2013 年，习近平总书记提出了国际社会共同建设"一带一路"的倡议。"一带一路"涵盖亚、欧、非三个大洲 65 个国家，是世界上地理跨度最大的经济通道。2013—2017 年，中国与"一带一路"沿线国家货物贸易规模基本保持在 1 万亿美元左右水平，年均增长率高于同期中国外贸年均增速。中国与沿线国家贸易额占外贸总额的比重逐年提升，由 2013 年的 25%提升到了 2017 年的 26.5%。中国已经成为 25 个"一带一路"沿线国家最大的贸易伙伴。①

2013—2019 年，中国对"一带一路"沿线国家进出口均以一般贸易方式为主。一般贸易出口总额占比均超过 60%，进口总额占比均超过 55%；加工贸易进出口总额占比则保持在 20%左右。2019 年中国对"一带一路"沿线国家合计进出口增长 10.8%，高出货物进出口总额增速 7.4 个百分点。同时，跨境电商等外贸新业态新模式成为推动"一带一路"贸易畅通的重要新生力量，"丝路电商"正在将越来越多的沿线国家市场串联起来。

这一期间服务贸易发展态势良好。中国与沿线国家的服务贸易由小到大、稳步发展。2017 年，中国与"一带一路"沿线国家服务进出口额达 977.6 亿美元，同比增长 18.4%，占中国服务贸易总额的比重达 14.1%，比 2016 年提高 1.6 个百分点。② 分地区看，东南亚地区是中国在"一带一路"沿线最大的服务贸易伙伴，西亚北非地区国家与中国服务贸易往来发展势头强劲。分领域看，中国与"一带一路"沿线国家服务贸易合作以旅行、运输和建筑三大传统服务贸易为主，2017 年上述领域贸易额占中国与沿线国家服务贸易总额的 75.5%。但随着新技术、新业态、新商业模式不断涌现，高技术、高附加值的新兴服务贸易快速增长，正在成为双边服务贸易的重要增长点。2018 年，我国与"一带一路"沿线国家和地区服务进出口额达到 1217 亿美元，占我国服务贸易总额的 15.4%。

## 二、改革开放以来中国外贸发展的成就

### （一）对外贸易成为经济增长的重要引擎

改革开放 40 多年来，中国国内生产总值按不变价计算比 1978 年增长

① 中华人民共和国商务部．中国对外贸易形势报告（2018 年秋季）[R/OL]．（2018-11-12）．http：//zhs.mofcom.gov.cn/article/cbw/201811/20181102805514.shtml

② 刘英．贸易畅通：推动"一带一路"实现共同繁荣［J］．全球商业经典，2019（5）：46-52.

33.5倍，年均增长9.5%，远高于同期世界经济2.9%的水平。扣除价格因素，中国人均国内生产总值比1978年增长22.8倍，年均实际增长8.5%。① 这其中，对外贸易做出了巨大贡献。中国对外贸易从1978年的210亿美元增长到2018年的4.6万亿美元，增长了219倍，年均增长13.52%。从全球价值链角度测算结果看，中国每千美元货物出口可以拉动国内增加值621美元，其中一般贸易每千美元出口可以拉动国内增加值792美元，加工贸易每千美元出口可以拉动国内增加值386美元。②

在对外贸易规模的排名中，中国贸易规模从2001年的世界第六位上升至2016年的世界第一位，2017—2019年持续保持贸易规模世界第一。2019年全年货物进出口总额315446亿元，同比增长3.4%。其中，出口172298亿元，增长5.0%，进口143148亿元，增长1.6%；贸易顺差为29150亿元。中国的贸易伙伴近200个国家，贸易市场越来越多元化，中国正在加强与一些新兴国家的贸易合作。现阶段，我国积极推进“一带一路”倡议，党的十九大上也提出了“推动形成全面开放新格局”，因此不断加大对外贸易规模、提高对外贸易活动质量，这是中国经济发展的必经之路。

根据2006年、2011年和2016年各国进出口货物贸易流量占全球的比重，得到世界前五位经济体数据见表3-8。

**表3-8 进出口货物贸易流量占全球比重**

| 贸易类别 | 国家 | 2006年（%） | 2011年（%） | 2016年（%） |
|---|---|---|---|---|
| 进口 | 美国 | 15.68 | 12.36 | 14.05 |
| | 中国 | 6.47 | 9.52 | 9.92 |
| | 德国 | 7.53 | 6.88 | 6.62 |
| | 英国 | 5.02 | 3.92 | 3.97 |
| | 日本 | 4.73 | 4.67 | 3.79 |

① 数据来源：国家统计局网站。

② 梁明．准确看待当前我国对外贸易发展的若干问题［J］．国际贸易，2017（1）：4-10.

续表

| 贸易类别 | 国家 | 2006年（%） | 2011年（%） | 2016年（%） |
|---|---|---|---|---|
| 出口 | 中国 | 8.11 | 10.50 | 13.37 |
| | 美国 | 8.68 | 8.20 | 9.17 |
| | 德国 | 9.39 | 8.20 | 8.46 |
| | 日本 | 5.41 | 4.55 | 4.07 |
| | 荷兰 | 3.35 | 2.93 | 3.59 |

数据来源：世界银行，https://data.worldbank.org.cn/indicator/BM.GSR.MRCH.CD。

### （二）对外贸易是结构调整的重要支撑

商务部《中国对外贸易形势报告（2018年秋季）》的数据显示，改革开放40年来，中国的贸易伙伴已由1978年的几十个发展到目前的200多个。中国出口超过60%面向发达国家市场，适用的产品质量和安全标准、生产环保标准、企业社会责任标准普遍比国内严格，市场竞争也更为激烈。在出口竞争中能够立足的企业，其技术水平、管理能力、创新能力在国内同行业中往往处于领先水平，在某种程度上也代表了中国产业转型升级和结构调整的大方向。中国引进ISO 9000等国际质量标准，就是率先从出口企业开始的。中国电子信息、装备制造等行业的不少支柱企业，就是从出口起步并逐步发展起来的。① 近年来，很多外贸企业主动适应国际市场需求变化，增加研发投入，进行技术升级和改造，为供给侧结构性改革做出了积极贡献。

### （三）对外贸易是促进就业的重要保障

对外贸易为中国创造了大量的就业机会。数据显示，中国外贸直接和间接带动的就业人数高达1.8亿，每4个就业人口中就有1个从事与外贸相关的工作②。从全球价值链角度测算结果看，中国每百万美元货物出口对中国就业的拉动为59.0人次，其中，每百万美元一般贸易出口能带来82.7人次的就业，每百万美元加工贸易出口能带来26.5人次的就业。③

### （四）对外贸易是防范风险的重要手段

对外贸易为中国获取外汇、充实外汇储备做出巨大贡献。中国货物出口

①② 梁明．准确看待当前我国对外贸易发展的若干问题［J］．国际贸易，2017（1）：4-10.

③ 中华人共和国商务部．中国对外贸易形势报告（2018年秋季）［R/OL］．（2018-11-12）．http://zhs.mofcom.gov.cn/article/cbw/201811/20181102805514.shtml

从 1978 年的 99.5 亿美元增长至 2018 年的 2.48 万亿美元，外汇储备从 1978 年的 1.67 亿美元增加到 2018 年的 3.16 万亿美元，对于抵御国际金融风险、推动人民币国际化起到了重要作用。

### （五）对外贸易显著提升我国国际地位

改革开放后，随着中国经济的飞速发展和对外贸易的持续增长，中国在国际经济活动中的话语权不断增强，在国际经济组织中的积极作用不断凸显。中国提出的“一带一路”倡议，得到了越来越多国家的积极响应，亚洲基础设施投资银行的设立，也得到了许多国家的支持。中国从国际贸易的积极参与者，逐渐向着规则制定者转变。

# 第二节　改革开放以来中国服务贸易发展历程及成就

服务贸易是各国融入经济全球化、参与国际竞争合作的重要途径，全球服务贸易发展对促进经济增长和全球价值链深化发展的作用不断提升。在国际货物贸易增长面临巨大压力的背景下，服务贸易已成为国际贸易增长的新引擎。过去 10 年，全球服务贸易年均增长 4.2%，高于货物贸易增速（1.1%），其中金融、电信和信息技术服务、商业服务、知识产权使用费等领域的服务贸易，甚至是货物贸易增速的 2~3 倍。服务贸易在全球贸易总量中的比重不断上升，已由 1970 年的 9%上升到 2019 年的 24%。2018 年，全球服务贸易总额达到 11.4 万亿美元，占国际贸易的 23%，对全球贸易增长的贡献率将近一半。随着制造服务化推进、可贸易服务的进一步拓展，服务贸易在全球贸易中的地位和作用将进一步提升。根据世贸组织报告，预计 2040 年服务贸易在全球贸易中的占比将会提高到 50%。①

## 一、改革开放以来中国服务贸易发展历程②

### （一）第一阶段：1978—1991 年

1978 年，中国开始改革开放，为了方便海外华侨来华投资办厂、探亲旅

---

① 世界贸易组织.2019 世界贸易报告［R/OL］.（2019-08-15）. https://www-dev.wto.org/index.htm? error=true&returnurl=%2fspanish%2fforums_s%2fmedia_s%2fxmedia_s%2ftp411_s.htm

② 梁婷.中国服务贸易影响因素研究［D］.北京：商务部国际贸易经济合作研究院，2019.

行，航空运输和酒店行业成为中国首批对外开放的服务产业。在此阶段，服务业对外开放程度极低，服务进口管制严格，服务贸易整体发展非常落后，呈现小额服务顺差状态。20 世纪 80 年代，中国只有旅游设施、饮食服务等少数服务业领域对外资开放。由于服务业在对外开放中属于较敏感、难度较大且滞后的部门，因此中国在引进外资时十分谨慎，基本上采取的是合资或合作方式，某些部门对外资比例做了很大限制。① 该阶段服务贸易进出口额占对外贸易总额的比重很低，除了法律、会计和咨询等其他商业服务外，其他项目的生产性服务贸易额几乎为零。

### （二）第二阶段：1992—2001 年

为了更好地与国际接轨并融入全球经济发展，从 1986 年提出“复关”申请起，中国对“复关”和“入世”一直持积极态度，并为此进行了长达十多年的努力。我国于 20 世纪 80 年代和 90 年代为“复关”和“入世”做出了积极的努力。自 1992 年开始先后颁布或修订了与服务贸易相关的系列法律法规，如《对外贸易法》《商标法》《著作权法》《价格法》《海商法》等。以 1994 年颁布的《对外贸易法》为例，为响应服务贸易发展需求，《对外贸易法》首次单独列出了服务贸易章节。从法律规范的角度看，由此货物贸易、技术贸易和服务贸易成为中国对外贸易的三大基本内容，立法也为服务业和服务贸易的发展提供了更加全面的法律保障。1992 年召开的中共十四大正式确立了社会主义市场经济体制的目标，自此，我国对外贸易步入快速发展轨道。但该时期我国侧重于货物贸易的发展，服务贸易居于相对次要的位置。依托于我国货物贸易的深厚基础，当时的生产性服务贸易增加相对明显，但其他项目进展不大。

### （三）第三阶段：2002—2011 年

2001 年，中国正式加入 WTO，这一时期受到加入 WTO 带来的国际化压力，中国服务业与服务贸易的开放发展步伐加快，有力推动了服务贸易的发展。在“入世”《服务贸易具体承诺减让表》中，我国对《服务贸易总协定》规定的 12 大服务贸易部门中的 9 大部门做出了开放承诺，对 160 个分部门中

① 商务部国际贸易经济合作研究院．迈向贸易强国之路［M］．北京：中国商务出版社，2018.

近100个分部门做了渐进开放的具体承诺，其中金融、通信、旅游、运输和分销服务业成为对外开放的重点部门，占服务部门总数的62.5%，承诺的开放程度几乎接近发达国家水平。[①] 在“入世”效应的影响下，2003年中国服务贸易总额首次突破1000亿美元。2004年元旦正式实施了内地与香港、澳门《关于建立更紧密经贸关系的安排》(*Closer Economic Partnership Arrangement*, CEPA)，内地在国民待遇方面，就商业存在和自然人流动做出了更多实质性的承诺，在物流、分销、视听、旅游、电信、银行、保险等27个服务贸易领域扩大对香港和澳门的开放。在当时内地服务业发展相对落后的背景下，大幅度的开放措施给服务企业带来了一定的冲击，但也提供了一个接受世界通行规则检验的机会，更多地为国内服务业的转型升级提供了外部动力。根据《中国的对外贸易》白皮书，截至2010年，中国加入WTO的所有承诺全部履行完毕。随着服务业开放程度的不断加深，大大促进了服务业领域的外商直接投资，并由此带动了服务贸易规模的快速增长。

### （四）第四阶段：2012年至今

2012年中国经济进入新常态，经济增长方式面临转变，服务业与服务贸易成为经济增长与对外贸易的重要领域，服务贸易得到政府政策的大力扶持。我国服务贸易进出口总额增至4706亿美元，成为继美国、德国之后的世界第三大服务贸易国。2013年，全国第一家自贸试验区——上海自贸试验区在浦东正式挂牌成立，预示着以服务业开放为主导的新征程的开启，服务业在国家对外开放大局中由“配角”正式变为“主角”，而且成为中国高质量对外开放的关键支点。[②] 2013年11月，党的十八届三中全会通过的《中共中央关于全面深化改革若干重大问题的决定》提出要构建开放型经济新体制，标志着中国的改革开放进入新的历史时期。2017年党的十九大报告指出要“推动形成全面开放新格局”“推进贸易强国建设”“扩大服务业对外开放”。2015年5月，国务院发布《关于北京市服务业扩大开放综合试点总体方案的批复》（国函〔2015〕81号），对北京市服务业扩大开放综合试点进行部署，2016年

---

① 朱福林．中国服务贸易发展70年历程、贡献与经验［J］．首都经济贸易大学学报，2020，22（1）：48-59.

② 夏杰长，姚战琪．服务业外商投资与经济结构调整：基于中国的实证研究［J］．南京大学学报（哲学·人文科学·社会科学），2013（3）：25-33.

2 月国务院批复同意在天津、上海、海南等 15 个省市（区域）开展服务贸易创新发展试点，2018 年国务院发布《深化服务贸易创新发展试点方案》，在原方案的基础上将服务贸易创新发展试点地区扩大到 17 个，基本涵盖了中国服务贸易的主要贡献区域。2018 年 4 月习近平主席出席庆祝海南建省办经济特区 30 周年大会并发表重要讲话，宣布党中央支持海南稳步推进中国特色自由贸易港建设，其中发展现代服务业是重要产业指导方向。可见，目前中国的高水平开放基本上以服务业为主，服务贸易成为新时代中国对外开放的鲜明旗帜。

## 二、改革开放以来中国服务贸易发展成就

### （一）服务贸易总额不断上升

改革开放以来，中国服务贸易规模快速扩大。服务进出口额从 1982 年的 45 亿美元增长至 2018 年的 7569 亿美元，年平均增速达到 15.29%。服务出口额从 1982 年的 26 亿美元增长至 2018 年的 2327 亿美元；同期，服务进口额从 19 亿美元增长至 5242 亿美元（见表 3-9）。2018 年，中国一跃成为全球第二大服务贸易国，在世界市场上占据重要地位。

**表 3-9　1982—2018 年中国服务进出口额**　　单位：亿美元

| 年份 | 中国进出口额 | | 中国出口额 | | 中国进口额 | | 差额 |
|---|---|---|---|---|---|---|---|
| | 金额 | 同比增长（%） | 金额 | 同比增长（%） | 金额 | 同比增长（%） | |
| 1982 | 45 | — | 26 | — | 19 | — | 7 |
| 1983 | 46 | 2.1 | 28 | 4.5 | 18 | -1.3 | 10 |
| 1984 | 57 | 24 | 31 | 11.2 | 26 | 43.2 | 5 |
| 1985 | 52 | -8.2 | 30 | -3.1 | 22 | -14.2 | 8 |
| 1986 | 57 | 8.5 | 36 | 22.8 | 21 | -10.4 | 15 |
| 1987 | 62 | 9.5 | 39 | 6.3 | 23 | 15.3 | 16 |
| 1988 | 83 | 33.4 | 50 | 28 | 33 | 42.5 | 17 |
| 1989 | 96 | 16.1 | 61 | 21.9 | 35 | 7.4 | 26 |
| 1990 | 121 | 25.4 | 80 | 31.5 | 41 | 15.1 | 39 |
| 1991 | 134 | 10.8 | 94 | 18.5 | 40 | -4.3 | 32 |

续表

| 年份 | 中国进出口额 | | 中国出口额 | | 中国进口额 | | 差额 |
|---|---|---|---|---|---|---|---|
| | 金额 | 同比增长（%） | 金额 | 同比增长（%） | 金额 | 同比增长（%） | |
| 1992 | 216 | 61.9 | 124 | 31.9 | 92 | 133.9 | 28 |
| 1993 | 259 | 19.9 | 144 | 15.6 | 116 | 25.6 | 42 |
| 1994 | 357 | 37.6 | 199 | 38.6 | 158 | 36.5 | -9 |
| 1995 | 484 | 35.4 | 237 | 19 | 246 | 56.1 | 56 |
| 1996 | 503 | 4.1 | 279 | 17.8 | 224 | -9.2 | 56 |
| 1997 | 619 | 23 | 342 | 22.3 | 277 | 23.9 | 64 |
| 1998 | 517 | -16.5 | 250 | -26.7 | 266 | -3.9 | -16 |
| 1999 | 603 | 16.7 | 293 | 17 | 310 | 16.5 | -17 |
| 2000 | 707 | 17.3 | 347 | 18.6 | 360 | 16 | -12 |
| 2001 | 778 | 10 | 387 | 11.5 | 390 | 8.5 | -3 |
| 2002 | 919 | 18.2 | 459 | 18.4 | 461 | 18 | -2 |
| 2003 | 1058 | 15.1 | 510 | 11.1 | 549 | 19 | -39 |
| 2004 | 1443 | 36.4 | 721 | 41.5 | 722 | 31.6 | -1 |
| 2005 | 1672 | 15.8 | 838 | 16.2 | 833 | 15.5 | 5 |
| 2006 | 2027 | 21.3 | 1024 | 22.2 | 1003 | 20.4 | 21 |
| 2007 | 2640 | 30.2 | 1348 | 31.6 | 1293 | 28.8 | 55 |
| 2008 | 3207 | 21.4 | 1626 | 20.7 | 1580 | 22.2 | 46 |
| 2009 | 3007 | -6.2 | 1426 | -12.3 | 1581 | 0 | -155 |
| 2010 | 3696 | 22.9 | 1774 | 24.4 | 1923 | 21.6 | -149 |
| 2011 | 4471 | 20.9 | 2003 | 12.9 | 2468 | 28.4 | -465 |
| 2012 | 4808 | 7.6 | 2006 | 0.1 | 2803 | 13.6 | -797 |
| 2013 | 5352 | 11.3 | 2058 | 2.6 | 3294 | 17.5 | -1236 |
| 2014 | 6489 | 21.3 | 2181 | 6 | 4309 | 30.8 | -2128 |
| 2015 | 6505 | 0.2 | 2176 | -0.2 | 4330 | 0.5 | -2154 |
| 2016 | 6575 | 1.1 | 2083 | -4.2 | 4492 | 3.8 | -2409 |
| 2017 | 6957 | 5 | 2281 | 8.9 | 4676 | 3.4 | -2395 |
| 2018 | 7569 | 8.8 | 2327 | 2 | 5242 | 12.1 | -2916 |

数据来源：中国商务部、海关总署。

2019年，我国服务进出口总额54152.9亿元，同比增长2.8%。其中，服务出口总额 19564.0 亿元，增长 8.9%；服务进口总额 34588.9 亿元，微降 0.4%；逆差 15024.9 亿元，下降 10.5%。知识密集型服务进出口额 18777.7 亿元，增长 10.8%，高出服务进出口整体增速 8 个百分点，占服务贸易总额比重上升 2.5 个百分点，至 34.7%。2020 年全球新冠肺炎疫情蔓延，对世界服务贸易造成较大负面影响，我国以旅行服务为代表的传统服务领域进出口受疫情影响最为严重，知识密集型服务贸易领域受到的影响则相对较小。2020 年 1—4 月，我国服务进出口总额 15144.3 亿元，同比下降 13.2%。其中，服务出口额 6055.3 亿元，降幅收窄至 2.2%；服务进口额 9088.9 亿元，同比下降 19.2%。服务进口下降幅度较大，使得我国服务贸易逆差延续缩小态势，1—4 月服务贸易逆差同比下降 40%，至 3033.6 亿元，减少 2023.7 亿元。

**（二）对全球服务进口增长贡献巨大**

根据商务部发布的《中国服务进口报告 2020》，改革开放以来，我国累计进口服务 4.9 万亿美元，年均增长 16.1%，远高于同期全球 7.2%的平均水平，对全球服务进口增长的贡献率达 9.6%。党的十八大以来，我国累计进口服务 3.4 万亿美元，年均增长 9.2%，高于同期全球 3.7%的平均水平，进口规模稳居全球第二，贡献了全球服务进口增长的 17.1%，对全球服务进口增长的贡献居全球首位。① 以旅行、教育、文娱为主体的生活性服务进口向高品质发展，丰富了我国人民的美好生活。2012 年以来，我国旅行进口从 1019.8 亿美元增至 2019 年的 2507.4 亿美元，年均增长 16.8%，是同期全球增速的 3.6 倍，占全球旅行进口的比重从 7.5%提高至 18%。我国出境旅游人数 2019 年达到 1.55 亿人次。教育方面，我国出国留学人数从 2012 年的 39.9 万人增至 2019 年的 66.2 万人，已是全球最大留学生生源地，也是美国、加拿大、澳大利亚、日本、韩国、英国等国家的第一大留学生生源国。我国服务进口快速增长，增加了全球服务业就业岗位。通过持续扩大服务进口，我国为发展中国家提供实实在在的出口市场、发展机会和就业机会。据世界银行及联合国国际劳工组织数据测算，2019 年我国服务进口给贸易伙伴提供了超过 1800 万个就业机会。我国服务进口更维护了全球产业链、供应链的稳定。我国服务业快速发展催生了巨大的服务进口需求，为全球产业链、供应链提供了

① 我国服务进口连续 7 年稳居全球第二 [J]. 中国商界，2021 (1)：108-109.

广阔而稳定的市场。新冠肺炎疫情全球蔓延以来，我国率先控制住疫情，实现全产业链复工复产，确保全球产业链、供应链不在我国“断链”。2020 年 1—8 月，我国新兴服务进口额 931.6 亿美元，同比增长 4.2%，为稳定全球产业链、供应链做出了重要贡献。

### （三）服务业与服务贸易对经济增长贡献率稳步提升

改革开放后，随着工业化、城镇化的快速推进，企业、居民、政府等各部门对服务业需求日益旺盛，服务业对经济增长的贡献率不断提升。1978 年服务业就业人员占比仅为 12.2%，比第一产业、第二产业分别低 58.3 个和 5.1 个百分点。[①] 改革开放后，在城镇化建设带动下，服务业就业人员连年增长。1979—2018 年，服务业就业人员年均增速 5.1%，高出第二产业 2.3 个百分点。2018 年底，服务业就业人员达到 35938 万人，比重达到 46.3%，成为我国吸纳就业人口最多的产业，服务业对经济增长的贡献也不断提升。1978 年底，服务业对当年 GDP 贡献率仅为 28.4%，与第二产业相比低了 33.4 个百分点。1978—2018 年，服务业对 GDP 的贡献率提升 31.3 个百分点，达到了 59.7%。自 2015 年起，我国服务业占 GDP 比重超过 50%，服务业成为我国经济增长主动力，2019 年对 GDP 贡献率更是达到 53.9%。

在服务贸易方面，改革开放后，我国积极开展国际间经济、技术、学术、文化等合作交流，服务贸易一直保持平稳较快发展。1982—2018 年，服务进出口总额从 47 亿美元增长到 7919 亿美元，年均增长 15.3%，比货物进出口总额年均增速高出 1.3 个百分点。2018 年，服务进出口总额占对外贸易总额的比重达到 14.6%，较 1982 年提升了 4.5 个百分点，越来越接近占比为 20%的世界平均水平。据联合国贸发会议的跨境服务数据（BOP 口径），2019 年我国服务贸易进出口额达到 5.4 万亿元，约合 7434 亿美元。我国已连续五年保持服务贸易全球第二，分别为第二大进口国和第五大出口国。2018 年，我国与“一带一路”沿线国家服务贸易总额达 1217 亿美元，占我国服务贸易总额的 15.4%。

与此同时，服务业吸引外资能力大幅增强，1983—2018 年，外商直接投资额从 9.2 亿美元增长到 1383 亿美元，年均增长 15.4%。从投资方向看，2001 年以前，外商主要投资于制造业；随着我国服务业对外资的限制进一步

① 数据来源：国家统计局。

放开，投资于服务业的外资比例大幅上升。2005年外商直接投资额中，服务业仅占24.7%，2011年这一比例已经超过50%，2018年达到68.1%，服务业已经成为外商投资的首选领域。

### （四）服务贸易全球地位不断提升

随着服务贸易规模的不断扩大，中国服务贸易在世界上的地位不断提高。1982年我国服务出口额仅为27亿美元，占世界比重不足1%。2012年中国服务进出口总额位居世界第三，仅次于美国和德国。[①] 2014年超越德国，位居世界第二并持续至今，成为名副其实的世界服务贸易大国。据2019年WTO《全球贸易数据与展望》报告，2018年中国服务出口占世界比重4.6%，排名第五；服务进口占世界比重9.4%，位列世界第二。

然而，中国服务贸易保持长期逆差，且逆差额度还存在逐年扩大趋势，2018年逆差额达2916亿美元，同比增长22%。多年来，中国服务贸易始终是进口大于出口、进口的世界排名超过出口的世界排名，虽然大量生产性服务进口可以弥补国内高端生产性服务供应不足的局面，但也从另一个角度表明中国服务出口能力还较为有限，或者出口能力提升尚有很大空间。从长远来看，中国必须提高服务出口质量、规模和结构，培育服务贸易竞争新优势，营造有利于服务贸易发展的营商环境。

### （五）服务贸易结构不断优化，新兴服务出口发展迅速

我国服务出口规模不断扩大的同时，结构也在不断优化，新兴服务贸易行业出口占比逐年上升，以大数据、互联网、云计算等信息技术为基础的数字服务贸易迅速发展，提高了中国货物贸易与服务贸易交付过程的数字化程度，节约了成本、提升了整个对外贸易的效率，为中国经济和对外贸易注入了新动能。[②]

根据商务部公布的数据，2018年我国知识密集型服务总额同比增长20.7%，高出服务整体增速9.2个百分点，占服务总额的比重为32.4%，同比提升了2.5个百分点，说明我国服务贸易结构在持续优化。2019年我国新兴

---

① 商务部国际贸易经济合作研究院．迈向贸易强国之路［M］．北京：中国商务出版社，2018.

② 朱福林．中国服务贸易发展70年历程、贡献与经验［J］．首都经济贸易大学学报，2020，22（1）：48-59.

服务贸易总额为 18777.7 亿元，增长 10.8%，占服务贸易总额比重上升 2.5 个百分点，至 34.7%。其中，出口 9916.8 亿元，增长 13.4%，占服务出口总额的 50.7%；进口 8860.9 亿元，增长 8%，占服务进口总额的 25.6%①。电信、计算机和信息服务领域向价值链高端环节迈进，知识产权使用费出口大幅增长，金融保险服务出口稳定增长。高端生产性服务外包业务快速增长，2019 年医药和生物技术研发服务、检验检测服务、互联网营销推广服务、电子商务平台服务分别增长 15.3%、20.5%、37.1%和 53.2%。②

在当前疫情背景下，服务贸易发展提质增效的迫切性更加凸显。当前，互联网、大数据和云计算等新兴技术快速发展，将显著降低跨境服务贸易的成本。新冠肺炎疫情加速了线下经营向“互联网+”线上模式的转变进程，为诸如线上办公、线上教育等电信计算机和信息服务贸易创造新的发展契机，促进数字技术在新兴服务贸易领域的应用，实现新兴服务贸易的数字化与智能化③。同时，随着我国进一步加大金融、保险等服务领域对外开放力度，技术、数据等新型要素质量和配置效率不断提高，服务领域发展新动能将加快释放，为服务贸易转型发展创造更多有利条件。我国数字经济规模巨大，互联网基础日益完善，在 5G、云计算、人工智能、大数据、物联网等新兴技术领域积累了较强的优势，为数字服务贸易提供重要的支撑。新冠肺炎疫情暴发以来，医疗、教育、餐饮、零售等传统服务领域的数字化需求呈现指数级增长态势④。2020 年 1—4 月，知识流程外包中的医药和生物技术研发外包离岸执行额 126.1 亿元，同比增长 47.7%；离岸信息技术外包中的云计算服务、信息技术解决方案服务、人工智能服务等新兴数字化服务离岸执行额同比分别增长 179.1%、189.2%和 423.4%。⑤ 同时，我国还认定了首批 12 个国家数字服务出口基地，加快数字技术在服务贸易中的应用，加速培育数字贸易新业态、新模式，带动我国服务贸易持续实现高质量发展。

---

① 数据来源：中华人民共和国商务部。

② 王珂．2018 年我国服务进出口规模创新高［N］．人民日报，2019-02-13.

③ 赵爱玲．同世界共享市场机遇助力“双循环”发展［J］．中国对外贸易，2020（12）：32-34.

④ 中华人共和国商务部．商务部服贸司负责人谈 2020 年 1-4 月我国服务外包产业发展情况［R/OL］．（2020-05-20）［2020-09-10］．http：//www.mofcom.gov.cn/article/ae/sjjd/202005/20200502966667.shtml.

⑤ 数据来源：中华人民共和国商务部新闻办公室《商务部服贸司负责人谈 2020 年 1—4 月我国服务外包产业发展情况》，2020 年 5 月 20 日。

## 第四章

# “一带一路”倡议给中国对外贸易带来的机遇和挑战

## 第一节 “一带一路”概念的提出及成就

### 一、“一带一路”概述

1. “一带一路”概念的提出

2013 年 9 月 7 日，中国国家主席习近平在哈萨克斯坦纳扎尔巴耶夫大学作题为《弘扬人民友谊 共创美好未来》的演讲，提出共同建设“丝绸之路经济带”。

2013 年 10 月 3 日，习近平主席在印度尼西亚国会发表题为《携手建设中国—东盟命运共同体》的演讲，提出共同建设“21 世纪海上丝绸之路”（2014 年 6 月 5 日正式简称“一带一路”）。

2. “一带一路”沿线国家

在学术研究中，关于“一带一路”的具体内容和范围基本一致[①]，本章根据 2018 年 3 月中国“一带一路”网[②]列出的“一带一路”沿线国家名单，确定“一带一路”共涉及国家 71 个。这些国家拥有全世界约 43%的人口，连接了欧亚非几大洲的政治、经贸和人文交流之路，形成了一个海上、陆地的地理闭环。2018 年“一带一路”沿线 71 国人口、GDP、贸易情况见表 4-1。

① 例如，根据《中国对外直接投资统计公报》的统计口径，“一带一路”沿线国家包括亚洲、非洲和欧洲的 65 个国家。

② www. yidaiyilu. gov. cn。

**表 4-1 2018 年"一带一路"沿线 71 国人口、GDP、贸易情况**

| 区域 | 国家 | 人口（万人） | GDP（亿美元） | 进口额（亿美元） | 出口额（亿美元） | 进出口总额（亿美元） |
|---|---|---|---|---|---|---|
| 东亚及大洋洲（14 国） | 老挝 | 716.3 | 179.54 | 61.64 | 52.95 | 114.59 |
| | 柬埔寨 | 1577.6 | 245.42 | 187.80 | 139.50 | 327.30 |
| | 越南 | 9263.7 | 2452.14 | 2355.17 | 2426.83 | 4782 |
| | 文莱 | 42.3 | 135.67 | 41.64 | 65.74 | 107.38 |
| | 菲律宾 | 10419.5 | 3309.1 | 1193.30 | 674.88 | 1868.18 |
| | 新加坡 | 558.4 | 3641.57 | 3708.81 | 4129.53 | 7838.34 |
| | 马来西亚 | 3152.3 | 3585.82 | 2176.02 | 2474.55 | 4650.57 |
| | 印度尼西亚 | 25880.2 | 10421.73 | 1887.07 | 1802.15 | 3689.22 |
| | 缅甸 | 5225.4 | 712.15 | 193.47 | 166.40 | 359.87 |
| | 泰国 | 6898.1 | 5049.93 | 2482.01 | 2529.57 | 5011.58 |
| | 蒙古国 | 301.4 | 130.67 | 58.75 | 70.12 | 128.87 |
| | 韩国 | 118.7 | 16194.24 | 5352.02 | 6048.60 | 11400.62 |
| | 新西兰 | 488.55 | 2049.24 | 437.93 | 396.73 | 834.66 |
| | 东帝汶 | 126.797 | 25.81 | 5.65 | 0.47 | 6.12 |
| | 区域小计 | 64769.24 | 48133.03 | 20141.28 | 20978.02 | 41119.3 |
| 西亚（18 国） | 格鲁吉亚 | 367.8 | 176.00 | 91.37 | 33.56 | 124.93 |
| | 阿塞拜疆 | 949.2 | 469.40 | 114.90 | 197.20 | 312.10 |
| | 亚美尼亚 | 299.1 | 124.33 | 49.63 | 24.12 | 73.75 |
| | 伊拉克 | 3606.7 | 2242.30 | 531.91 | 952.56 | 1484.47 |
| | 伊朗 | 8046.0 | | 493.53 | 1050.00 | 1543.53 |
| | 土耳其 | 7855.9 | 7713.50 | 2230.47 | 1679.21 | 3909.68 |
| | 叙利亚 | 341.8 | | 64.00 | 20.00 | 84.00 |
| | 约旦 | 697.6 | 422.31 | 202.16 | 77.73 | 279.89 |
| | 黎巴嫩 | 459.7 | 566.39 | 203.96 | 38.30 | 242.26 |
| | 以色列 | 852.8 | 3705.88 | 801.00 | 619.52 | 1420.52 |
| | 巴勒斯坦 | 2699.7 | | 5.69 | 10.98 | 16.67 |
| | 沙特阿拉伯 | 3201.3 | 7865.22 | 1370.65 | 2943.73 | 4314.38 |
| | 也门 | 2913.2 | 269.14 | 48.46 | 25.52 | 73.98 |
| | 阿曼 | 395.7 | 792.77 | 254.12 | 466.37 | 720.49 |
| | 阿联酋 | 985.6 | 4141.79 | 2615.38 | 3168.96 | 5784.34 |
| | 卡塔尔 | 257.8 | 1913.62 | 316.96 | 842.88 | 1159.84 |
| | 科威特 | 422.5 | 1406.45 | 358.64 | 719.38 | 1078.02 |
| | 巴林 | 131.9 | 377.46 | 128.95 | 182.58 | 311.53 |
| | 区域小计 | 63852.5 | | 9881.78 | 13052.6 | 22934.38 |

续表

| 区域 | 国家 | 人口（万人） | GDP（亿美元） | 进口额（亿美元） | 出口额（亿美元） | 进出口总额（亿美元） |
|---|---|---|---|---|---|---|
| 南亚（8国） | 印度 | 130971.3 | 27187.32 | 5144.64 | 3247.78 | 8392.42 |
| | 孟加拉国 | 16151.3 | 2740.25 | 604.95 | 392.52 | 997.47 |
| | 巴基斯坦 | 18987.0 | 3145.88 | 604.12 | 234.85 | 838.97 |
| | 斯里兰卡 | 2125.2 | 889.01 | 222.33 | 118.90 | 341.23 |
| | 尼泊尔 | 2875.8 | 290.40 | 127.14 | 7.86 | 135 |
| | 阿富汗 | 3273.9 | 19.36 | 74.07 | 8.6 | 82.82 |
| | 马尔代夫 | 35.4 | 5.27 | 29.28 | 3.36 | 32.64 |
| | 不丹 | 79.1 | 2.53 | 9.93 | 5.78 | 15.71 |
| | 区域小计 | 174499 | 34280.02 | 6816.45 | 4019.80 | 10836.25 |
| 中亚（5国） | 哈萨克斯坦 | 1794.7 | 170.54 | 336 | 610.8 | 946.8 |
| | 乌兹别克斯坦 | 3134.3 | 50.5 | 196.2 | 142 | 338.2 |
| | 土库曼斯坦 | 546.3 | 40.76 | 23.51 | 95.73 | 119.24 |
| | 吉尔吉斯斯坦 | 605.9 | 8.09 | 51.36 | 17.76 | 69.12 |
| | 塔吉克斯坦 | 865.5 | 7.52 | 31.56 | 10.74 | 42.3 |
| | 区域小计 | 6946.7 | 277.41 | 638.63 | 877.03 | 1515.66 |
| 中东欧（20国） | 俄罗斯 | 14630 | 1657.6 | 2508 | 4428 | 6936 |
| | 波兰 | 3800.3 | 585.78 | 2449.33 | 2515.52 | 4964.85 |
| | 捷克 | 1056.1 | 244.11 | 1775.04 | 1938.81 | 3713.85 |
| | 匈牙利 | 983.5 | 155.7 | 1039.34 | 1098.39 | 2137.73 |
| | 斯洛伐克 | 541.8 | 106.47 | 847.89 | 886.25 | 1734.14 |
| | 罗马尼亚 | 1986.9 | 239.55 | 914.03 | 746.04 | 1660.07 |
| | 乌克兰 | 4250.1 | 130.83 | 572.4 | 473.4 | 1045.8 |
| | 斯洛文尼亚 | 206.5 | 50.24 | 339.07 | 341.27 | 680.34 |
| | 立陶宛 | 287.5 | 53.25 | 341 | 312.04 | 653.04 |
| | 白俄罗斯 | 945.1 | 59.66 | 357 | 334.2 | 691.2 |
| | 保加利亚 | 712.6 | 65.13 | 355.45 | 315.51 | 670.96 |
| | 塞尔维亚 | 713.2 | 50.51 | 258.6 | 192 | 450.6 |
| | 克罗地亚 | 420.4 | 60.81 | 76.85 | 47.18 | 124.03 |
| | 拉脱维亚 | 197.6 | 34.85 | 174.08 | 140.34 | 314.42 |
| | 爱沙尼亚 | 131.2 | 30.28 | 178.70 | 158.86 | 337.56 |
| | 波黑 | 385.4 | 19.78 | 109.22 | 67.15 | 176.38 |

续表

| 区域 | 国家 | 人口（万人） | GDP（亿美元） | 进口额（亿美元） | 出口额（亿美元） | 进出口总额（亿美元） |
|---|---|---|---|---|---|---|
| 中东欧（20国） | 马其顿 | 207.6 | 12.67 | 90.6 | 69 | 159.6 |
| | 阿尔巴尼亚 | 288.5 | 15.06 | 69.76 | 33.64 | 103.40 |
| | 黑山 | 62.3 | 5.45 | 28.17 | 4.40 | 32.57 |
| | 摩尔多瓦 | 355.3 | 11.31 | 57.48 | 27 | 84.48 |
| | 区域小计 | 32161.9 | 3589.04 | 12542.01 | 14129.02 | 26671.03 |
| 非洲及拉美（6国） | 南非 | 5773 | 366.3 | 847.84 | 856.07 | 1703.91 |
| | 摩洛哥 | 3520 | 118.5 | 504.15 | 282.81 | 786.96 |
| | 埃塞俄比亚 | 10922 | 84.36 | 153.06 | 27 | 180.06 |
| | 马达加斯加 | 2626 | 12.1 | 36.81 | 26.29 | 63.1 |
| | 巴拿马 | 416 | 65.06 | 133.2 | 6.67 | 139.87 |
| | 埃及 | 9020.3 | 250.9 | 729.6 | 277.2 | 1006.8 |
| | 区域小计 | 32277.3 | 897.22 | 2404.66 | 1476.05 | 3880.72 |
| 71国总计 | | 64769.25 | | 104849.63 | 109065.05 | 213914.68 |

注：①根据传统的全球大洲和次区域划分方法，本书把"一带一路"沿线71个国家（不含中国）划分为东亚及大洋洲（14国）、西亚（18国）、南亚（8国）、中亚（5国）、中东欧（20国）、非洲及拉美（6国）六个区域。

②由于各国数据更新周期的差异，叙利亚、伊朗和巴勒斯坦三国的GDP为2017年数据，其他国家为2018年数据。

数据来源：世界银行、联合国统计局，部分数据来自世界贸易组织、联合国、国际货币基金组织的预测。

### 3. "一带一路"沿线国家贸易概况

作为世界上最长的经济走廊，"一带一路"贸易在世界贸易版图中占据着重要的位置，如图4-1所示，2011—2017年，"一带一路"国家对外贸易在世界贸易中的占比一直保持在25%左右，贸易合作具有很大的潜力。

具体到国家来说，以2017年为例，由图4-2可以看出，进出口贸易总额最高的国家为韩国，高达10508.4亿美元；新加坡、印度次之。从进口来看，贸易前三的依次为韩国、印度和新加坡，分别为4781.1亿美元、3567.0亿美元和3276.7亿美元；从出口来看，韩国、新加坡和俄罗斯的出口额较高，阿联酋和印度紧随其后，出口均超过2000亿美元。

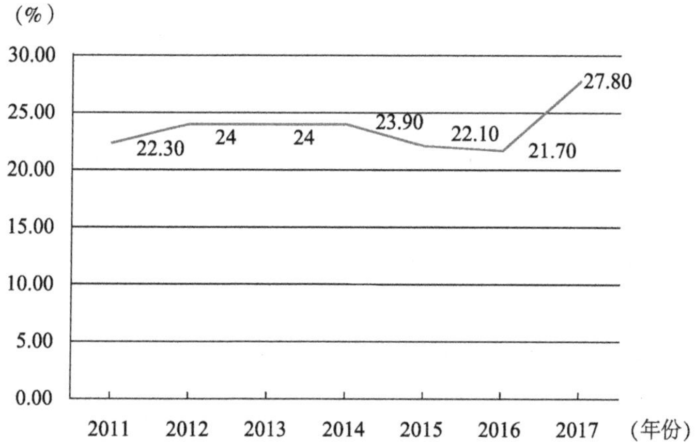


**图 4-1 2011—2017 年“一带一路”国家贸易占世界贸易比重**

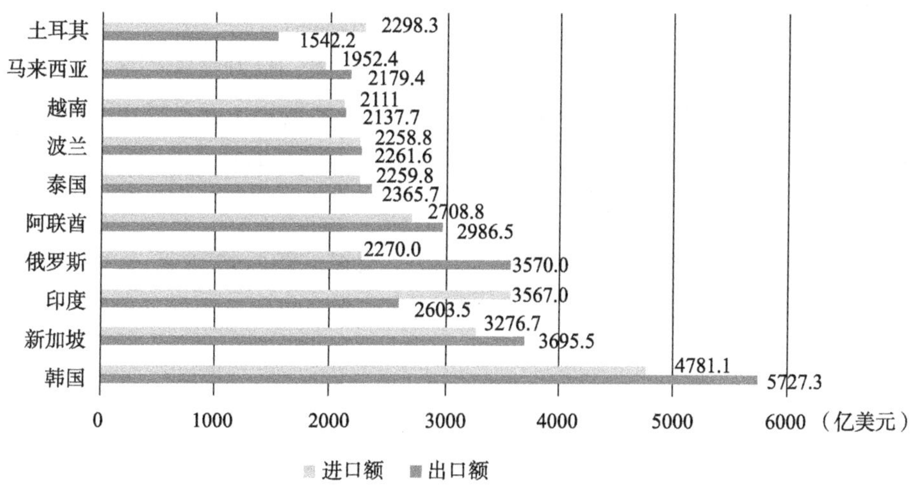


**图 4-2 2017 年“一带一路”国家对外贸易排名前十的国家**

## 二、“一带一路”倡议的成就

2013 年以来，共建“一带一路”倡议以政策沟通、设施联通、贸易畅通、资金融通和民心相通为主要内容扎实推进，取得明显成效，参与各国得到了实实在在的好处，对共建“一带一路”的认同感和参与度不断增强，一批具有标志性的早期成果开始显现。中国与“一带一路”国家的合作范围扩大、层级深化，合作机制不断完善。“一带一路”倡议自2013年首次提出以来，得到越来越多国家和国际组织的支持和认可，成为践行共商共建共享全球治理观、完善全球治理体系以及构建人类命运共同体的重大举措。“一带一路”的“朋友圈”持续扩大；截至2019年3月底，中国已同125个国家和29个国际组织签署173份合作文件，共建“一带一路”国家已由亚欧延伸至非洲、拉美、南太等区域。与中国签订“一带一路”合作文件的122个国家概览（截至2018年底）见表4-2。

**（一）在基础设施建设方面的成就**

中国在“一带一路”国家经济发展中扮演越来越重要的角色。中国成为越来越多“一带一路”国家经济发展的助推器。中国通过协助“一带一路”沿线国家的基础设施建设、扶持当地重点行业，改善沿线国家的交通设施环境和整体物流环境，促进当地的产业变革和经济发展。

（1）铁路——中老铁路、中泰铁路、匈塞铁路、雅万高铁等区际、洲际铁路网络建设取得重大进展；泛亚铁路东线、巴基斯坦1号铁路干线升级改造、中吉乌铁路等项目正积极推进前期研究；中欧班列联通亚欧大陆16国108个城市。

（2）公路——中蒙俄、中吉乌、中俄（大连—新西伯利亚）、中越国际道路直达运输试运行；与15个沿线国家签署18个双多边国际运输便利化协定；加入TIR公约。

（3）港口——巴基斯坦瓜达尔港开通集装箱定期班轮航线；斯里兰卡汉班托塔港经济特区完成前期工作；希腊比雷埃夫斯港三期港口建设将完工；阿联酋哈利法港二期集装箱码头开港；与47个沿线国家签署38个海运协定。

（4）航空——与126个国家和地区签署航空运输协定；新增沿线国家国际航线1239条。

（5）能源——中俄原油管道、中国—中亚天然气管道稳定运营；中俄天然气管道将实现部分通气；中缅油气管道全线贯通。

（6）通信设施——中缅、中巴、中吉、中俄跨境光缆进展明显；与国际电信联盟签署《关于加强“一带一路”框架下电信和信息网络领域合作的意向书》；与吉尔吉斯斯坦、塔吉克斯坦、阿富汗签署丝路光缆合作协议。

表 4-2　与中国签订“一带一路”合作文件的 120 个国家概览（截至 2018 年底）

| 亚洲（35） | | | 欧洲（24） | | 非洲（37） | | | 大洋洲（9） | 南美洲（7） | 北美洲（8） |
|---|---|---|---|---|---|---|---|---|---|---|
| 韩国 | 尼泊尔 | 阿塞拜疆 | 俄罗斯 | 立陶宛 | 苏丹 | 加蓬 | 布隆迪 | 新西兰 | 智利 | 哥斯达黎加 |
| 蒙古国 | 马尔代夫 | 格鲁吉亚 | 奥地利 | 斯洛文尼亚 | 南非 | 纳米比亚 | 佛得角 | 巴布亚新几内亚 | 圭亚那 | 巴拿马 |
| 新加坡 | 阿联酋 | 亚美尼亚 | 希腊 | 匈牙利 | 塞内加尔 | 毛里塔尼亚 | 乌干达 | 萨摩亚 | 玻利维亚 | 萨尔瓦多 |
| 东帝汶 | 科威特 | 哈萨克斯坦 | 波兰 | 马其顿 | 塞拉利昂 | 安格拉 | 冈比亚 | 纽埃 | 乌拉圭 | 多米尼加 |
| 马来西亚 | 土耳其 | 吉尔吉斯斯坦 | 塞尔维亚 | 罗马尼亚 | 科特迪瓦 | 吉布提 | 多哥 | 斐济 | 委内瑞拉 | 特立尼达和多巴哥 |
| 缅甸 | 卡塔尔 | 塔吉克斯坦 | 捷克 | 拉脱维亚 | 索马里 | 埃塞俄比亚 | 卢旺达 | 密克罗尼西亚联邦 | 苏里南 | 安提瓜和巴布达 |
| 柬埔寨 | 阿曼 | 乌兹别克斯坦 | 保加利亚 | 乌克兰 | 喀麦隆 | 肯尼亚 | 摩洛哥 | 库克群岛 | 厄瓜多尔 | 多米尼克 |
| 越南 | 黎巴嫩 | 印度尼西亚 | 斯洛伐克 | 白俄罗斯 | 南苏丹 | 尼日利亚 | 马达加斯加 | 汤加 | | 格林纳达 |
| 老挝 | 沙特阿拉伯 | 菲律宾 | 阿尔巴尼亚 | 摩尔多瓦 | 塞舌尔 | 乍得 | 突尼斯 | 瓦努阿图 | | |
| 文莱 | 巴林 | | 克罗地亚 | 马耳他 | 几内亚 | 刚果 | 利比亚 | | | |
| 巴基斯坦 | 伊朗 | | 波黑 | 葡萄牙 | 加纳 | 津巴布韦 | 埃及 | | | |
| 斯里兰卡 | 伊拉克 | | 黑山 | | 阿尔及利亚 | 赞比亚 | | | | |
| 孟加拉国 | 阿富汗 | | 爱沙尼亚 | | 坦桑尼亚 | 莫桑比克 | | | | |

### （二）在政策沟通方面的成就

2015年7月，上海合作组织发表了《上海合作组织成员国元首乌法宣言》，支持关于建设"丝绸之路经济带"的倡议。2016年9月，《二十国集团领导人杭州峰会公报》通过关于建立"全球基础设施互联互通联盟"倡议。2016年11月，联合国193个会员国协商一致通过决议，欢迎共建"一带一路"等经济合作倡议，呼吁国际社会为"一带一路"建设提供安全保障环境。2017年3月，联合国安理会一致通过了第2344号决议，呼吁国际社会通过"一带一路"建设加强区域经济合作，并首次载入"人类命运共同体"理念。2018年，中拉论坛第二届部长级会议、中国—阿拉伯国家合作论坛第八届部长级会议、中非合作论坛峰会先后召开，分别形成了中拉《关于"一带一路"倡议的特别声明》《中国和阿拉伯国家合作共建"一带一路"行动宣言》和《关于构建更加紧密的中非命运共同体的北京宣言》等重要成果文件。

### （三）在贸易畅通方面的成就

在贸易畅通方面的成果体现在如下方面：

（1）中国发起《推进"一带一路"贸易畅通合作倡议》，83个国家和国际组织积极参与。

（2）中国进一步开放外资准入领域，设立了面向全球开放的12个自由贸易试验区，中国平均关税水平从加入世界贸易组织时的15.3%降至目前的7.5%。

（3）2013—2018年，中国与沿线国家货物贸易进出口总额超过6万亿美元，年均增长率高于同期中国对外贸易增速，占中国货物贸易总额的比重达到27.4%。其中，2018年中国与沿线国家货物贸易进出口总额达到1.3万亿美元，同比增长16.4%。

（4）2018年，通过中国海关跨境电子商务管理平台零售进出口商品总额达203.5亿美元，同比增长50%，其中出口84.8亿美元，同比增长67.0%，进口118.7亿美元，同比增长39.8%。

（5）"丝路电商"合作蓬勃兴起，中国与17个国家建立双边电子商务合作机制，在金砖国家等多边机制下形成电子商务合作文件，加快了企业对接和品牌培育的实质性步伐。

### （四）在资金融通方面的成就

（1）丝路基金与欧洲投资基金共同投资的中欧共同投资基金于2018年7月开始实质性运作，投资规模5亿欧元，有力地促进了共建“一带一路”倡议与欧洲投资计划相对接。

（2）中国财政部与阿根廷、俄罗斯、印度尼西亚、英国、新加坡等27国财政部核准了《“一带一路”融资指导原则》。央行与多家多边开发机构开展联合融资，累计投资100多个项目，覆盖70多个国家和地区。

（3）截至2018年底，中国出口信用保险公司累计支持对沿线国家的出口和投资超过6000亿美元，熊猫债发行规模已达2000亿元人民币左右。

（4）已有11家中资银行在28个沿线国家设立76家一级机构，来自22个沿线国家的50家银行在中国设立7家法人银行、19家外国银行分行和34家代表处。

（5）中国先后与20多个沿线国家建立了双边本币互换安排，与7个沿线国家建立了人民币清算安排，与35个沿线国家的金融监管当局签署了合作文件。

（6）人民币国际支付、投资、交易、储备功能稳步提高，人民币跨境支付系统（CIPS）业务范围已覆盖近40个沿线国家和地区。

### （五）在民心相通方面的成就

在民心相通方面的成就体现在如下方面：

（1）中国与中东欧、东盟、俄罗斯、尼泊尔、希腊、埃及、南非等国家和地区共同举办文化年活动，形成了“丝路之旅”“中非文化聚焦”等10余个文化交流品牌，在沿线国家设立了17个中国文化中心。

（2）丝绸之路沿线民间组织合作网络成员已达310家，成为推动民间友好合作的重要平台。

（3）中国设立“丝绸之路”中国政府奖学金项目，与24个沿线国家签署高等教育学历学位互认协议。

（4）在54个沿线国家设有孔子学院153个、孔子课堂149个。

（5）与57个沿线国家缔结了涵盖不同护照种类的互免签证协定，与15个国家达成19份简化签证手续的协定或安排。

（6）与多个国家和国际组织签署56个推动卫生健康合作的协议。

（7）在35个沿线国家建立了中医药海外中心，建设了43个中医药国际合作基地。

（8）中国向沿线发展中国家提供20亿元人民币紧急粮食援助，向南南合作援助基金增资10亿美元，在沿线国家实施了100个"幸福家园"、100个"爱心助困"、100个"康复助医"等项目。

（9）开展援外文物合作保护和涉外联合考古，与6国开展了8个援外文物合作项目，与12国开展了15个联合考古项目。

**（六）在产业合作方面的成就**

中国加大对"一带一路"沿线各国当地重点产业的扶持。农业方面，仅2017年就建设了包括中国—哈萨克斯坦农业科学联合实验室、中国—乌兹别克斯坦棉花联合实验室、中国—巴基斯坦杂交水稻研究中心平台的23个国际联合农业实验平台。工业方面，中国在白俄罗斯、菲律宾、塞尔维亚、埃塞俄比亚等地成立了工业园区，助力当地的实体经济持续发展。信息科技行业方面，在2017年底举行的第四届世界互联网大会上，中国、埃及、老挝、沙特、塞尔维亚、泰国、土耳其和阿联酋等国家代表共同发起《"一带一路"数字经济国际合作倡议》，聚焦数字互联互通，发展数字经济。能源行业方面，2018年10月中国与阿尔及利亚、阿塞拜疆、阿富汗、玻利维亚等17国共同发布《建立"一带一路"能源合作伙伴关系部长联合宣言》，促进各参与合作的国家在能源领域的共同发展、共同繁荣。

在产业合作方面的成就体现在如下方面：

（1）2013—2018年，中国企业对沿线国家直接投资超过900亿美元，在沿线国家完成对外承包工程营业额超过4000亿美元。①

（2）同哈萨克斯坦、埃及、埃塞俄比亚、巴西等40多个国家签署了产能合作文件。

（3）与法国、意大利、西班牙、日本、葡萄牙等国签署了第三方市场合作文件。

（4）与哈萨克斯坦、老挝建立了中哈霍尔果斯国际边境合作中心、中老

① 钱敏．绘制一带一路"工笔画"［J］．人民周刊，2019（8）：28-29.

磨憨—磨丁经济合作区等跨境经济合作区。

世界经济正在发生复杂而深刻的变化，全球增长动能不足、治理体系滞后、南北发展失衡，需要加强国家（地区）间的区域经贸合作，维护全球自由贸易体系。在此背景下，“一带一路”倡议的提出不仅顺应世界经济发展变化趋势，同时为打造开放、包容、均衡的区域经济合作平台，开展多层次、全方位的区域经济合作提供了有利条件，向全世界表达了中国愿致力于沿线各国经济繁荣发展、区域经贸合作、不同文明交流互鉴的诚意。

## 三、“一带一路”倡议的发展前景

“一带一路”建设经过八年发展，从总体布局、铺设蓝图向做深、做实、做细的新阶段奋进，政策沟通范围不断拓展，设施联通水平日益提升，经贸和投资合作又上新台阶，资金融通能力持续增强，人文交流往来更加密切。

习近平主席在第二届“一带一路”国际合作高峰论坛记者会上的讲话中提到“共建‘一带一路’合作取得的早期收获，为各国和世界经济增长开辟了更多空间，为加强国际合作打造了平台，为构建人类命运共同体作出了新贡献。”“一带一路”倡议在全球化大背景下诞生，共建“一带一路”应潮流、得民心、惠民生、利天下。

“一带一路”建设未来将加强全方位、全领域合作，继续推进陆上、海上、空中、网上互联互通，建设高质量、可持续、抗风险、价格合理、包容可及的基础设施；推进建设经济走廊，发展经贸产业合作园区，继续加强市场、规制、标准等方面软联通，以及数字基础设施建设；有关合作项目将继续坚持政府引导、企业主体、市场运作，确保可持续性，并为各国投资者营造公平和非歧视的营商环境；继续拓宽融资渠道，降低融资成本，欢迎多边和各国金融机构参与投融资合作。此外，还将广泛开展内容丰富、形式多样的人文交流，实施更多民生合作项目，努力实现清洁低碳可持续发展，并且帮助发展中国家打破发展瓶颈，更好融入全球价值链、产业链、供应链，并从中受益。“一带一路”建设政策体系将更为完善，共建“一带一路”的朋友圈会越来越大，好伙伴会越来越多，合作质量会越来越高，发展前景会越来越好。

# 第二节 中国与“一带一路”沿线国家贸易现状

## 一、中国与“一带一路”沿线国家外贸发展成就

### 1. 货物贸易稳步增长

根据海关总署提供的数据，共建“一带一路”倡议提出以来，我国与“一带一路”沿线国家贸易规模持续扩大，2014—2019年，中国与“一带一路”沿线国家贸易值累计超过44万亿元，年均增长达到6.1%，我国已经成为沿线25个国家最大的贸易伙伴。我国与沿线国家年货物贸易规模基本保持在1万亿美元左右水平，货物贸易进出口总额从2013年的1.04万亿美元增至2019年的1.34万亿美元，年均增长率高于同期中国外贸年均增速。2019年，中国与138个签署“一带一路”合作文件的国家货物贸易总额达1.90万亿美元，占中国货物贸易总额的41.5%，其中，出口9837.6亿美元，进口9173.9亿美元。

### 2. 贸易结构互补性增强

中国与“一带一路”沿线国家的货物贸易具有较强的互补性。中国对沿线国家的出口主要集中在机械电子、纺织、金属制品等商品上。2016年，上述三类产品占中国对沿线国家出口总额的61.0%。中国自沿线国家的进口以矿产品和部分机电产品为主，2016年，上述两类产品占中国自沿线国家进口总额的57.8%。

### 3. 区域贸易伙伴集中发展

中国与“一带一路”沿线国家和地区的货物贸易区域分布集中在东南亚地区。2017年，在中国与沿线国家贸易总额中，中国与东南亚地区的贸易额占47.3%，与西亚北非、南亚、蒙古俄罗斯中亚、中东欧和独联体其他国家及格鲁吉亚的贸易总额占比分别为22%、11.6%、11.6%、6.2%和1.0%。

### 4. 贸易方式快速创新

2013—2017年，中国对“一带一路”沿线国家进出口均以一般贸易方式

为主。一般贸易出口总额占比均超过 60%，进口总额占比均超过 55%；加工贸易进出口总额占比则保持在 20%左右。同时，跨境电商等外贸新业态新模式成为推动“一带一路”贸易畅通的重要新生力量，“丝路电商”正在将越来越多的沿线国家市场串联起来。

5. 服务贸易发展态势良好

中国与沿线国家的服务贸易规模由小到大、稳步发展。2019 年，中国与“一带一路”沿线国家服务进出口总额 1178.8 亿美元，其中出口 380.6 亿美元，进口 798.2 亿美元。分地区看，东南亚地区是中国在“一带一路”沿线最大的服务贸易伙伴，西亚北非地区国家与中国服务贸易往来发展势头强劲。分领域看，中国与“一带一路”沿线国家服务贸易合作以旅行、运输和建筑三大传统服务贸易为主，2019 年上述领域贸易额占中国与沿线国家服务贸易总额的比例超过 75%。但随着新技术、新业态、新商业模式不断涌现，高技术、高附加值的新兴服务贸易快速增长，正在成为双边服务贸易的重要增长点。

2013—2019 年，“一带一路”经贸合作成果丰硕，除了贸易规模持续扩大之外，还有如下六大明显特点：

（1）双向投资不断深化。对外投资持续拓展，2013—2019 年，中国企业对“一带一路”沿线国家非金融类直接投资累计超过 1000 亿美元，年均增长 4.4%，较同期全国平均水平高 1.4 个百分点，主要投向新加坡、越南、老挝、印度尼西亚等国。同时，吸收外资稳步提升。2013—2019 年，“一带一路”沿线国家对华直接投资超过 500 亿美元，设立企业超过 2.2 万家。2019 年，“一带一路”沿线国家在华实际投入外资金额 84.2 亿美元，同比增长 30.6%，占同期中国实际吸收外资总额的 6.1%。

（2）重大项目稳步推进。中马友谊大桥、比雷埃夫斯港等一批重大项目落地，中老铁路、中泰铁路取得积极进展，中巴“两大”公路建设顺利推进，中俄黑河大桥顺利合龙，中尼友谊大桥恢复通车，阿联酋哈利法港正式运营。

（3）境外经贸合作区建设取得新进展。中白工业园初见成效，泰中罗勇工业园、巴基斯坦海尔鲁巴工业园、匈牙利宝思德经贸合作区等建设成效明显。我国企业在沿线国家的境外经贸合作区累计投资 340 亿美元，入区企业约 4500 家，上缴东道国税费 28 亿美元，为当地创造超过 30 万个就业岗位。

（4）自贸区建设步伐加快。截至 2019 年底，中国已与 25 个国家和地区达成了 17 个自贸协定，正在开展 12 个自贸协定谈判或升级谈判，以及 10 个自贸协定联合可行性研究或升级研究，加速推进面向全球的高标准自贸区网络。

（5）合作机制更加完善。根据商务部数据，截至 2019 年 12 月，我国已经与 167 个国家和国际组织签署了 198 份共建"一带一路"合作文件。还与 44 个国家建立了双边投资合作工作组，与 7 个国家建立了贸易畅通工作组，快速解决双边经贸合作中出现的问题，推动经贸合作发展。与 22 个国家建立了电子商务合作机制，与多个国家签署了第三方市场合作协议，朋友圈越来越大。

（6）合作区平台建设有序前行。截至 2019 年底，纳入商务部统计的境外经贸合作区累计投资 419 亿美元，吸引了数千家企业入驻，产业聚集效应显现。其中，在"一带一路"沿线国家建设的合作区累计投资 350 亿美元，上缴东道国税费超过 30 亿美元，为当地创造就业岗位 33 万个。

## 二、中国与"一带一路"沿线国家贸易现状

贸易畅通是"一带一路"建设的重点内容。自 2013 年"一带一路"倡议提出以来，中国与"一带一路"相关国家和地区的贸易往来持续扩大，贸易结构不断优化，贸易新增长点逐年增多，为各参与方的经济发展注入了新活力。2010 年以来中国与"一带一路"沿线国家双边贸易情况见表 4-3。

**表 4-3　2010 年以来中国与"一带一路"沿线国家①双边贸易情况**

单位：亿美元

| 年份 | 中国外贸总额 | 中国与沿线国家双边贸易额 | 与沿线国家贸易额占外贸总额比例（%） | 中国对沿线国家出口额 | 中国对沿线国家出口增长率（%） | 中国从沿线国家进口额 | 中国从沿线国家进口增长率（%） |
|---|---|---|---|---|---|---|---|
| 2010 | 29740.01 | 9451.95 | 31.78 | 4647.04 | 31.81 | 4804.91 | 44.08 |
| 2011 | 36418.65 | 12138.27 | 33.33 | 5732.07 | 23.35 | 6406.20 | 33.33 |

① 这里的"一带一路"沿线国家指本章第一节所列的 71 个国家。

续表

| 年份 | 中国外贸总额 | 中国与沿线国家双边贸易额 | 与沿线国家贸易额占外贸总额比例（%） | 中国对沿线国家出口额 | 中国对沿线国家出口增长率（%） | 中国从沿线国家进口额 | 中国从沿线国家进口增长率（%） |
|---|---|---|---|---|---|---|---|
| 2012 | 38671. 19 | 13074. 67 | 33. 81 | 6287. 18 | 9. 68 | 6787. 49 | 5. 95 |
| 2013 | 41589. 95 | 14101. 38 | 33. 91 | 6979. 31 | 11. 01 | 7122. 07 | 4. 93 |
| 2014 | 43015. 26 | 14938. 95 | 34. 73 | 7737. 18 | 10. 86 | 7201. 77 | 1. 12 |
| 2015 | 39530. 34 | 13527. 79 | 34. 22 | 7520. 61 | -2. 80 | 6007. 18 | -16. 59 |
| 2016 | 36855. 57 | 12904. 85 | 35. 01 | 7196. 11 | -4. 31 | 5708. 74 | -4. 97 |
| 2017 | 41052. 18 | 14386. 44 | 35. 04 | 7716. 50 | 7. 23 | 6669. 94 | 16. 84 |
| 2018 | 46200 | 16566. 42 | 35. 86 | 8492. 54 | 10. 06 | 8073. 88 | 21. 05 |

近年来，随着中国与“一带一路”沿线国家贸易规模不断扩大，中国与“一带一路”沿线国家的贸易增长率也呈现出快速的增长趋势。据商务部统计，共建“一带一路”倡议提出以来，我国与“一带一路”沿线国家贸易规模持续扩大，2014 年到 2019 年贸易值累计超过 44 万亿元，年均增长达到 6. 1%，我国已经成为沿线 25 个国家最大的贸易伙伴。中国与沿线国家贸易额占外贸总额的比例逐年提升，由 2013 年的 33. 91% 提升到了 2018 年的 35. 86%。2019 年中国与“一带一路”沿线国家进出口总额 9. 27 万亿元，增长率 10. 8%，高出外贸整体增速 7. 4 个百分点，占进出口总值将近 30%，占进出口总额的比重比 2018 年提升了 2 个百分点，可见中国对“一带一路”沿线国家贸易呈现非常良好的发展势头。随着“一带一路”倡议的不断推进与实施，这一贸易份额还会进一步增加，贸易潜力还有很大的提升空间。

## 三、中国与“一带一路”沿线国家贸易格局

从中国与“一带一路”沿线国家的贸易区域来看，东南亚地区与中国的贸易占中国与“一带一路”沿线国家贸易的比重近 50%，东盟是中国最主要的贸易伙伴。由于东盟与中国在地理位置上接近，中国—东盟自贸区为中国与东盟稳定的经贸合作奠定了坚实的基础。西亚、中东地区占中国的贸易额呈逐渐上升趋势，截至 2018 年，贸易额占中国与“一带一路”沿线国家贸易

总额的32%。中国与俄罗斯的贸易增速较为缓慢，年均增速为13%左右。

1. 中国对"一带一路"沿线国家贸易规模

中国对"一带一路"沿线国家的外贸总额总体上呈现出上升趋势。据商务部统计，中国对"一带一路"沿线国家的贸易总额占整个中国对外贸易总额的比重从2003年的18%增加到2019年的约30%。从图4-3中可以看出，中国与"一带一路"沿线国家从贸易额上呈上升趋势，整体的增长率呈下降趋势；从出口来看，2014年到2016年中国向"一带一路"沿线国家的出口额出现下降，2018年中国向"一带一路"沿线国家的出口额为5874.8亿美元，同比下降了4.4个百分点，同时也出现了负增长现象，但2017年开始回升；从进口情况来看，下降的幅度比出口更为明显，但增长率从2015年开始有所回升。可见中国在"一带一路"沿线国家中的贸易地位在持续提升。

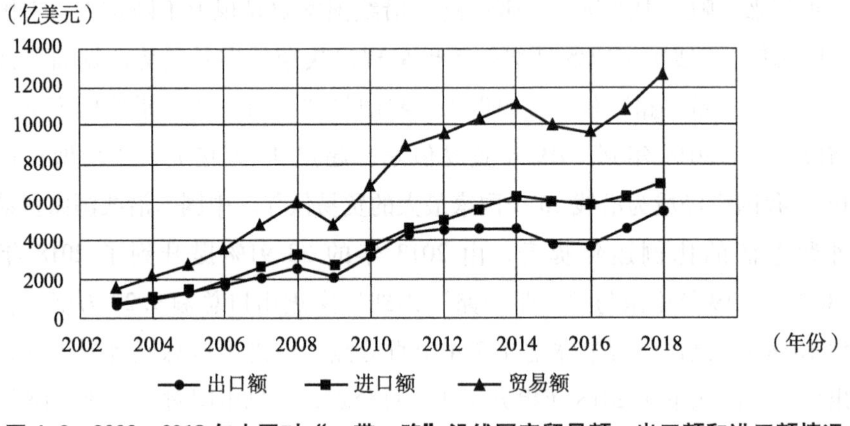


**图4-3 2002—2018年中国对"一带一路"沿线国家贸易额、出口额和进口额情况**

数据来源：笔者通过整理《中国统计年鉴》（2003—2019）进出口贸易数据而得。

2. 中国对"一带一路"沿线国家贸易地区结构

根据中国与"一带一路"沿线国家的贸易总额占比来看，2019年中国与东盟及蒙古国的贸易占比最大（47.2%），西亚次之（22.2%），而与中亚国家的贸易占比最小（3.31%）。从增长趋势上来看，在近五年，西亚的下降趋势和东盟及蒙古国的增长趋势比较显著，其他区域的变化幅度并不大。值得注意的是中国与南亚国家的进出口贸易额有明显的增长趋势，而且自2014年以后贸易占比就逐渐超越了独立经济体的贸易占比（见图4-4）。

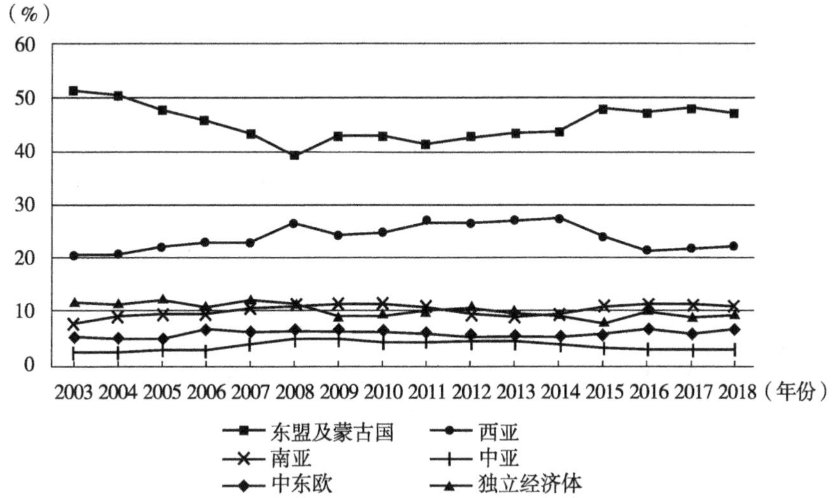


**图 4-4　2003—2018 年中国对“一带一路”各区域进出口总额占比情况**

数据来源：笔者通过整理《中国统计年鉴》（2003—2019）进出口贸易数据而得。

从出口角度来看，如图 4-5 所示，2003—2018 年，中国对东盟及蒙古国的出口占比最高，中亚占比最小。需要指出的是，近年来，中国对南亚的出口比例处于增长态势，自 2008 年超越独立经济体，并逐渐地向西亚区域靠拢。

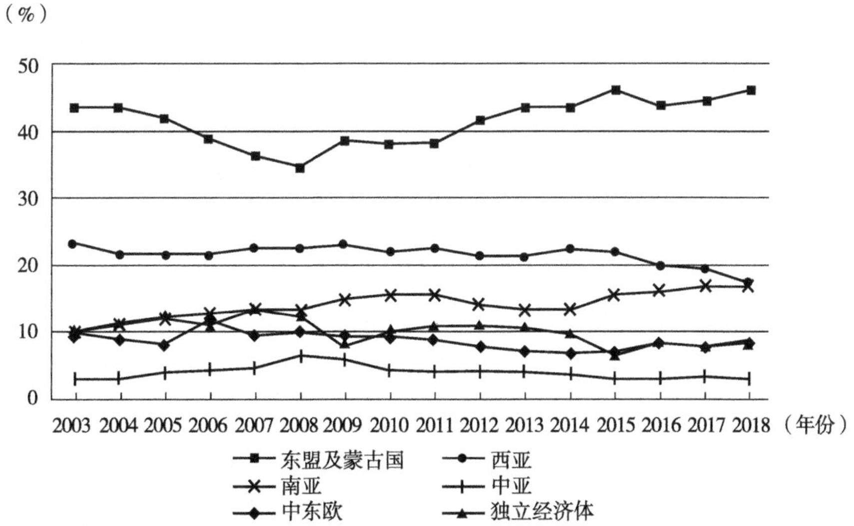


**图 4-5　2003—2018 年中国对“一带一路”各区域出口总额占比情况**

数据来源：笔者通过整理《中国统计年鉴》（2003—2019）进出口贸易数据而得。

从进口角度来看（见图 4-6），整体上与出口贸易占比差异不大，东盟及蒙古国与西亚一直是中国主要的进口来源国，占比远高于其他区域，2018 年中国从这两个区域的进口贸易占比高达 77%左右。中国从其他区域国家的进口贸易趋于平稳，2003—2018 年并没有出现太大的波动。总的来说，中国与“一带一路”各区域的进出口贸易呈现出比较稳定的格局。

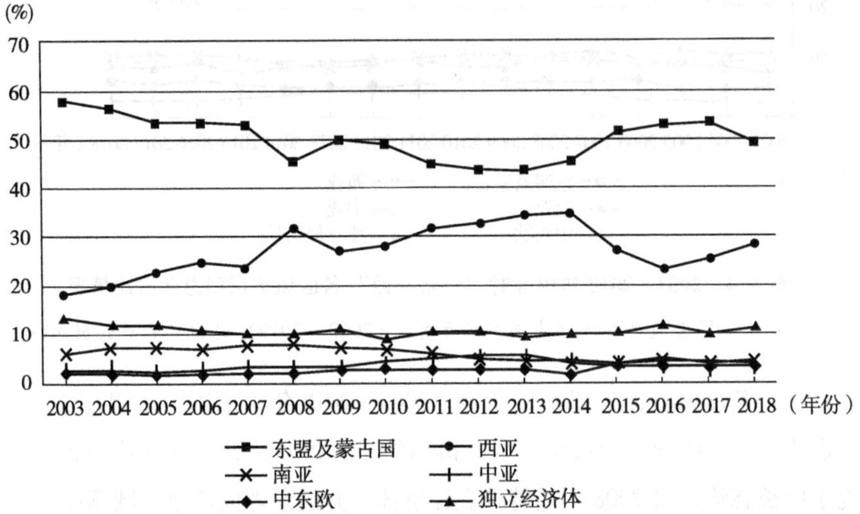


**图 4-6　2003—2018 年中国对“一带一路”各区域进口总额占比情况**

数据来源：笔者通过整理《中国统计年鉴》（2003—2019）进出口贸易数据而得。

## 第三节　“一带一路”倡议给中国对外贸易带来的机遇和挑战

中国提出的“一带一路”倡议，得到了越来越多国家的积极响应，表明中国从国际贸易的积极参与者，逐渐向着规则制定者转变。“一带一路”倡议为我国的对外贸易打开了新局面。但是也要看到，2008 年国际金融危机以来，全球经济仍未完全走出危机，也未真正摆脱“增长停滞”的困境。2020 年新冠肺炎疫情在全球范围内大暴发，对世界经济发展，尤其是国际贸易与投资合作带来了巨大的阻力。伴随经济低增长的是一系列经济活动的低水平，突出表现为：“低投资、低贸易、低资本流动、低通胀、低利率”的特征。据国际货币基金组织的数据，十年来全球经济水平发生趋势性下降，全球劳动生产率增速不断降低。世界经济不仅面临金融危机带来的周期性冲击，也面临许多结构性制约，增长动能不足成为普遍性难题。① 在此大环境下，中国与“一带一路”沿线国家的贸易发展面临着新的国际形势，也必将面临诸多新的挑战。

## 一、“一带一路”倡议给中国对外贸易带来的机遇

### 1. 形成东西双向开放格局，推动西部地区对外贸易发展

中国的东向是发达国家，西向是发展中国家，以“一带一路”沿线国家为代表，东西双向开放意味着向发达国家开放与向发展中国家开放相结合。全面发展同发达国家和发展中国家的平等互利合作，实现出口市场多元化、进口来源多元化、投资合作伙伴多元化。

我国经济发展的现状是东强西弱，西部地区拥有中国72%的国土面积和27%的人口，与13个国家接壤，陆路边境线长达1.85万公里，但对外贸易的总量却只占中国的6%，利用外资和对外投资所占的比重不足10%。② 由于长期受交通等基础设施较为落后的限制，西部地区经济发展一直相对滞后。国家对西部地区的重视程度逐渐提高，“一带一路”倡议的实施对我国西部地区的建设起到了非常重要的作用，有助于推动西部地区与国际市场接轨，还有助于深化国内外在经济、贸易、文化、科技等方面的交流合作，推动西部地区经济的快速转型发展。

### 2. 促进贸易和投资自由化便利化

实行高水平的贸易和投资自由化便利化政策，要求对内不断提高自身开放水平，对外营造便利自由的外部环境。“一带一路”倡议实施为推动贸易自由化、培育新的贸易与投资支撑点提供了契机。对于“一带一路”沿线已签署自由贸易协定的国家，可以打造自由贸易协定的升级版，继续提升贸易自由化水平，扩大服务贸易和投资领域的开放化程度，建设多元化投融资体系，

---

① 张茉楠．“一带一路”：凸显新型国际合作框架五个重要特征［J］．全球商业经典，2019（6）：82-86.

② 赵天睿，孙成伍，张富国．“一带一路”战略背景下的区域经济发展机遇与挑战［J］．经济问题，2015（12）：19-23.

开展科技创新合作，创造更为便利和自由的国际贸易投资新环境。2013年以来，中国与沿线国家聚焦"六廊六路多国多港"主骨架，推动中老铁路、瓜达尔港、空中丝绸之路、中缅油气管道等一批标志性项目取得实质性进展，六大经济走廊取得重要进展。2019年以来，我国与东盟、新加坡、智利的自贸区升级，与毛里求斯签署自贸协定，与巴基斯坦自贸协定第二阶段议定书生效，与新西兰结束自贸协定升级谈判，同区域全面经济伙伴关系协定（RCEP）15个成员国在整体上结束了谈判。

"一带一路"建设带动各家银行加速海外机构布局，跨境人民币、项目融资、境外投资或承包贷款、跨境现金管理等银行业务也会拓展，国内外金融机构的积极参与，并实现汇兑、结算、融资、多币种清算等领域的合作，可以为贸易企业提供大量的资金，有利于国际贸易融资便利化。我国企业对沿线国家投资累计约1100亿美元；对外承包工程新签合同额累计超过7500亿美元。2019年前10个月，对沿线国家非金融类直接投资超过110亿美元，对外承包工程新签合同额超过1100亿美元。同时，沿线国家对华直接投资累计近500亿美元，设立外资企业超过2.1万家。2019年前10个月，沿线国家对华直接投资61亿美元，设立外资企业近4500家。①

3. 促进贸易结构优化，推动服务贸易发展

"一带一路"沿线国家多为处于不同经济发展阶段、具有不同要素禀赋优势的发展中国家，这些国家经济发展潜力巨大，与中国在农业、纺织、化工、能源、交通、通信、金融、科技等领域开展经贸合作的空间广阔。中国与"一带一路"沿线国家之间大幅度放宽市场准入，促进货物贸易和投资自由化便利化的同时，也推动了服务贸易发展。中国与沿线国家的服务贸易规模由小到大、稳步发展。2017年，中国与"一带一路"沿线国家服务进出口额达977.6亿美元，同比增长18.4%，占中国服务贸易总额的比重达14.1%，比2016年提高1.6个百分点。分地区看，东南亚地区是中国在"一带一路"沿线最大的服务贸易伙伴，西亚北非地区的国家与中国服务贸易往来发展势头强劲。分行业看，中国与"一带一路"沿线国家服务贸易合作以旅行、运输

---

① 中华人民共和国商务部．我国与"一带一路"沿线国家贸易额累计超过7.5万亿美元［N］．证券日报，2019-12-06.

和建筑三大传统服务贸易为主，2017 年上述领域贸易额占中国与沿线国家服务贸易总额的 75.5%。但随着新技术、新业态、新商业模式不断涌现，高技术、高附加值的新兴服务贸易快速增长，正在成为双边服务贸易的重要增长点。同时，跨境电商等外贸新业态新模式也成为推动“一带一路”贸易畅通的重要新生力量，“丝路电商”正在将越来越多的沿线国家市场串联起来。

4. 扩大贸易地域范围，提升贸易增速

“一带一路”沿线辐射范围涵盖从东亚、中亚到西亚、东欧、南欧、西欧等 60 多个国家和地区，涉及多个区域性合作组织，使我国的贸易地域从深度和广度都得到了扩展。截至 2019 年 11 月底，中国已与五大洲 137 个国家和 30 个国际组织签署了共建“一带一路”文件 199 份，我国与沿线国家货物贸易额累计超过 7.5 万亿美元，成为 25 个国家的最大贸易伙伴。2019 年前 10 个月，与沿线国家货物贸易额近 1.1 万亿美元，同比增长 4.1%，高于同期全国对外贸易总体增速。

5. 增加出口和资本项目的输出，有利于人民币的区域化、国际化发展

“一带一路”沿线国家大都是经济发展水平、工业发展水平欠发达国家。在这种情况下，对这些国家进行扶持并带动其从工业化的发展中谋求出路的同时，有利于我国基础设施相关的企业增加出口，以及工业设备的出口，可进一步提高工业设备在对外贸易出口中的比重。基础设施的建设以及工业设备的投入都需要大量资金的支持。2014 年 10 月 24 日，在我国的倡导下，印度、新加坡等 21 个国家的代表在北京签约，决定共同成立亚洲基础设施投资银行，该行的成立为“一带一路”的发展提供了资金支持，加快了资金的流通。我国货币于 2016 年 10 月 1 日正式加入特别提款权（SDR）货币篮子，目前权重仅次于美元和欧元位列第三。表明中国的大国地位被世界所认可，人民币的国际地位也得到了提升。“一带一路”倡议为人民币提供了风险缓冲的地带，为人民币的国际化创造了一个宽松的空间，有利于促进沿线各国经济的快速增长，同时，“一带一路”倡议推进全球产业链调整，扩大了人民币的资本输出，为人民币的区域化以及国际化提供了前所未有的机遇。

## 二、"一带一路"倡议给中国对外贸易带来的挑战

### (一)贸易结构不平衡,影响贸易增长动力

在"一带一路"背景下发展中国对外贸易、在境外形成新产能,要求中国国内产业必须成功升级,与周边国家避免同质竞争的同时还要形成互补性优势和产业链发展,开展产能合作的同时还要避免形成新的产能过剩。

中国与"一带一路"沿线国家的贸易中,在地区结构上,东南亚、东欧、西亚地区的贸易比重达90%以上,中国与东南亚国家的贸易联系最为紧密和活跃,占比最大,与北非、中亚地区贸易占比较低,在"一带一路"倡议实施上仍需加强同这些地区的合作。在贸易方式上,2013—2018年,中国与"一带一路"沿线国家贸易均以一般贸易方式为主。一般贸易出口总额占比均超过60%,进口总额占比均超过55%;加工贸易进出口总额占比保持在20%左右。① 贸易方式还需要进一步创新,在服务贸易领域大力拓展金融、电信、电子商务等现代服务贸易,进一步创新贸易模式,才能够真正扩展贸易发展空间。在产品结构上,面对"一带一路"倡议所带来的国际市场机遇,中国不同地区产业的比较优势很可能会发生变化,"中国制造"可能在进入"一带一路"国家和地区市场时面临激烈竞争。以东南亚国家为例,中国对东南亚国家的主要出口领域都集中在矿产品、机电类和化工类产品上,会影响贸易增长动力。

### (二)地缘政治复杂,政治文化差异大,贸易摩擦加剧

在"一带一路"倡议实施过程中,我国贸易范围扩大、贸易投资水平不断提高,对沿线伙伴国基础设施建设和工业设备的输出增加,从而使得我国与出口大国产生贸易竞争乃至贸易摩擦,也与进口国出现不同程度的贸易摩擦。为了保护本国相关产业的发展,进口国在技术标准、检验检疫制度和通关程序等方面设置障碍,或者发起对中国产品的反倾销税、反补贴调查等,许多中国产品被征收高额的反倾销税和反补贴税,将对经贸发展造成一定的

---

① 古丽莎."丝绸之路经济带"建设下中国与中亚国家经贸合作研究[D].兰州:西北师范大学,2019.

负面影响。此外，海外市场的政治经济环境与国内的经济环境存在明显的差别，“一带一路”沿线的国家地缘政治复杂，长期以来都是大国博弈的重点区域。“一带一路”沿线国家历史、宗教、文化差异大，且因各国文化背景不同，法律制度规范有所差异，在“一带一路”沿线国家之间还未形成完备的纠纷矛盾差异化解机制，很容易产生贸易摩擦，甚至升级为贸易战，对我国对外贸易的长期稳定发展产生了不利的影响。

有效地解决贸易摩擦，实现互惠互利、共享双赢的局面，无论是对我国还是对“一带一路”沿线国家都是一个全新的课题。目前我国与“一带一路”沿线国家的贸易摩擦数量不断提升，涉及金额不断增多，从初期的针对某个单品逐渐开始向某些产业扩散，甚至与国家的制度和政策相关联，贸易摩擦的形式更加多样。我国应制定有针对性的解决策略，有效消除“一带一路”背景下贸易摩擦对于我国对外贸易的不良影响。企业在具体的产品研发过程当中，要对标国际先进技术，通过技术水平升级占领国际市场。行业应健全贸易摩擦预警体系以及应对机制，并对互联网进行有效运用，构建信息交流平台，不断提升贸易风险的应对和预警能力。

### （三）非关税壁垒突出

当前世界经济复苏乏力，贸易保护主义兴起，经济发展前景难以预料。随着“一带一路”倡议的推进，双边贸易壁垒虽大幅度降低，但非关税贸易壁垒却较为突出。部分非关税壁垒的隐蔽性和不确定性成为深化双方贸易关系发展的障碍。例如东盟各国在技术标准、检验检疫制度等方面存在较大差异，部分通关和检验检疫环节过于复杂，随意性较大。产品标准、技术规定、合格评定和凭证等方面缺乏足够透明度，导致双方经贸发展始终受非关税壁垒这一难题制约。尤其是部分东盟国家法律法规不完善，对中国有竞争性的产品、技术采取带有贸易保护主义性质的非关税壁垒。而这种带有贸易保护主义性质的非关税壁垒，无形中限制了贸易的发展。因此在尊重国际贸易规则的前提下，我国要积极参与行业标准的制定，并主导相关的行业标准，从上游环节避免贸易摩擦的产生。此外，企业应当熟悉并掌握国际贸易规则，在整个国际贸易进行过程当中依法开展贸易工作，保证整个产品进出口能够符合相关国家的规定。既保证产品的优越性和价格优势，同时也能按照相关国家的标准来组织产品的生产以及产品的出口。

### （四）金融问题升级

“一带一路”沿线各国多为经济发展水平比较落后的发展中国家，这些国家通常不具备完备的金融体系，市场风险极大，由于金融危机的传染效应，一旦各沿线国家国内市场出现经济动荡甚至金融危机，势必会对我国国内经济的健康稳定发展带来一定的影响。“一带一路”倡议之初，我国就已经开始筹划建设亚洲基础设施投资银行，支持亚洲基础设施的投资建设，保障“一带一路”倡议的顺利实施。亚投行的成立为“一带一路”建设的发展提供了资金支持，加快了资金的流通，但同时也挤占了其他国家银行的业务市场，致使其他国家银行的业务空间有所减小，在一定程度上导致了金融股问题的升级，加剧了金融摩擦。这就需要在现有融资情况下拓宽融资渠道，引入更多的境外资本，利用国内外资本市场，有效分散融资风险。同时，建立开放的融资信息平台，搭建完善的金融服务体系，大力发展资本市场，促进资金融通。此外，我国在推进实施“一带一路”倡议进程中，要运用以海外直接投资方式代替直接出口等方式合理规避贸易壁垒限制。此外，“一带一路”倡议背景下，人民币在国际市场上也扮演着越来越重要的角色，流动速度不断加快，流动规模不断扩大，人民币国际化进程不断加深，加剧了我国货币当局对人民币的管理难度。

“一带一路”倡议实施过程中，既给我国的对外贸易带来了机遇，也带来了挑战，机遇与发展是主流，挑战与消极影响是暂时的。当前，世界百年未有之大变局加速演进，合作共赢、共同发展的历史大势没有变。面对日益严峻的全球性挑战，只有构建团结协作、和平合作、平等相待、开放包容、共赢共享的伙伴关系，世界才能实现持久的稳定和发展。展望未来，中国将继续以人类命运共同体理念为指引，以正确义利观为价值导向，扎实推进“一带一路”建设，促进国际经贸合作，为全球发展注入中国力量。

# 第五章

# 中国与“一带一路”沿线新兴经济体贸易发展状况分析

# 第一节 “一带一路”沿线新兴经济体的概念界定

关于新兴经济体的讨论一直是学术界关注的热点问题之一，但新兴经济体的范围，一直没有一个统一的划分。因此，在研究过程中，不同研究机构、不同研究者就哪些国家、哪些地区应当被纳入新兴经济体的范畴，仍没有达成一致。

## 一、新兴经济体的概念界定

英国《经济学人》报将新兴经济体划分为两大梯队：第一梯队是“金砖国家”，第二梯队是“新钻 11 国”。20 世纪 80 年代，世界银行首先提出将发展中国家收入较高的经济体定义为新兴市场。2001 年，高盛公司首席经济师吉姆·奥尼尔（Jim O'Neill）首次提出“金砖四国”的概念,[①] 即巴西、俄罗斯、印度和中国，并将“金砖四国”作为新兴经济体的典型代表。2009 年，第一届金砖国家领导人峰会召开，金砖合作机制正式启动。[②] 2006 年，高盛公司根据劳动力成长、资本存量与技术成长三项指标估算 GDP 增长率，提出“新钻 11 国”（N-11）[③] 的概念，认为这 11 个国家的经济发展潜力仅次于“金砖国家”。博鳌 2009 年度报告将 G20 中的 11 个发展中国家[④]作为新兴经济体，认为其处于经济快速增长的“新兴”时期，在经济规模，人口总量，国

---

① 2001 年 11 月 20 日，吉姆·奥尼尔在其发表的一份题为《全球需要更好的经济之砖》（*The World Needs Better Economic BRICs*）的报告中提出，2050 年以前，巴西、俄罗斯、印度和中国的国民生产总值综合将超过目前掌握全球经济话语权的七国集团。

② 2010 年，南非加入金砖合作机制，“金砖四国”正式改名为“金砖国家”。

③ “新钻 11 国”：巴基斯坦、埃及、印度尼西亚、伊朗、韩国、菲律宾、墨西哥、孟加拉国、尼日利亚、土耳其、越南。

④ 新兴经济体：中国、巴西、阿根廷、墨西哥、韩国、印度尼西亚、印度、沙特阿拉伯、南非、土耳其和俄罗斯，简称 E11。

际商品、服务和资本流动等方面，都占有较大比重。此外，这 11 国还具有较好的代表性，广泛分布于亚、非、拉、欧等地区，且是各地区的主要国家和地区经济组织的核心成员。① 张宇燕和田丰（2010）② 采用了该界定范围，分析了 11 个新兴经济体在保持世界经济稳定、推动世界经济复苏和增长方面的影响。2009 年，在哥本哈根气候变化会议上，作为四个最主要的发展中国家，中国、印度、巴西与南非首次携手亮相，共同面对气候变化全球议题，四国开始被冠以"基础四国"（BASIC）的称谓。

根据国际货币基金组织《世界经济展望》的最初标准，世界各大经济体可以划分为三类：发达经济体、发展中经济体和转轨经济体。2004 年，国际货币基金组织将世界经济体重新划分为三大类：发达经济体、新兴经济体和发展中经济体。2009 年，国际货币基金组织在最新的《世界经济展望》中，增加了 26 个新兴经济体，分别是：阿根廷、巴西、保加利亚、智利、中国、哥伦比亚、爱沙尼亚、匈牙利、印度、印度尼西亚、拉脱维亚、立陶宛、马来西亚、墨西哥、巴基斯坦、秘鲁、菲律宾、波兰、罗马尼亚、俄罗斯、斯洛伐克、南非、泰国、土耳其、乌克兰、委内瑞拉。

法国社会展望和国际信息研究中心（CEPII）确定的新兴经济体成员有 23 个，包括阿根廷、孟加拉国、巴西、智利、中国、哥斯达黎加、厄瓜多尔、埃及、印度、印度尼西亚、马来西亚、毛里求斯、莫桑比克、巴基斯坦、菲律宾、俄罗斯、斯里兰卡、南非、苏丹、泰国、突尼斯、乌干达、越南。

MSCI③ 编制的 MSCI Emerging Markets Index 包含 22 个新兴经济体，分别是巴西、智利、中国、哥伦比亚、捷克、埃及、匈牙利、印度、印度尼西亚、以色列、韩国、马来西亚、墨西哥、摩洛哥、秘鲁、菲律宾、波兰、俄罗斯、南非、中国台湾、泰国、土耳其。

可见，出于不同的研究和分析目的，新兴经济体的选取标准不尽相同，界定的范围也不完全一致。

---

① 王勋，方晋．新兴经济体崛起：概念、特征事实与实证研究［J］．山西财经大学学报，2011，33（6）：1-10.

② 张宇燕，田丰．新兴经济体的界定及其在世界经济格局中的地位［J］．国际经济评论，2010（4）：2-27.

③ MSCI 是一家股权、固定资产、对冲基金、股票市场指数的供应商，编制了多种指数。明晟指数（MSCI 指数）是全球投资组合经理最多采用的基准指数。

### 二、“一带一路”沿线新兴经济体的概念界定

在前文分析的基础上，结合国际货币基金组织对新兴市场的定义、高盛公司的分类以及法国社会展望和国际信息研究中心确定的新兴经济体成员范围，确定“一带一路”沿线11个新兴经济体为埃及、匈牙利、印度、印度尼西亚、马来西亚、巴基斯坦、菲律宾、波兰、俄罗斯、泰国、土耳其。

## 第二节 中国与“一带一路”沿线新兴经济体贸易概况

“一带一路”沿线11个新兴国家与中国的经贸合作硕果累累（见图5-1）。在贸易量方面，据商务部统计，2018年中国与“一带一路”沿线11个新兴国家货物贸易进出口总额达到6215.71亿美元，同比增长14.32%，高出同期中国外贸增速1.72个百分点，占外贸总值的14.59%。其中，中国对沿线11个新兴国家出口3652.45亿美元，同比增长11.45%；自沿线国家进口2563.26亿美元，同比增长18.69%。这11个国家的进出口贸易总额占中国与“一带一路”沿线国家进出口总额的35%。

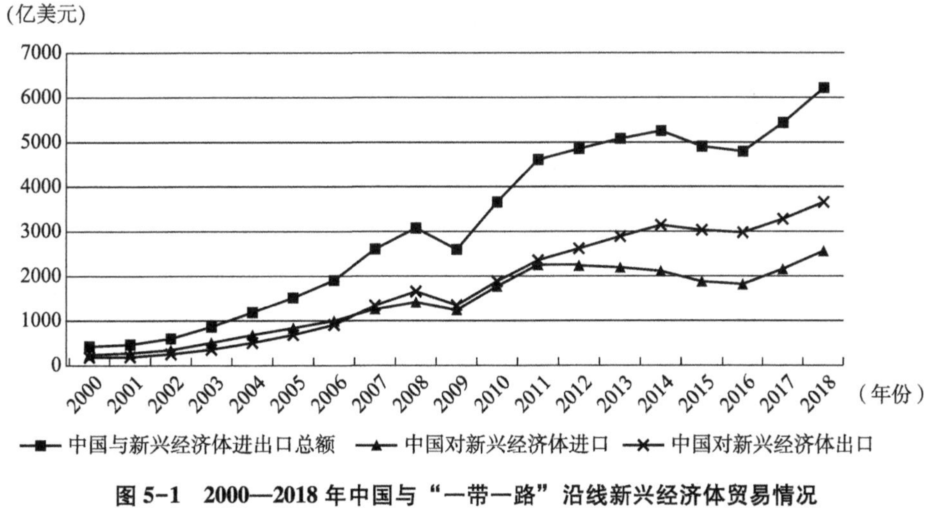


**图5-1 2000—2018年中国与“一带一路”沿线新兴经济体贸易情况**

数据来源：历年《中国统计年鉴》。

表5-1分析了2000—2018年中国与“一带一路”沿线新兴经济体之间的贸易依存关系，可以看出，近年来双方贸易依存度明显上升。中国对沿线新兴经济体的贸易依存关系从2000年的8.94%上升到2018年的13.45%，上升了4.51个百分点；而新兴经济体对中国的贸易依存度从4.30%上升到14.22%，上升了9.92个百分点。

**表5-1　2000—2018年中国与“一带一路”沿线新兴经济体之间的贸易依存关系**

| 年份 | 中国对新兴经济体的贸易依存关系 | | | | 新兴经济体对中国的贸易依存关系 | | | |
|---|---|---|---|---|---|---|---|---|
| | 双方贸易额/中国贸易总额 | 中国对新兴经济体出口/中国总出口 | 中国从新兴经济体进口/中国总进口 | 双方贸易额/中国GDP | 双方贸易额/新兴经济体贸易总额 | 新兴经济体对中国出口/新兴经济体总出口 | 新兴经济体对中国进口/新兴经济体总进口 | 双方贸易额/新兴经济体GDP |
| 2000 | 0.0894 | 0.0739 | 0.1065 | 0.0350 | 0.0430 | 0.0243 | 0.0606 | 0.0228 |
| 2001 | 0.0916 | 0.0715 | 0.1135 | 0.0348 | 0.0556 | 0.0329 | 0.0449 | 0.0251 |
| 2002 | 0.0966 | 0.0779 | 0.1173 | 0.0408 | 0.0535 | 0.0308 | 0.0484 | 0.0294 |
| 2003 | 0.1015 | 0.0814 | 0.1229 | 0.0520 | 0.0709 | 0.0416 | 0.0583 | 0.0360 |
| 2004 | 0.1028 | 0.0853 | 0.1213 | 0.0607 | 0.0755 | 0.0433 | 0.0962 | 0.0411 |
| 2005 | 0.1068 | 0.0896 | 0.1267 | 0.0664 | 0.0799 | 0.0440 | 0.0715 | 0.0443 |
| 2006 | 0.1083 | 0.0936 | 0.1263 | 0.0692 | 0.0839 | 0.0440 | 0.0793 | 0.0469 |
| 2007 | 0.1197 | 0.1102 | 0.1319 | 0.0734 | 0.0955 | 0.0462 | 0.1326 | 0.0512 |
| 2008 | 0.1200 | 0.1158 | 0.1252 | 0.0669 | 0.0902 | 0.0416 | 0.1278 | 0.0525 |
| 2009 | 0.1176 | 0.1125 | 0.1238 | 0.0509 | 0.1001 | 0.0480 | 0.1374 | 0.0487 |
| 2010 | 0.1229 | 0.1194 | 0.1268 | 0.0600 | 0.1108 | 0.0537 | 0.1524 | 0.0559 |
| 2011 | 0.1266 | 0.1240 | 0.1293 | 0.0610 | 0.1122 | 0.0549 | 0.1443 | 0.0605 |
| 2012 | 0.1255 | 0.1277 | 0.1230 | 0.0568 | 0.1162 | 0.0535 | 0.1923 | 0.0612 |
| 2013 | 0.1222 | 0.1307 | 0.1125 | 0.0531 | 0.1203 | 0.0519 | 0.2133 | 0.0618 |
| 2014 | 0.1221 | 0.1341 | 0.1078 | 0.0503 | 0.1256 | 0.0505 | 0.1481 | 0.0641 |
| 2015 | 0.1241 | 0.1331 | 0.1118 | 0.0445 | 0.1408 | 0.0539 | 0.1707 | 0.0664 |
| 2016 | 0.1300 | 0.1418 | 0.1145 | 0.0430 | 0.1421 | 0.0539 | 0.1714 | 0.0630 |
| 2017 | 0.1324 | 0.1448 | 0.1172 | 0.0447 | 0.1382 | 0.0549 | 0.1598 | 0.0647 |
| 2018 | 0.1345 | 0.1472 | 0.1197 | 0.0456 | 0.1422 | 0.0586 | 0.1630 | 0.0715 |

注：各指标均以现价美元计算。

数据来源：根据历年《中国统计年鉴》、全球宏观经济数据网站（http：//finance.sina.com.cn/）计算而得。

从中国对“一带一路”沿线新兴经济体的贸易依存关系来看，“双方贸易额/中国贸易总额”指标呈较快上升趋势，表明“双方贸易”对“中国贸易”的影响力不断增强；“双方贸易额/中国 GDP”指标也呈逐年递增趋势，中国与“一带一路”沿线新兴经济体的贸易对中国经济影响力也在逐步增强。但双方贸易对中国贸易和中国经济的影响有所差异，从占比来看，对前者的影响大于后者。从“一带一路”沿线新兴经济体对中国的贸易依存度来看，两国贸易对“一带一路”沿线新兴经济体经济与贸易的影响远大于对中国的影响。其中“双方贸易额/新兴经济体贸易总额”指标呈两位数增长趋势，2018 年约为 2000 年的 3. 3 倍；“两国贸易额/新兴经济体 GDP”指标显著增长，2018 年约是 2000 年的 3. 13 倍。从两个指标的占比增长趋势可以看出，双方贸易对“一带一路”沿线新兴经济体经济的影响远大于对其贸易的影响。总体来看，中国与“一带一路”沿线新兴经济体进出口具有较强的相互依赖性，但依赖程度不同。“一带一路”沿线新兴经济体对中国的贸易依存度大于中国对“一带一路”沿线新兴经济体的贸易依存度。总之，中国经济增长离不开“一带一路”沿线新兴经济体的支持，“一带一路”沿线新兴经济体的经济发展也离不开中国的支持。双方贸易存在较大潜力，发展前景广阔，与此同时，双方存在的贸易摩擦现象值得关注，贸易效率也有待提升。

## 第三节　中国与“一带一路”沿线新兴经济体双边贸易发展状况

### 一、中国与俄罗斯双边贸易发展状况

中俄关系近年来一直维持高水平运行。2015 年中俄两国元首共同签署并发表了《丝绸之路经济带建设和欧亚经济联盟建设对接合作的联合声明》，为中俄关系继续向前推进注入新的动力，中国与俄罗斯经贸合作总体发展趋势良好。在政治关系不断向前推进的同时，两国经贸合作也不断发展。中国从 2010 年起一直保持着俄罗斯第一大贸易伙伴国地位。2018 年中俄贸易突破 1000 亿美元大关，达到 1070. 6 亿美元。2019 年，中俄贸易额继续呈增长态势，达到 1107. 57 亿美元，同比增长 3. 4%。

## （一）中俄双边贸易概况

### 1. 贸易量

得天独厚的地缘优势为两国贸易打下良好基础，中国与俄罗斯互为最大邻国，经济互补性将继续为两国经贸关系发展提供强劲动力。2014 年，中国与俄罗斯经贸合作取得了历史性突破。2014 年 5 月，俄罗斯总统普京对中国进行国事访问，两国政府签订《中国与俄罗斯东线天然气合作项目备忘录》，同时俄罗斯天然气工业股份公司和中国石油天然气集团公司成功签署为期 30 年总额达到 4000 亿美元的俄罗斯向中国出口天然气合同，中国与俄罗斯能源领域合作取得实质性突破。访问期间，两国公司、企业、金融机构签署了近 50 个合作协议和备忘录，涉及电力、煤炭、天然气、核电等诸多领域的务实合作。① 2015 年 5 月，中国与俄罗斯两国在莫斯科签署了《中华人民共和国与俄罗斯联邦关于丝绸之路经济带建设和欧亚经济联盟建设对接合作的联合声明》，推动在“一带一路”框架下的中国与俄罗斯经贸合作迈向新台阶。2017 年 7 月习近平主席访俄期间，两国元首签署并发表《中俄关于当前世界形势和重大国际问题的联合声明》。双方外交部发表《关于朝鲜半岛问题的联合声明》，阐述共同立场主张。2019 年 6 月，两国元首签署并发表《关于加强当代全球战略稳定的联合声明》。

长久以来，中国与俄罗斯都是对方重要的贸易合作伙伴（见图 5-2）。中国已经连续 5 年成为俄罗斯最大的贸易伙伴，而俄罗斯则是中国第 9 大贸易伙伴，近十年中国与俄罗斯历史上双边贸易持续增长时间最长，贸易活动最频繁，贸易数额最大。2015 年和 2016 年，中国为俄罗斯第二大出口市场和第一大进口来源地。2017 年，中国为俄罗斯第一大出口市场和第一大进口来源地。2018 年俄罗斯与中国的双边货物贸易额为 1082.8 亿美元，增长 24.5%。其中，俄罗斯对中国出口 560.8 亿美元，增长 44.1%，占其出口总额的 12.5%，比上年提高 1.6 个百分点；俄罗斯自中国进口 522.0 亿美元，增长 8.6%，占其进口总额的 22.0%，比上年提高 0.9 个百分点。俄罗斯对中国贸易顺差 38.7 亿美元，增长 142.4%。2019 年 1—6 月，俄罗斯货物进出口总额

① 安玉书，王明亮，高殿辉．“一带一路”战略下中俄贸易关系展望［N］．金融时报，2015-08-10（012）．

为3190.7亿美元，比上年同期下降3.0%。其中，出口2061.8亿美元，下降3.3%；进口1128.9亿美元，下降2.5%。贸易顺差932.9亿美元，下降4.2%。

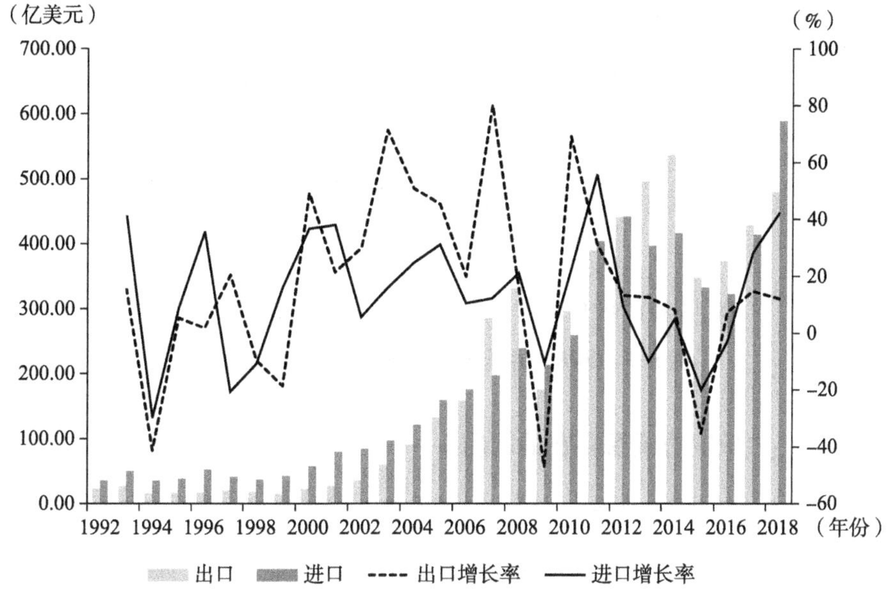


**图5-2　1992—2018年中国与俄罗斯贸易额统计**

数据来源：联合国商品贸易数据库（https：//comtrade. un. org/）。

2. 贸易结构

矿产品是俄罗斯对中国出口的主要产品。2018年俄罗斯对中国出口矿产品总额427.1亿美元，增长61.9%，自俄罗斯进口的前5位主要商品为矿产品、木及制品、机电产品、活动物和贱金属及其制品，占俄罗斯对中国出口总额的比重分别为77.90%、6.55%、2.90%、2.80%和2.40%，上述商品的进口额分别为427.13亿美元、35.56亿美元、16.04亿美元、15.15亿美元和13.39亿美元，占俄罗斯对中国出口总额的92.55%。同年，俄罗斯自中国进口机电产品264.5亿美元，增长3.90%，占俄罗斯自中国进口总额的50.70%。中国在俄罗斯的机电产品，贱金属及其制品，纺织品及原料，家具、玩具、杂项制品和化工产品在俄罗斯自中国进口主要产品中居前5位，分别占到俄罗斯进口总额的50.70%、7.80%、7.40%、5.60%和5.50%，上述五大类商品的进口额分别为264.50亿美元、40.41亿美元、38.66亿美元、

29.04亿美元和28.49亿美元，如图5-3所示。

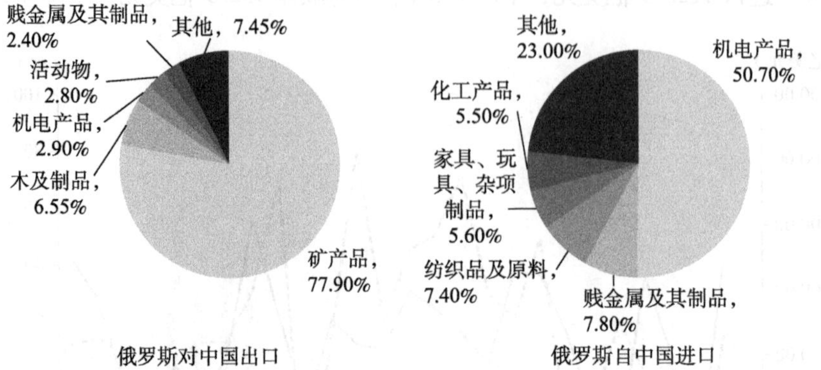


**图5-3　2018年中国与俄罗斯主要贸易金额占比**

## （二）中俄双边贸易存在的问题

### 1. 贸易商品结构单一

中俄双边贸易中，货物贸易主要基于两国的要素禀赋，贸易商品结构较为单一。其中，在中国对俄罗斯的出口商品结构中，主要出口对象是机电产品，占比超过50%。中国从俄罗斯进口以资源密集型产品为主。由此可见中俄贸易存在不稳定因素。因为原油、矿产品等资源类商品的价格受到国际市场行情影响较大，国际市场价格波动将直接影响中俄两国的贸易规模，甚至会带来极大的消极影响。

### 2. 贸易发展潜力低

中国和俄罗斯之间的贸易主要是集中在能源和劳动密集型产品上，产业内贸易水平较低，不利于两国贸易的稳定发展。一方面，中国与俄罗斯之间的贸易结算比较复杂，交易成本较高；另一方面，中国和俄罗斯贸易规模扩张的潜力被抑制。中俄应采取措施，提高两国间的产业内贸易水平。

### 3. 贸易合作规范制度不完整

在中俄两国贸易合作中，中方的出口产品容易受到俄罗斯关税制度的限制，影响正常的进出口贸易往来。① 另外，在出口价格上，中国商品的价格也受到俄方限制。从宏观的法律维度分析，双方的贸易合作缺乏相应的法律体系保障，这也是影响两国贸易合作达成的一个重要因素。

### （三）“一带一路”倡议背景下中俄贸易发展对策

1. 完善双方贸易合作体系

双边贸易体系在一定程度上影响着中国和俄罗斯的贸易活动，在“一带一路”背景下，中俄贸易合作面临新挑战的同时，也迎来了新的机遇，为了从根本上提高双方贸易质量，保证贸易活动有序开展，需要做好以下三个方面工作：

第一，合理简化海关流程，共同实施风险控制系统，提高双边贸易效率。简化进口产品流程，根据实际情况减免对外贸易企业税费，降低贸易成本，为两国贸易提供更多的合作空间。第二，加强对商品运输环节的监督和管理，提高物流效率，为贸易合作效率和质量提供保障。第三，简化贸易结算流程，直接应用本国货币进行结算，一方面，降低对美元的依赖程度，增强两国贸易合作的独立性，降低中国与俄罗斯企业的货币风险；另一方面，简化流程可节省结算时间，为加大两国贸易商品的周转量起到积极的促进作用。

2. 拓展合作领域，优化贸易结构

稳步推进能源等传统领域合作，积极拓展农业、金融、科技、交通运输基础设施、电子商务等领域的合作空间，促使中俄贸易合作获得进一步深入，紧抓“一带一路”倡议新机遇，在整体上促进提升两国经贸合作水平。例如，可以充分发挥跨境电子商务等新型产业的作用与优势，增加技术贸易和服务规模，使中俄双边贸易合作更加优质化、现代化、多元化，上升到一个新的层次。

3. 注重减少贸易摩擦

进行有效沟通和交流，减少贸易摩擦。在“一带一路”倡议背景下，可以大力开展地方合作，使其能更好地为贸易合作服务，同时还有利于改善中

① 王丛民．“一带一路”战略背景下中国对俄贸易机遇与对策分析［J］．黑河学院学报，2019，10（4）：17-19.

俄合作方式，提高合作效率。2016年，海尔在鞑靼斯坦切尔内市建成了一个冰箱工厂，这是海尔在俄罗斯设立的第一个制造工厂，产品销售占俄罗斯市场份额的1/4。2018年初，第一辆高速集装箱列车从喀山发往成都。2018年7月10日，首届中俄地方合作论坛在俄罗斯叶卡捷琳堡市举行，该论坛旨在加深中俄地方间的相互了解、扩大互利合作。在中国的"一带一路"倡议和欧亚经济联盟对接框架下，中俄两国地区间经贸合作拥有巨大潜力和广阔发展空间，正在开创出合作新局面。

4. 加大投资渠道建设

多元化的投资渠道，可以在一定程度上拓展中俄贸易合作开展的范围、减少贸易摩擦，营造和谐友好的经贸合作环境。例如，就两国大型企业而言，可以开展研发、生产、经营和投资合作，对于中小企业而言，为降低贸易风险，避免出现大的贸易摩擦，可以直接协同生产。

## 二、中国与巴基斯坦双边贸易发展状况

自1963年中巴签订第一个贸易协定以来，中巴分别在2006年和2009年签订了自由贸易协定和《中巴自贸区服务贸易协定》。中巴经济走廊是中国总理李克强于2013年5月访问巴基斯坦时提出的。初衷是加强中巴之间交通、能源、海洋等领域的交流与合作，加强两国互联互通，促进两国共同发展。中巴经济走廊（China-Pakistan Economic Corridor，CPEC）位于丝绸之路经济带和21世纪海上丝绸之路的交汇处，是中国"一带一路"倡议的旗舰项目。自2015年4月20日全面启动以来，中巴经济走廊已进入早期收获阶段。截至2017年8月底，共有19个项目在建或建成，总投资额185亿美元。2017年12月，《中巴经济走廊远景规划（2015—2030）》在巴基斯坦首都伊斯兰堡发布，为该走廊未来发展提供了新愿景。以中巴经济走廊为引领，以瓜达尔港、能源、交通基础设施和产业合作为重点，形成"1+4"的经济合作布局，是中巴开展务实合作、共同打造"命运共同体"的关键内容。2011年3月以来，中巴经历了11次谈判会议，并于2019年4月签署《中巴关于修订自贸协定的议定书》。该议定书于2019年12月1日正式生效，进一步提高了中巴两国之间的贸易便利化水平。

## （一）中巴双边贸易概况

中巴两国在 20 世纪 50 年代初建立起贸易关系，1963 年 1 月，两国签订了贸易协定；1967 年启动边境贸易；1982 年 10 月，两国成立了中巴经贸和科技合作联合委员会。近年来，双方致力于深化和拓展经济联系，采取了一系列战略性举措和制度性安排。2006 年，两国签订《中巴自由贸易协定》和《中巴经贸合作五年发展规划》等重要文件，为两国深化和拓展经贸合作提供了制度性安排，双边经贸关系快速发展。2009 年签署《中巴自贸区服务贸易协定》等，以推动实现共同发展。2013 年，李克强总理访问巴基斯坦时正式提出建设中巴经济走廊设想，得到巴基斯坦政府的积极响应和支持。2015 年 4 月，习近平主席对巴基斯坦进行国事访问期间，两国领导人一致同意以走廊建设为中心，以能源、交通基础设施、瓜达尔港、产业合作为重点，构建“1+4”经济合作布局，作为“一带一路”倡议重大和先行项目的中巴经济走廊建设由此进入全面推进阶段，这是中巴开展务实合作、共同打造“命运共同体”的关键内容。目前，中巴经贸合作发展迅猛、形势喜人，中国已连续四年保持巴基斯坦最大贸易伙伴，是巴基斯坦第一大进口来源国和第三大出口目的国，连续五年保持巴基斯坦外国直接投资最大来源国，巴基斯坦还是中国重要的海外承包工程市场。

### 1. 贸易量

得益于中巴两国关系的密切发展，2001 年以来，中巴两国在商品贸易方面取得了良好的成果（见图 5-4）。2001—2018 年，中巴贸易总额从 13. 95 亿美元上升至 191. 4 亿美元，年均增长 16. 66%。[①] 其中，中国对巴基斯坦出口规模从 8. 13 亿美元增长至 169. 61 亿美元，扩大了 19. 87 倍；进口规模从 5. 82 亿美元上升至 21. 75 亿美元，扩大了 2. 74 倍。2020 年 1—12 月，中国与巴基斯坦双边贸易总值为 174. 9 亿美元，同比下降 2. 7%。其中，对巴基斯坦出口 153. 7 亿美元，下降 4. 9%；自巴基斯坦进口 21. 2 亿美元，增长 17. 5%。贸易顺差 132. 5 亿美元，收窄 7. 7%。中国对巴基斯坦保持长期的贸易顺差，且呈持续扩大态势。

---

① 宋周莺，祝巧玲．“一带一路”背景下的中国与巴基斯坦的贸易关系演进及其影响因素［J］．地理科学进展，2020，39（11）：1785-1797.

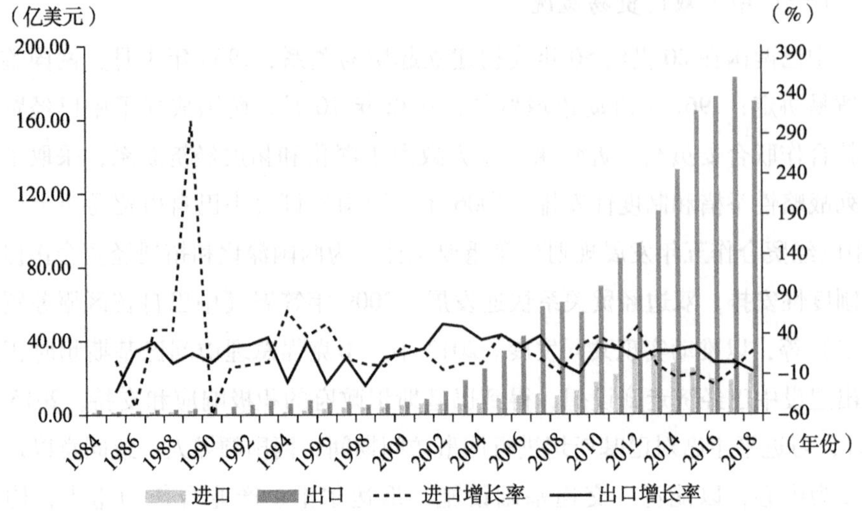


**图 5-4　1984—2018 年中国与巴基斯坦贸易额统计**

数据来源：联合国商品贸易数据库（https：//comtrade. un. org/）。

2. 贸易结构

中巴贸易有一定互补性，合作空间和潜力较大。近年来双边贸易增速均保持在 10%以上。目前，中国是巴基斯坦第一大贸易伙伴，并在巴基斯坦 2015—2016 财年首次成为其第一大进口来源地，同时还是其第二大出口目的地。中国对巴基斯坦的出口商品日趋多样化，机电产品所占比重逐年增加，但中国自巴基斯坦进口的商品种类变化不大，仍停留在传统商品上。

中国对巴基斯坦的主要出口商品为：机械设备、钢铁及其制品、有机化学品、电子设备、塑料制品等。巴基斯坦对中国主要出口商品为：棉纱、棉布、大米、矿石和皮革等，其中，棉纱线所占比例超过一半。

2018 年中国自巴基斯坦进口的前 5 位主要商品为纺织原料及纺织制品、贱金属及其制品、矿产品、食品和植物产品，占巴基斯坦对中国出口总额的比重分别为 48. 97%、13. 58%、10. 27%、9. 49%和 8. 06%，上述商品的进口额分别为 10. 67 亿美元、2. 96 亿美元、2. 24 亿美元、2. 07 亿美元和 1. 76 亿美元。同年，机电产品、纺织原料及纺织制品、化工产品、贱金属及其制品和塑料及其制品在巴基斯坦自中国进口的主要产品中居前 5 位，分别占到巴基斯坦自中国进口总额的 34. 27%、17. 37%、13. 24%、12. 91%和 4. 85%，上述五大类商品的进口额分别为 58. 14 亿美元、29. 47 亿美元、22. 47 亿美元、21. 91 亿美元和 8. 24 亿美元（见图 5-5）。

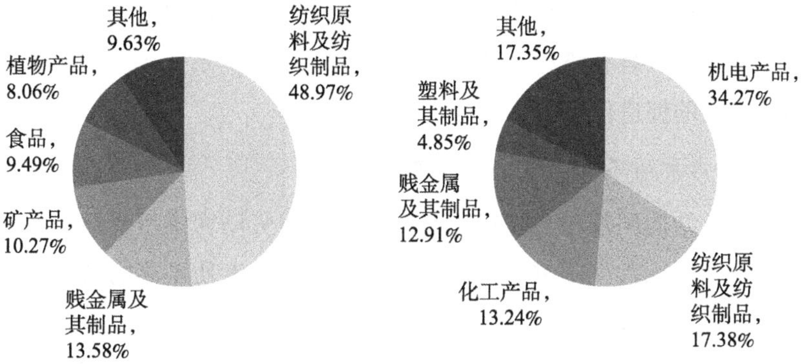


巴基斯坦对中国出口　　巴基斯坦自中国进口

**图 5-5　2018 年中国与巴基斯坦主要贸易金额占比**

## （二）中巴双边贸易存在的问题

作为中国最重要的贸易伙伴之一，巴基斯坦与中国交流合作日益频繁，但在双边贸易发展过程中也存在着一些问题和障碍。

### 1. 双边贸易差额过大，阻碍贸易推进

中巴双边贸易中，巴基斯坦对中国产品的依赖程度较高，巴方一直处于逆差地位，随着中巴贸易额的上升，贸易逆差出现逐步扩大的趋势。中国大量廉价商品进入巴方市场，巴基斯坦为保护本国产业的发展，制定了一系列限制进口措施，甚至发起反倾销调查等，降低了中国出口产品的竞争力，对双边贸易的发展带来阻碍。据中国商务部贸易救济信息网统计，1949 年至 2020 年 5 月，全球对中国发起共 2105 起贸易救济案件，具体为反倾销 1482 起、反补贴 178 起、保障措施 357 起、特别保障措施 88 起。其中，巴基斯坦对中国发起反倾销 31 起、保障措施 2 起，共 33 起的贸易救济案件占全球对中国发起的贸易救济案件 1. 6%。而在 1949—2020 年，全球对巴基斯坦发起 36 起贸易救济案件，具体为反倾销 24 起、反补贴 5 起、保障措施 7 起。其中，中国并未对巴基斯坦发起任何形式的贸易救济调查案件。①

① 石元刚．中巴贸易发展研究［J］．合作经济与科技，2020（17）：88-89.

2. 双边贸易结构单一，贸易发展受限

中巴双边贸易以原材料以及低附加值商品为主，产品附加值低，工艺简单，不适合长久开展贸易合作。同时，中国对巴基斯坦的主要出口产品未能与新疆等西部地区自有资源与产业形成较强的连接关系，从而削弱了对中国产业经济发展的促进作用。

3. 劳动力素质不高，贸易层次较低

随着产业结构调整和企业转型升级，原有的劳动密集型产业开始向技术密集型调整，熟练程度不够、技术能力不强、综合素质不高的劳动者无法适应企业新的用工需求。在中巴经济走廊的建设中，需要有一定专业文化知识的劳动力，但是在巴基斯坦 2.1 亿的总人口中，超过 60%都是 35 岁以下青年，文化程度普遍不高，有技术、有学历的劳动力尤其匮乏。[①] 特别是在光伏电站、核电站、大型国际机场、绕城轨道交通等基础设施的建设中，巴基斯坦满足需求的劳动力相对匮乏。

4. 巴方基础联通设施较落后，中巴贸易通道建设有待加强

巴基斯坦国内许多地区由于地理环境、地方财政等原因，交通状况较为落后，设施陈旧，道路不通。据世界经济论坛《全球竞争力报告 2019》，在参与全球基础设施榜单排名的 141 个国家中，中国位列第 36，巴基斯坦位列第 105。巴方基础设施建设较为落后，极大地增加了运输和贸易的难度。除此之外，中巴贸易面临安全风险的威胁。由于历史和现实因素的影响，巴方安全受到宗教信仰、恐怖主义、政局动荡以及边界争端等诸多因素的交织影响，给中巴贸易往来造成障碍。

### （三）中巴贸易发展对策

1. 开拓、创新、发掘双边贸易新的增长点

突破中巴双边贸易单一结构，在工业产品、农产品、纺织品等传统领域的合作之外，积极开拓以地区特色为核心的双边贸易，加强两国在地区特色食品、文化、历史以及地区产业方面的交流合作，打造地区特色贸易

① 陈子月. 中国与一带一路沿线主要国家的贸易分析——以巴基斯坦为例 [J]. 经贸实践，2018 (10)：80-81.

区、中巴合作工业园等特色区域，在园区开办机电、化工、金属制品等领域企业，可提升巴方产业发展水平、减少交易成本、开发巴方人口红利、平衡中巴贸易赤字，以地区合作带动整个区域的发展，从而丰富双边贸易的结构。

2. 依托中巴经济走廊加强中巴贸易通道建设

作为中国在外交关系上唯一的“全天候战略合作伙伴”，巴基斯坦与中国在政治、经济、文化等方面的交往日益频繁。中巴经济走廊始于我国新疆，途经巴基斯坦伊斯兰堡（Islamabad）、奎达（Quetta）、拉合尔（Lahore）、卡拉奇（Karachi）等主要城市，至沿海的瓜达尔港，能够给沿线城市带来大量就业和商贸机会并吸引其他国家的产业入驻，从而提高巴方产业发展水平，提升巴方出口能力。以中巴经济走廊建设为依托，通过加大对巴方基础设施领域的投资建设，特别是加快双方公路、铁路的连通，能极大地提高双方贸易效率，拓展两国贸易发展空间，通过中巴经济走廊基础设施建设，也能为巴方提供更多的就业机会。

3. 增进文化互通

加强中巴文化交流，鼓励中国的院校机构与巴方合作，共同培养满足双边贸易需求的人才。同时鼓励中国较为成熟的教育机构“走出去”，促进巴基斯坦本国的职业教育走向专业化。此外，还可以加强中巴旅游业合作，有效利用两国丰富的旅游资源，开发适合的旅游路线图，带动两国旅游产业发展的同时增进两国对彼此历史文化的认知。

4. 维护地区稳定

中国与巴基斯坦应共同维护中巴经济区的安全与社会稳定，为双边贸易参与者的生产生活提供安全保障，通过加强两国在反恐领域的合作，能为中巴贸易发展提供安全有益的外部环境，解决双方贸易发展的外部威胁。同时维护好该地区的公路、铁路、输油管道、电缆光缆等基础设施，为中巴贸易的长远发展提供助力。

## 三、中国与印度双边贸易发展状况

### （一）中印双边贸易概况

中国和印度作为世界第一大和第二大的发展中经济体，拥有全球超过36%的人口和17%的生产总值，两国积极谋求加强经贸发展战略对接，切实推动多领域全方位务实合作。中印两国在发展模式上具有较大差异，要素资源禀赋、工业化程度也存在巨大差异，导致两国之间贸易结构以互补性为主。中国在工业制成品领域具有比较优势，印度在材料、矿产品等行业具有比较优势；中国制造业相对发达，而印度的服务业更为先进，中印可依据独特的产业优势，形成产业互补，双方因此具有广阔的合作空间。

1. 贸易量

进入21世纪以来，中印两国经济发展迅速，为两国贸易合作奠定了良好的根基，2000—2018年，双边贸易额增长约30倍（见图5-6）。两国贸易额在2010年突破500亿美元大关，高达617.6亿美元，中国超越阿联酋变成印度最大贸易伙伴。2011年，双边贸易额达到739.09亿美元。2014年，在印度输出目的国中，中国仅次于美国，是印度的第二大出口目的国，同时也是其最大的进口来源国。

据印度商业信息统计署与印度商务部的统计数据，2018年印度与中国双边货物进出口额为902.7亿美元，增长6.5%。其中，印度对中国出口165.3亿美元，增长30.2%，占印度出口总额的5.1%，上升0.8个百分点；印度自中国进口737.4亿美元，增长2.3%，占印度进口总额的14.4%，下降2个百分点。印方贸易逆差572.1亿美元，下降3.6%，中国是印度第一大逆差来源国。2019年1—6月，印度与中国双边货物进出口额为420.8亿美元，下降6.9%。其中，印度对中国出口83.7亿美元，增长5.3%，占印度出口总额的5.0%，增加0.1个百分点；印度自中国进口337.1亿美元，下降9.5%，占印度进口总额的13.5%，下降1.3个百分点。印方贸易逆差253.4亿美元，下降13.5%，中国是印度第一大逆差来源国。截至2019年6月，中国是印度排名第三位的出口目的地和第一大进口来源地。

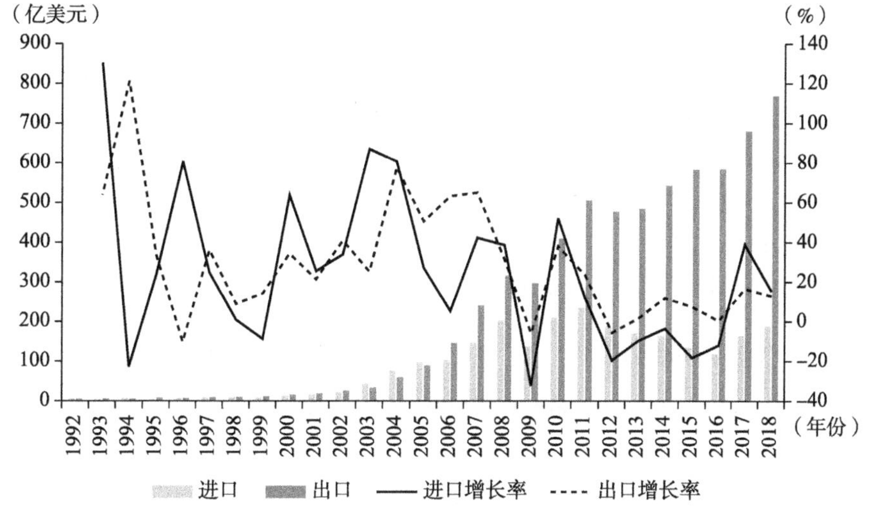


**图 5-6　1992—2018 年中国与印度贸易额统计**

数据来源：联合国商品贸易数据库（https：//comtrade. un. org/）。

2. 贸易结构

矿产品是印度对中国出口的第一大类产品，2018 年出口额为 50. 3 亿美元，增长 53. 3%，占其对中国出口总额的 30. 5%。化工产品是印度对中国出口的第二大类产品，出口额为 36. 3 亿美元，增长 55. 0%，占其对中国出口总额的 22. 0%。纺织品及原料是印度对中国出口的第三大类产品，出口额为 18. 4 亿美元，增长 20. 6%，占其对中国出口总额的 11. 1%。

印度自中国进口的主要商品为机电产品、化工产品和贱金属及其制品，2018 年合计进口 561. 3 亿美元，占自中国进口总额的 76. 1%。除上述产品外，塑料、橡胶，纺织品及原料，运输设备等也是印度自中国进口的主要大类商品（HS 类），在其进口中所占比重均超过 3%（见图 5-7）。在上述产品中，德国、沙特阿拉伯、美国是中国的主要竞争对手。

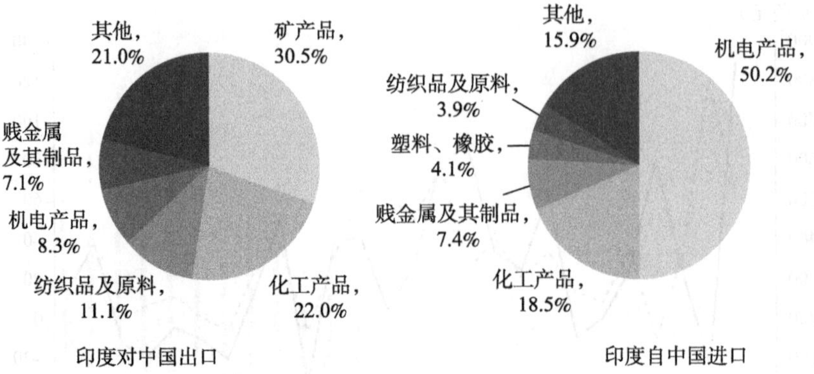


**图 5-7　2018 年中国与印度主要贸易金额占比**

## （二）中印双边贸易存在的问题

1. 中印贸易发展不平衡

21 世纪以来，中印贸易规模不断扩张，但是贸易失衡现象严重。中国对印度主要出口资本技术密集型的工业制成品，而印度对中国出口主要为资源密集型产品与劳动密集型产品等初级产品。中印双边贸易中，中国总体上处于顺差状态，顺差额不断扩大。从 2001 年的 1.96 亿美元增长到 2017 年的 51697 亿美元，年均增长率高达 41.69%。① 同时，尽管中印两国在双边贸易产品上存在一定的差异性，但实际上，两国出口所占比重较高的产品都有机电产品、化工产品、纺织品及原料、贱金属及其制品等，中印双边贸易产品互补性相对较弱，竞争性更强，直接制约了中印贸易的发展。

2. 印度外贸政策具有不确定性

印度关税政策经常发生变化，这是制约中印贸易发展的重要因素，主要体现在关税和非关税壁垒上。例如，印度对酒类产品的关税高达 180%，极大地制约了中国酒类产品进入印度市场。另外，印度经常根据本国利益修改税收制度，给进出口商品带来很大的不确定性。印度频繁对中国采用贸易救济措施，是对中国实行反倾销调查数量最大的国家，且涉及的产品领域众多。此外，还频繁使用反补贴措施和其他贸易救济措施。

① 史益．"一带一路"背景下中印贸易发展研究［J］．现代营销（信息版），2019（2）：159-160.

3. 市场有效需求不足

印度贫富差距大，大多数民众的消费能力不高，消费结构单一。很多行业的市场有效需求不足，部分中资企业对印度市场的判断存在误差，投资落地后会发现订单量提升缓慢，较难达到预期水平。

4. 中印贸易摩擦频繁

印度对中国频繁大量的反倾销调查，成为中印贸易摩擦的主要原因，且大多表现为“印对中单向贸易壁垒”。自 2005 年以来，在中印双边贸易中，印度一直处于逆差地位，且贸易逆差额持续扩大。印度以保护本国贸易和制造业为名，多次对从中国进口的产品征收反倾销税。征收反倾销税的对象逐步由传统行业向新领域延伸，由低附加值、劳动密集型的纺织品、药品、钢铁和化工产品等向高科技与新能源产品扩展。

## （三）中印贸易发展对策

1. 积极探索中印关系治理新模式

“一带一路”为沿线国家提供了新的发展机遇，中印两国应共同促进“一带一路”倡议的科学实施。中国应该切实尊重印度追求世界大国的利益诉求，耐心地推进两国合作，让印度看到合作的诚意，求同存异，共同发展。印度方面应该抓住发展机遇，对中国减少芥蒂，积极开展合作，不断对外开放，强化发展效果。

2. 提高经济合作水平

中印开展经济合作对双方推进文化、教育等其他方面的合作具有促进作用。经济合作的要点包括以下内容：第一，在能源和粮食领域开展深入合作，以提高能源应用水平，保证供应粮食的充足性；第二，在服务业领域加强合作；第三，加强在高科技领域的合作，印度软件产业发展水平较高，中国在计算机硬件和通信领域具有比较优势，可通过技术贸易、服务贸易等方式，吸收与借鉴高科技发展经验；第四，在基础设施建设方面进行合作，扩展工程承包领域，提升工程建设水平，为开展贸易交流打下坚实的基础。

3. 发掘贸易互补性潜力

中印两国在贸易领域具有很强的结构互补性。中国和印度为农业大国且发展水平相当，由于经济结构的差别，中国生产的许多机电产品适合印度工业发展的需要。应对中国市场趋于饱和的现象，中国企业可以积极利用出口信贷以及低息贷款等政策，通过合伙、互助等方式推进产业转移，促进中印贸易合作。中国需要从印度引进先进的服务业，加强软硬件领域的合作。两国应该积极探索可以合作的领域，利用双边贸易结构开展互补性贸易，提升相互依赖程度，减少贸易摩擦，实现合作共赢。

4. 通过对外直接投资平衡两国的贸易

中印双边直接投资额不高，且波动较大。"一带一路"有利于扩大双边投资规模。虽然近年来中国对印度的直接投资额呈上涨趋势，但与日本和美国相比，仍存在较大差距。印度对中国的直接投资额也远低于欧美发达国家。可借助"一带一路"建设带来的机遇，促进中印两国之间的直接投资。例如，鼓励我国有条件的优势企业"走出去"，到印度直接投资设厂，为印度的"Made in India"战略的实施提供资金和技术支持，这将极大缓解中印贸易失衡问题。

## 四、中国与印度尼西亚双边贸易发展状况

### （一）中国和印度尼西亚双边贸易概况

自1990年恢复外交关系以来，中国和印度尼西亚双边经贸合作全面发展，尤其是近年来两国在贸易、投资和工程承包等领域的合作发展迅猛。2002年3月成立两国能源论坛，2009年两国央行签署总额为1000亿元人民币的双边本币互换协议。中国—东盟自贸区已于2010年1月1日全面启动，2011年4月，两国签署关于扩大和深化双边经贸合作的协议。2013年10月，两国签署经贸合作五年发展规划，续签双边本币互换协议。印度尼西亚是"21世纪海上丝绸之路"首倡之地，2013年10月，习近平主席在印度尼西亚首次提出共建"21世纪海上丝绸之路"，中国和印度尼西亚双边关系提升至全面战略伙伴关系。2015年，两国签署关于基础设施和产能合作的谅解备忘录。2016年7月，中国—东盟自贸区升级版议定书正式生效，双边贸易投资自由化和便利化程度进一步提高。2018年10月，两国签署共建"一带一路"和"全球海洋支点"谅解备忘录。11月，两国央行续签双边本币互换协议，并将互换规模扩大至2000亿元人民币。中国已连续多年保持印度尼西亚第一大贸易伙伴地位。在中国主动扩大进口的系列举措拉动下，2016年以来，中

国持续成为印度尼西亚第一大出口目的国。目前印度尼西亚已成为向中国出口燕窝最多的国家，中国也已成为拉动印度尼西亚棕榈油出口增长最重要的力量，已是印度尼西亚第一大棕榈油出口目的地。①

1. 贸易量

进入20世纪90年代以后，中国和印度尼西亚之间的贸易快速发展（见图5-8）。双边贸易总额从1997年的45.15亿美元增至2017年的633.32亿美元，增长了14倍，年均增长14.12%。② 据中国海关统计，2018年印度尼西亚与中国双边货物进出口额为724.8亿美元，增长23.7%。其中，印度尼西亚对中国出口271.3亿美元，增长18.9%，占其出口总额的15.1%；印度尼西亚自中国进口453.5亿美元，增长26.8%，占其进口总额的24.1%。印度尼西亚贸易逆差182.2亿美元，增长40.6%。2019年1—9月，印度尼西亚与中国双边货物进出口额为523.4亿美元，下降0.5%。其中，印度尼西亚对中国出口197.7亿美元，下降1.7%，占其出口总额的16%；印度尼西亚自中国进口325.7亿美元，增长0.3%，占其进口总额的25.9%。印度尼西亚贸易逆差128亿美元，增长3.6%。2019年中国与印度尼西亚双边贸易额达797亿美元，创历史新高，同比增长3.1%

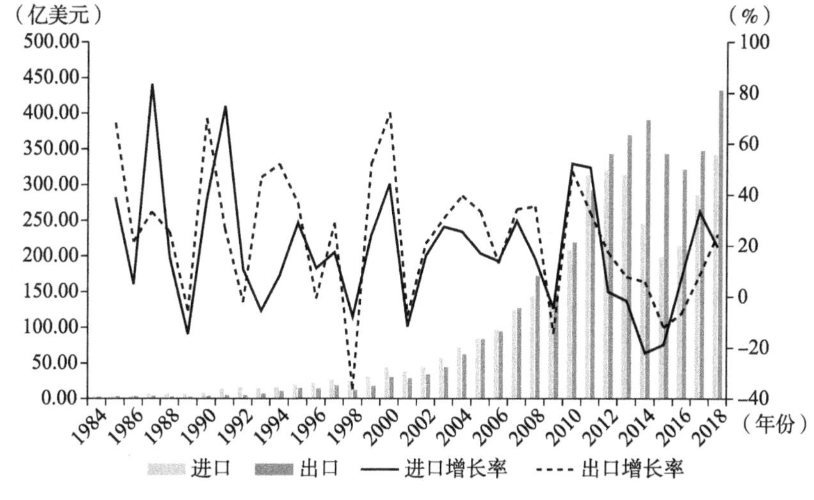


**图5-8 1984—2018年中国与印度尼西亚贸易额统计**

数据来源：联合国商品贸易数据库（https：//comtrade.un.org/）。

① 王立平．一带一路引领中印尼经贸合作行稳致远［N］．国际商报，2019-04-25（B09）．

② 袁群华，李楠．中国印尼货物贸易互补性分析［J］．南亚东南亚研究，2020（1）：79-92+156.

2. 贸易结构

印度尼西亚煤炭、铜矿、铝土矿、镍矿、金矿探明储量均位列全球前十。棕榈油产量居世界第一，天然橡胶产量居世界第二。印度尼西亚的工业主要集中在以石油加工为代表的资本密集型产业和以橡胶、棕榈油、纺织为代表的劳动密集型产业，上下游产业链配套尚不完备。矿产品和动植物油脂是印度尼西亚对中国出口的两大主要商品，2018 年的出口额分别为 107.9 亿美元和 32.5 亿美元，其中矿产品出口增长 43.1%，动植物油脂出口下降 0.1%，分别占印度尼西亚对中国出口总额的 39.8%和 12.0%。贱金属及其制品出口 31.9 亿美元，增长 27.4%，占印度尼西亚对中国出口总额的 11.8%，为印度尼西亚对中国出口的第三大类商品。印度尼西亚对中国出口的第四和第五大类商品为纤维浆和化工产品，2018 年分别出口 25 亿美元和 23.2 亿美元，分别增长 18%和 21.8%，两类产品合计占印度尼西亚对中国出口总额的 17.8%。

机电产品占据印度尼西亚自中国进口总额的半壁江山，2018 年进口 198.1 亿美元，增长 28.3%，占印度尼西亚自中国进口总额的 43.7%。贱金属及其制品、化工产品、纺织品及原料及塑料、橡胶分居第二至第五大类商品，2018 年进口额分别为 57.1 亿美元、45.6 亿美元、40.8 亿美元和 21.2 亿美元，分别增长 35.9%、18.8%、23.1%和 30.5%，四类商品合计占印度尼西亚自中国进口总额的 36.4%（见图 5-9）。在上述产品中，日本、美国、韩国和泰国等国家是中国的主要竞争对手。

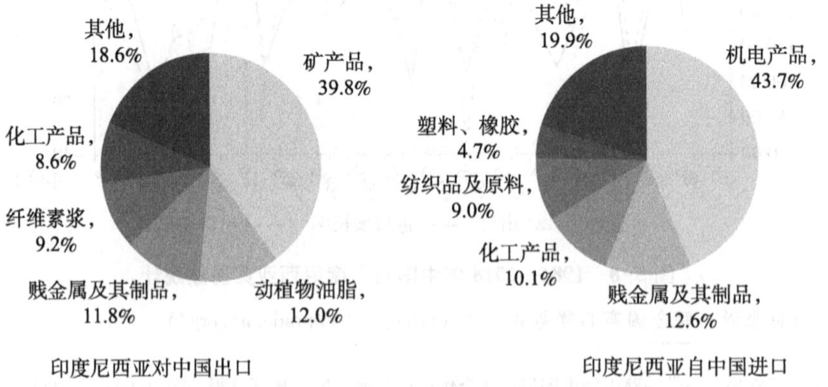


图 5-9 2018 年中国与印度尼西亚主要贸易金额占比

### （二）中国与印度尼西亚双边贸易存在的问题

1. 中国产品核心竞争力有待提高

虽然目前中国已经是印度尼西亚最大的贸易伙伴，但是中国产品在印度尼西亚的核心竞争力不强。长期以来，印度尼西亚自中国进口的商品主要是一些劳动力密集型和重工业的工业制成品，例如家具、玩具、杂项制品和机电产品等。印度尼西亚自中国进口运输设备的构成比例仅为9%，而同时印度尼西亚自日本进口的运输设备构成比例为23.4%。[①] 因此，中国产品的核心竞争力有待提高，尤其是高技术含量的工业产品及高新技术产品的市场竞争力。

2. 印度尼西亚国内劳动力成本上升

近年来，印度尼西亚劳动者的工资水平有所提高，这也导致很多外商投资的劳动力密集型产业从印度尼西亚国内撤出。印度尼西亚政府从2013年起提高工人最低工资标准，以首都雅加达为例，工人最低工资标准涨幅达到44%。然而，根据印度尼西亚国际战略研究中心的调查结果，印度尼西亚企业的生产效率并没有随着劳工最低工资标准的提升而有所提高。劳动力成本的不断上升导致企业负担加重。

3. 面临其他国家激烈竞争

随着中国经济实力以及政治影响力的提升，外交成就颇丰，体现在从大国关系、周边外交、全球治理的提出到“一带一路”建设，但是面对的竞争与挑战也越来越多。中国与印度尼西亚的经贸合作难免受到国际政治、经济、外交环境的影响。在与印度尼西亚经贸合作的过程中，中国和日本对于印度尼西亚雅万高铁项目的竞争，便是两国在印度尼西亚乃至东南亚经济领域竞争的一个重要体现。

### （三）中国与印度尼西亚双边贸易发展对策

1. 缓解两国贸易逆差问题，积极应对贸易摩擦

在贸易合作方面，中国应鼓励企业进口印度尼西亚产品，缓解两国贸易逆差的问题，中国与印度尼西亚应同时加快推进中国与印度尼西亚产业园区

① 熊灵，陈美金．中国与印尼共建21世纪海上丝绸之路：成效、挑战与对策［J］．边界与海洋研究，2017，2（6）：24-36.

建设，加快推进双方在农业、交通运输以及能源等领域的合作，尽可能为两国经贸合作提供便利。中国与印度尼西亚双方应积极履行《中国—东盟争端解决机制协定》，并在现有框架的基础上，完善、出台新的协定、规章制度，更好地解决两国的贸易摩擦问题。此外，中国应建立具有影响力的全国性行业协会组织，积极指导、主动应对、有效协调本国企业参与应诉与倾销调查。

2. 加强基础设施合作，推进两国互联互通

长期以来，印度尼西亚都位居中国企业开展工程承包的十大海外市场之一。2018 年，中国企业在印度尼西亚的工程承包新签合同额和完成营业额分别达 114 亿美元和 61 亿美元。① 为促进在基础设施合作项目中的互联互通，两国应进一步加强在陆海交通设施、能源设施等基础设施领域的合作。中国可积极引导企业赴印度尼西亚投资，加强在电站、高速公路、桥梁、水坝等基础设施领域的投资和建设，印度尼西亚政府应创造良好的吸引外商投资的环境，吸引更多的中资企业投资基础设施领域，构建和完善印度尼西亚国内的交通设施和能源设施网络。具体而言，两国应该依托项目驱动，不断深化基础设施合作；基于两国海上邻国的优势地理位置，应加快海上港口建设，完善电力输送、通信网络等基础设施的共建共联。

3. 减少国际不利环境的负面影响

在投资合作方面，中国与印度尼西亚双方应加强战略交流和政策沟通，深化产业投资，积极划定两国经贸合作优先的项目清单，双方应共同推动两国的投资合作健康、可持续发展。还应该发展与深化中国与印度尼西亚在金融领域方面的合作，加强双边本币互换协议执行方面的合作，扩大双边本币结算规模；通过双边金融渠道为印度尼西亚基础设施建设提供融资支持，并积极开展税务合作，为双方经贸合作打造有利的税收环境。

4. 积极促进双边投资合作

投资是中国与印度尼西亚经贸合作的最大亮点。中国已连续三年成为印度尼西亚第三大外资来源国，2018 年中国对印度尼西亚直接投资达 24 亿美元，占当年印度尼西亚外资总额的 8.2%。中国企业对印度尼西亚的投资涉及

---

① 王立平. 一带一路引领中印尼经贸合作行稳致远 [N]. 国际商报，2019-04-25 (B09).

农业、矿冶、电力、地产、制造业、产业园区、数字经济和金融保险等领域，产能合作取得显著成效。中国政府应积极引导国内相关领域专家学者研究印度尼西亚各方面情况，充分了解印度尼西亚的国情、文化、法律法规、风俗习惯等，鼓励为在印度尼西亚投资的中资企业建言献策。同时加强对中资企业在印度尼西亚海外投资和经营行为的规范，促进国家战略布局与企业海外投资经营的良性互动，降低企业海外投资经营的风险，使企业成为两国外交关系和谐稳定发展的桥梁。中资企业应该提高投资的前期调研、风险评估以及对投资项目进行投保的意识，提高企业风险防范能力，制定合理的风险防范策略，如采用多元化投资策略、本土化管理策略等。

## 五、中国与马来西亚双边贸易发展状况

中国与马来西亚双边贸易稳定发展，近年来中国与马来西亚双边贸易额一直保持约1000亿美元的规模。两国签有《避免双重征税协定》《贸易协定》《投资保护协定》《海运协定》《民用航空运输协定》等10余项经贸合作协议。1988年成立双边经贸联委会，2002年4月成立双边商业理事会，2017年两国签署《关于通过中方“丝绸之路经济带”和“21世纪海上丝绸之路”倡议推动双方经济发展的谅解备忘录》《中国商务部同马来西亚交通部关于基础设施建设领域合作谅解备忘录》。

目前中国和马来西亚都处于经济转型升级的关键阶段，中国正值“十三五”规划收官和“十四五”规划开局的交替之年，马来西亚在积极推进第十一个国家发展五年计划，在“一带一路”背景下，不断深化两国的经贸合作，继续做大传统贸易，积极开拓新型合作领域如“互联网+金融”、移动支付等，加大合作建设力度并对接东盟互联互通总体规划，以互联互通为着力点完善“21世纪海上丝绸之路”基础设施平台，打造多元合作平台，能够助力两国经济联动发展。

### （一）中国和马来西亚双边贸易概况

#### 1. 贸易量

1981年马哈蒂尔总理第一次上台执政后，改变了马来西亚在诸多方面的对华政策，使得马来西亚成为东盟国家中对华经贸合作的主要伙伴，中马双边贸易额逐步增加（见图5-10）。近年来，中国和马来西亚双边贸易额一直

保持约1000亿美元的规模。据中国海关统计，2018年马来西亚与中国双边货物进出口额为777.7亿美元，增长14.9%。其中，马来西亚对中国出口344.1亿美元，增长17.2%，占马来西亚出口总额的13.9%，增加0.4个百分点；从中国进口433.6亿美元，增长13.2%，占马来西亚进口总额的20.0%，增加0.2个百分点。马来西亚贸易逆差89.5亿美元，与上年同期持平。截至2018年12月，中国成为马来西亚第二大出口目的地和第一大进口来源地。2019年双边贸易额为1240亿美元，同比增长14.2%。中国已连续11年保持马来西亚最大贸易伙伴地位，连续11年成为马来西亚最大的进口来源地，并于2019年首次成为马来西亚最大的出口目的地。

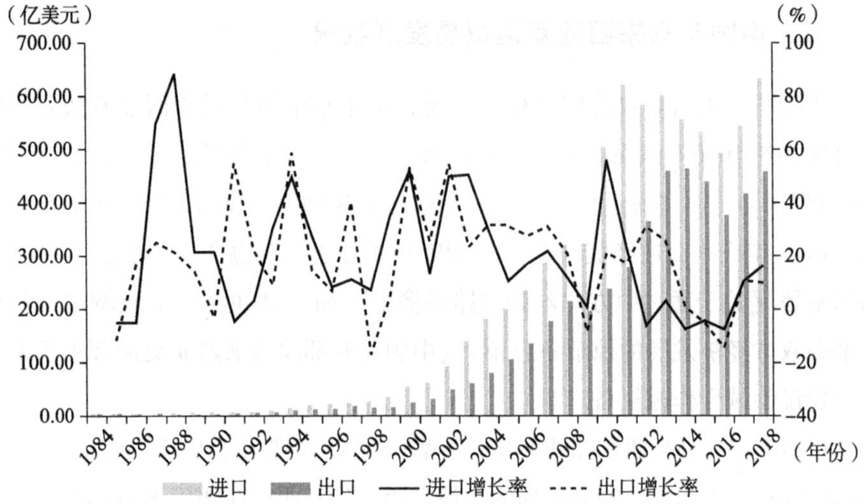


**图5-10 1984—2018年中国与马来西亚贸易额统计**

数据来源：联合国商品贸易数据库（https：//comtrade.un.org/）。

2. 贸易结构

马来西亚对中国出口的主要商品为机电产品，矿产品，塑料、橡胶等，占比超过马来西亚对中国出口全部产品的70%。机电产品是马来西亚对中国出口的第一大类产品，2018年出口额为149.2亿美元，增加14.6%，占其对中国出口总额的43.4%；矿产品是马来西亚对中国出口的第二大类产品，出口额为62.4亿美元，增长6.4%，占其对中国出口总额的18.1%；塑料、橡胶是马来西亚对中国出口的第三大类产品，出口额为39.4亿美元，增长

22.0%，占其对中国出口总额的11.5%。

马来西亚自中国进口的主要商品为机电产品、贱金属及其制品和化工产品，2018年进口额分别为215.2亿美元、48.6亿美元和33.0亿美元，分别增加13.7%、18.9%和24.9%，占其自中国进口总额比重分别为49.6%、11.2%和7.6%，前三类进口主要商品占比合计68.4%（见图5-11）。

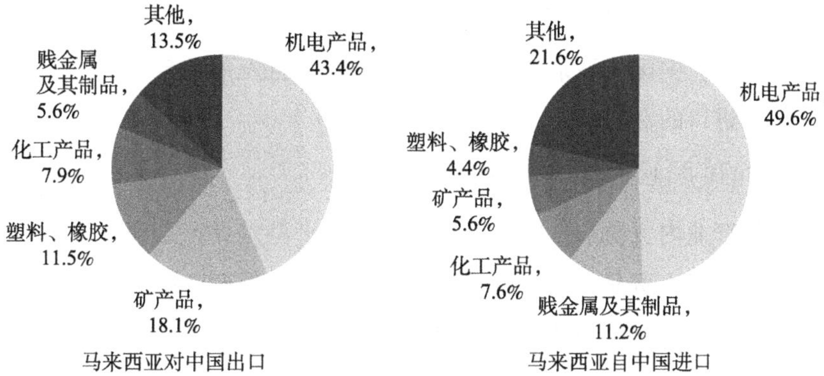


**图5-11　2018年中国与马来西亚主要贸易金额占比**

## （二）中国与马来西亚双边贸易存在的问题

### 1. 商品结构欠缺互补性

马来西亚的产业优势主要集中在石油、热带作物等资源型产业和以劳动力资源为优势的制造业，在同一产业中两国经贸往来高度集中，贸易额居于前列的商品编码高度重叠。中国对马来西亚的出口对马来西亚同类产品造成较大竞争压力，带来了贸易摩擦的隐患。马来西亚对中国出口的商品中，竞争性的商品也较多，占比达60.76%，同质商品的竞争突出。在中马有极高互补性的商品中，中国极具竞争优势的商品涵盖20类，但对马出口贸易额占比仅为17.00%；同期，马方极具竞争优势的商品仅有3类，在对中方出口贸易中占比甚微，仅为4.97%。① 显然，中马经贸互补性的优势未得到充分发挥。

### 2. 贸易失衡问题较为严重

中国与马来西亚间的贸易逆差伴随双边贸易额的扩大而同步扩大。1990

① 李航宇，秦小辉．中国与马来西亚双边贸易存在的问题与对策［J］．中国经贸导刊（中），2019（1）：12-14.

年到2011年中国连续22年对马来西亚出现贸易逆差。2002—2004年，中国和马来西亚贸易逆差逐年扩大，从43.21亿美元扩大到100.88亿美元；2004—2009年中国和马来西亚贸易逆差连续五年在100亿美元上下浮动，2009年贸易逆差达到126.99亿美元。2010—2017年，中国对马来西亚的贸易逆差总额达到1397.04亿美元，年平均逆差为174.63亿美元。其中，2014年与2015年逆差低于100亿美元，最近两年贸易逆差基本稳定在100亿美元左右。从长期看，中国从马来西亚进口的潜力较大且发展前景较好，但是马来西亚从中国进口的空间较小，缺乏增长动力。

3. 两国间产业内贸易水平较低

两国间产业内贸易水平的高低，取决于水平型差异产品和高质量的垂直型差异产品在双边贸易中所占的比重。目前，垂直型产业内贸易依然占据中国和马来西亚产业内贸易的主要地位，且贸易商品多为技术落后、附加值低的低档产品，水平型差异产品和高质量的垂直型差异产品所占比例较小。这加剧了两国在劳动密集型产品和加工制成品贸易中的竞争与摩擦，并制约了产业优化升级，影响技术密集型产业和高科技产业的发展。同时，过于依赖低质量产品的垂直产业内贸易，将造成双方技术水平低下和产业结构的落后，影响到双方产业的产值在国际市场上的竞争力。

### （三）中国和马来西亚贸易发展对策

1. 促进中国和马来西亚贸易平衡

中马贸易不平衡是两国贸易关系中的主要问题，在整体上中国一直存在贸易逆差。两国经贸合作中要注重培植各自的优势产业，实现错位发展，使优势相对集中。同时为培植新的产业优势和需求提供充足空间。在出口方面，中国应加大高新技术投入，利用现有低劳动力成本进入马来西亚市场，实现我国出口商品的差异化与多样化，实施中国品牌策略，并减少中国资源性产品的出口占比，扩大自主知识产权与附加值高产品的出口。在进口方面，应减少对于马来西亚进口产品的依赖，逐步使进出口趋于平衡。

2. 依托垂直型产业内贸易，发展水平型产业内贸易

在中国和马来西亚的货物贸易中，低水平的垂直型产业内贸易占据主导

地位，而水平型产业内贸易和高水平的垂直型产业内贸易比重很低。反映出我国目前工业制成品中高附加值、高技术、深加工工业产品所占比重较小。我国仍然处于发展阶段，科技水平相对低下，产业结构调整和产业水平的提升需要经历一个较长的过程。因此，可以从实际出发，在保持和发展垂直型产业内贸易的基础上，积极开拓更高水平的垂直型产业内贸易，提高水平型产业内贸易的广度与深度。

3. 应对投资风险，积极促进双边相互投资的发展

中国和马来西亚之间双边投资额较低。马来西亚是中国在东盟最大的贸易伙伴，但是中国在马来西亚的投资不及印度尼西亚和新加坡等国。我国与马来西亚的产业内贸易逆差较大，同时受直接投资不足的影响，双边产业内分工的发展受到限制。因此，中国和马来西亚之间应该加大相互直接投资力度，营造公平、透明、高效的投资环境，开拓投资合作领域，加强投资引导，带动双边贸易发展，降低两国之间产业内贸易逆差。在吸引马来西亚投资方面，应改善投资环境，积极引进马来西亚外资建设高品质项目，促进产业结构优化升级，达到增加税收、扩大就业的目的。

## 六、中国与菲律宾双边贸易发展状况

### （一）中菲双边贸易概况

1975 年 6 月 9 日，中菲两国在建立正式外交关系之际，签署了第一个政府间贸易协议，之后又签署了双边投资保护协议和避免双重征税协议。2005 年 4 月两国政府签署了《促进贸易和投资合作的谅解备忘录》。2006 年 6 月签署了《关于扩大和深化双边经济贸易合作的框架协议》。2017 年 3 月双方签署《中菲经贸合作六年发展规划》。随着“一带一路”倡议深化，中菲贸易往来会更加紧密，前景可期，贸易发展潜力巨大。

1. 贸易量

1975 年中菲建交时，双边贸易额仅为 7200 万美元。[①] 进入 20 世纪 90 年代，中国和菲律宾经贸合作迅速发展，双边贸易额快速增长（见图 5-12）。据

① 路虹．中菲经贸合作驶入快速发展轨道［N］．国际商报，2009-10-15（E04）．

国家统计局数据，2006—2016 年，中国与菲律宾之间的进出口贸易总额从 225 亿美元上升到 472 亿美元。除了 2008 年经济危机所致进出口额有所下滑以外，中国和菲律宾的贸易呈现总体上升趋势。2017 年，中国和菲律宾双边贸易总额为 512.7 亿美元，同比增长 8.5%，其中中方出口 320.4 亿美元，同比增长 7.4%，进口 192.3 亿美元，同比增长 10.5%。2018 年，双边贸易额 556.7 亿美元，同比增长 8.5%，其中中国出口额 350.6 亿美元，增长 9.3%，进口额 206.1 亿美元，增长 7.1%。中国、日本、美国、韩国、中国香港是菲律宾前五大贸易伙伴。2019 年，中国已成为菲律宾第一大贸易伙伴、第一大进口来源地、第三大出口市场。

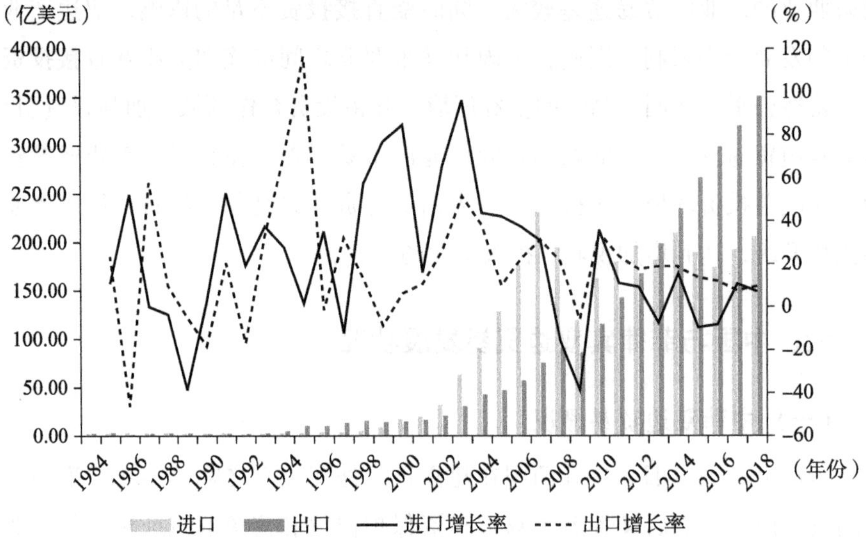


**图 5-12　1984—2018 年中国与菲律宾贸易额统计**

数据来源：联合国商品贸易数据库（https：//comtrade. un. org/）。

2. 贸易结构

菲律宾主要出口品包括半导体、电子产品、运输设备、成衣、铜制品、石油制品、椰子油及水果。据中国海关统计，近年来，中国对菲律宾出口商品主要类别包括电机、电气、音像设备及其零部件、机械器具及其零件、钢铁、矿物燃料和服装；中国从菲律宾进口商品主要类别包括电机、电气、音像设备及其零部件、机械器具及其零件、矿砂、铜及其制品、食用水果及坚果。

机械器具及其零件和矿产品是菲律宾对中国出口的两大主要商品，2018年的出口额分别为152.48亿美元和20.62亿美元，分别占菲律宾对中国出口总额的74.03%和10.01%。贱金属及其制品出口7.93亿美元，占菲律宾对中国出口总额的3.85%，为菲律宾对中国出口的第三大类商品。菲律宾对中国出口的第四和第五大类商品为植物产品和精密仪器及设备，2018年分别出口7.58亿美元和5.71亿美元，两类产品分别占菲律宾对中国出口总额的3.68%和2.77%。机械器具及其零件为菲律宾自中国进口总额的第一类产品，2018年进口94.11亿美元，占菲律宾自中国进口总额的26.80%。纺织原料及制品、贱金属及其制品、矿产品和车辆及运输设备分居第二至第五大类商品，2018年进口额分别为55亿美元、50.32亿美元、26.75亿美元和17.29亿美元，四类商品分别占菲律宾自中国进口总额的15.66%、14.33%、7.62%和4.93%（见图5-13）。

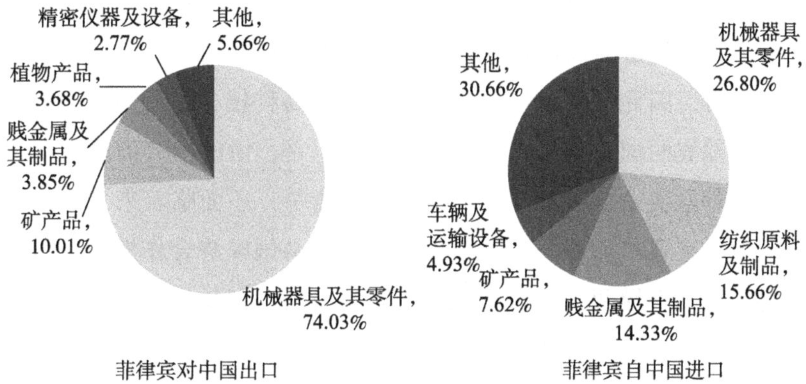


**图5-13　2018年中国与菲律宾主要贸易金额占比**

## （二）中国和菲律宾双边贸易存在的问题

### 1. 中国和菲律宾货物贸易中，菲律宾长期处于逆差地位

中国是菲律宾第一大进口国，同时也是菲律宾第二大商贸伙伴，但菲方却一直居于逆差状态，主要源自菲律宾能源缺乏，对石油需求量大，在从中国进口的商品中，石油占了较大比例；其次，菲律宾出口的轻工业产品与中国生产的产品存在较大竞争，导致中国和菲律宾双边经贸不平衡。

### 2. 中国和菲律宾签证制度制约双方贸易发展

中国和菲律宾旅游业快速发展，但中国和菲律宾双方游客入境都需要办理签证，菲律宾的签证制度严重限制中国旅客的来访，无论是对旅游业，还是航空业，这都阻碍了双方的贸易往来。

3. 中菲双方贸易地位不对等

东盟各国拥有的资源禀赋差异不大，成员之间具有不同程度的相似性，所以中国在东盟市场上面临的可选择性较多，同东盟各国的贸易具有一定的可替代性，具有一定的选择主动权。以中国进口菲律宾比较多的机电产品和资源性产品来说，菲律宾同其他东盟成员相比，也不存在明显的竞争优势。此外，菲律宾国内的政治稳定性、社会治安水平、基础设施完善程度、政府效率等方面综合水平较低，相对于大多数东盟国家处于劣势。

**（三）中国和菲律宾贸易发展对策**

1. 优化贸易商品结构，增加高附加值、高科技产品出口

随着菲律宾经济的快速发展，企业与个人消费者的生产和消费需求层次也在不断上升。因此，积极扩大制造业尤其是高科技、高附加值产品贸易成为中国和菲律宾两国贸易合作的大势所趋。但是，中国出口商品在菲律宾不仅面临着日韩欧美发达国家同类产品的激烈竞争，还面临着来自东盟其他成员国的竞争。在这一形势下，中国应充分挖掘两国经济合作潜力，积极优化商品贸易结构，引导两国商品良性竞争，提升两国贸易层次，积极扶持中国高技术、高品质产品对菲律宾出口，树立"中国制造"的良好形象。

2. 加强两国技术合作

菲律宾基础设施建设的不完善严重制约了其经济和出口贸易发展。近年来，菲律宾经济发展较快，对电力需求较大，但是由于该领域技术落后，无法将潜在能源转化成现实生产力；同时落后的基础设施在一定程度上制约了国内物流的发展，进而影响中国和菲律宾贸易的发展。而中国在风能和水能发电及基础设施建设领域的技术较为成熟。因此，两国可加大在能源电力及基础设施建设等领域的技术合作，为双边贸易的深入发展提供更为稳定的基础。因此，两国应在以上领域加强技术合作。

3. 发挥比较优势，采取差异化出口产品策略

扩大互补性强、竞争性弱或贸易潜力大的商品出口。例如，中国应扩大

活动物及产品、纺织原料及制品、鞋帽制品、运输设备等产品对菲律宾的出口，这几类产品也是中国具有竞争优势的产品。而菲律宾则可发挥比较优势，建立合作平台，采取各种政策措施以扩大动植物油脂及制品的出口。在两国优势产品行业，可选择一批规模大、起点高、带动能力强的“两头在外”的企业予以重点扶持，使各优势产业都有一批产业化龙头企业带动，快速形成具有国际竞争力的优势产业带和产业区，促进两国优势产品的双边贸易。

4. 加强两国产业园合作，打造示范性项目

中国和菲律宾可依托“一带一路”建设，合力重点打造几个示范性产业园项目。可借鉴中国和马来西亚“两国双园”（中国—马来西亚钦州产业园区和马来西亚—中国关丹产业园区）模式，促进中国沿海省份的海关特殊监管区域（如保税区）和菲律宾经济特区（例如管理委员会下属的苏比克、卡加延、三宝颜等特区）开展合作，也可借鉴中国红豆集团在柬埔寨建立西哈努克港经济特区的经验，建立具有菲律宾特色的“经济特区”。

## 七、中国与泰国双边贸易发展状况

### （一）中泰双边贸易概况

一直以来，中国和泰国的经贸合作都比较密切。两国虽然不是邻邦，但地理位置邻近，泰国的主要河流几乎都发源于中国，地理优势极大地带动了两国的经贸合作，此外，中国—东盟自由贸易区的建立对两国的贸易往来有着巨大的促进作用，“一带一路”倡议使两国经贸合作进入最好的时期。

随着中国和泰国双边贸易不断深化，两国已经签署并实施了多项合作协议，如《中泰全面战略伙伴关系》《投资协定》《中泰农产品贸易合作协定》《中国—东盟自由贸易区协定》等。两国政府根据《中国与东盟自由贸易协定》开展双边贸易合作，以促进贸易，并吸引更多的投资。2016 年 12 月 9 日，中泰贸易、投资和经济合作联合委员会第五次会议在北京举行，会后双方共同签署了铁路合作谅解备忘录和农产品电子证书技术等文件，深入推进“一带一路”建设。2017 年 12 月开始动工的中泰铁路合作项目是两国互利合作的重点项目，也是两国在“一带一路”框架下重要的互联互通项目，中国对该项目的总投资达 100 多亿美元，而该项目的建设将实现泛亚铁路网的突

破，使中国与东盟国家的贸易往来更为便利。2018年4月，阿里巴巴集团与泰国政府在泰国曼谷签订战略合作协议，不仅引进泰国的农产品，还将建设智能物流系统，这是中泰两国数字经济合作的新成果。2018年《东部经济走廊》（EEC倡议）在泰国政府公报上公布，并于2018年5月15日正式生效。2018年8月，在第六届中泰经济合作委会会议上签署的中泰两国贸易发展六项谅解备忘录，将促进中泰未来的贸易合作进一步深化。泰国东部经济走廊办公室和其他泰国地方政府也与阿里巴巴集团签署了合作备忘录，涉及4个合作领域，包括双边产品贸易、搭建智能物流体系、中小企业和数字人才合作、智能化数字化旅游合作等多个方面。这一系列战略布局，搭载"一带一路"沿线的产业合作，将借助电子商务促进中泰乃至"一带一路"沿线国家的贸易合作。2019年11月，国务院总理李克强对泰国进行访问，发布了《中华人民共和国政府和泰王国政府联合新闻声明》，为双边关系未来发展指明了方向。

1. 贸易量

除中国外，日本和美国是泰国的另外两大贸易伙伴，2018年泰国对两国分别出口247.2亿美元和277.7亿美元，分别增长12%和4.7%，两国合计占泰国出口总额的21%；自两国分别进口354.4亿美元和152亿美元，分别增长9.4%和1.2%，两国分别占泰国进口总额的14.1%和6.1%。美国是泰国最大的贸易顺差来源地，2018年顺差额为125.7亿美元，增长9.3%。对中国香港地区的贸易顺差额为94.6亿美元，增长1.4%。贸易逆差主要来自中国和日本，2018年逆差额分别为205.3亿美元和107.2亿美元。

长期以来，中国和泰国的贸易一直在持续发展。中国是泰国最大的贸易伙伴，而泰国是中国在东盟国家中的第三大贸易伙伴，近二十年来中国与泰国双边贸易除2009年外，均为增长状态，泰方贸易逆差在一点点减小，甚至在2015年处于顺差地位，双边贸易额在2018年创新高。2015—2018年两国双边贸易额年度增长较为平稳，如图5-14所示，2018年，中国与泰国双边货物进出口额为878.7亿美元，增长了9.7%。其中，泰国对中国出口449.2亿美元，增加8.0%，占泰国出口总额的18.9%；泰国自中国进口429.5亿美元，增加11.5%，占泰国进口总额的17.3%。泰国顺差19.7亿美元，减少35.7%，中国为泰国第一大出口市场和第一大进口来源地。2019年中泰贸易额达917.5亿美元，中国连续7年成为泰国第一大贸易伙伴；2019年当年，中国在泰国投资额达到9.02亿美元，历史上首次超过日本，成为泰国最大境外投资来源地。

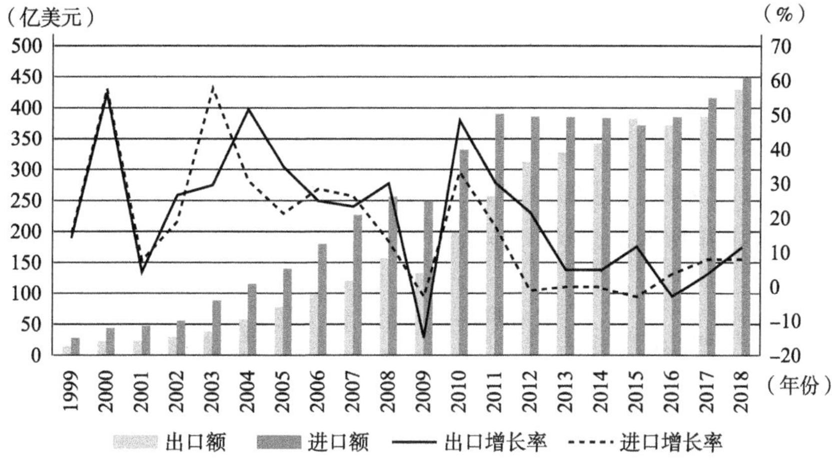


**图5-14 1999—2018年中国与泰国贸易额统计**

数据来源：国际贸易统计数据库（https：//comtrade.un.org/data/）。

2. 贸易结构

分商品看，机电产品、运输设备和塑料、橡胶是泰国的主要出口商品，2018年出口额分别为779.4亿美元、328亿美元和300.3亿美元，分别增长4.9%、4%和4.1%，三类产品合计占泰国出口总额的56.3%。另外，食品饮料出口191.5亿美元，增长4.1%，占泰国出口总额的7.7%。进口方面，机电产品、矿产品和贱金属及其制品是泰国的主要进口商品，2018年进口额分别为752亿美元、435亿美元和314.3亿美元，分别增长7.9%、37.5%和10.5%，三类产品合计占泰国进口总额的59.8%。此外，化工产品进口206.4亿美元，增长11.2%，占泰国进口总额的8.2%。

从贸易结构上看，2018年两国进出口贸易互补性比较低，中国自泰国进口塑料、橡胶等加工程度较低的产品以及机电产品等劳动密集型产品，对泰国出口的也多为机电产品等劳动密集型产品，随着泰国制造业的发展，中国和泰国的贸易互补性将逐渐降低。2018年中国自泰国进口的前5位产品是塑料、橡胶，机电产品，植物产品，化工产品，矿产品，占中国自泰国进口总额的比重分别为27.40%、22.50%、11.00%、10.40%和4.70%，上述五大类商品的进口额分别是81.32亿美元、66.78亿美元、32.79亿美元、30.92亿美元和13.98亿美元，占中国自泰国进口总额的76.00%。同年，中国对泰国出口的前5位产品是机电产品，贱金属及其制品，化工产品，塑料、橡胶，纺织品及原料，占中国对泰国出口总额的比重分别为46.90%、15.40%、9.30%、5.80%和4.40%，上述五大类商品的出口额分别是235.71亿美元、77.14亿美元、46.61亿美元、29.09亿美元和21.91亿美元，占中国对泰国出口总额的81.80%（见图5-15）。在上述产品中，日本、美国、澳大利亚和马来西亚等是中国的主要竞争对手。

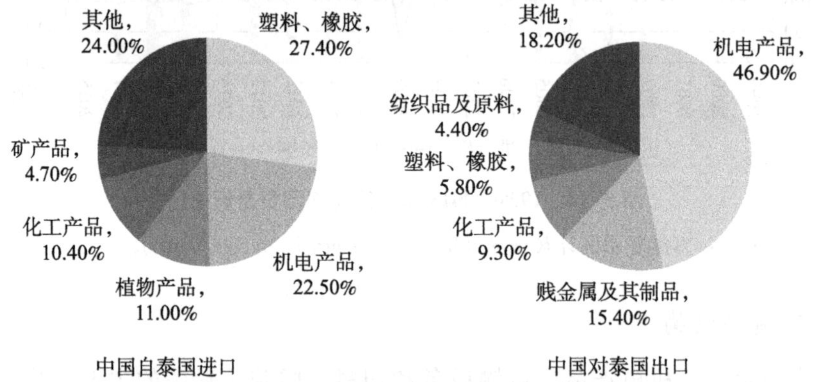


**图5-15　2018年中国与泰国主要贸易品金额占比**

数据来源：中国商务部（https：//countryreport. mofcom. gov. cn/）。

## （二）中泰双边贸易存在的问题

1. 中泰贸易领域同质化问题

中泰两国相互的进口商品结构存在较强的相似性，主要表现在机电产品和纺织服装等商品上，主要原因在于两国的产业结构相似。两国都是农业大国，农业产品的贸易结构存在相似性和重叠现象。此外，中国和泰国有着共同的出口市场，例如欧盟、日本、美国和其他东盟成员国，因此在出口贸易中，两国处于较强的竞争地位，国内产业政策、贸易政策的变动都可能影响对方产业在国际分工中的竞争力和竞争地位，带来两国的贸易摩擦，阻碍两国经济合作和双边贸易的发展。

2. 双边贸易发展不平衡

2010 年中国—东盟自贸区成立，为中泰双边贸易带来发展机遇，中泰双边贸易总额不断增加，相互的贸易地位逐年提升。但是双方经济发展速度不对等是客观存在的事实。双边贸易额占泰国总贸易额的比重远高于其占中国总贸易额的比重，这说明两国处于贸易不平衡状态。

3. 中国和泰国政治制度和文化存在差异，影响两国间贸易畅通

从文化角度看，中国和泰国虽同为亚洲国家，但社会文化习俗存在很大差异，体现在饮食、衣着、交流等方面，容易因文化冲突形成贸易障碍。因此，要想增进中国和泰国之间的贸易合作，必须减小两国之间因社会文化差异而带来的贸易冲突，增强两国人民、企业、政府间的贸易互信和文化共鸣，促进贸易畅通。

### （三）中泰贸易发展对策

1. 建立互补产业链，优化双边贸易结构和产业结构

两国贸易商品结构呈现互补性和竞争性并存的特点。在当前激烈的国际竞争环境下，贸易商品结构相似将会严重影响两国贸易合作。因此，中泰两国应着力放大产业间的“互补性”，缩小贸易商品结构的“相似性”，通过建立互补产业链，缓解贸易商品结构相似而带来的双边贸易摩擦。两国可立足资源禀赋优势，挖掘互补性贸易潜力，拓展贸易领域和商品种类，适当减少相互竞争性贸易，营造互利共赢的合作氛围。两国可借助不同的资源或要素禀赋，探索并大力发展互补性的贸易产业，重点推进泰方具有极强竞争优势且中泰两国具有互补性特征产品的贸易合作，泰国利用劳动力优势和资源禀赋优势，提升农产品对中国的出口吸引力，中方则可适度扩大进口泰方的木薯制品等农产品、橡胶制品等工业原料，同时推动两国橡胶产业领域合作，鼓励和引导中国相关企业“走出去”，参与泰国橡胶产业的精深加工及相关制造业领域投资合作。

2. 加大互补性产业投资力度，提升贸易合作层次

加强中泰两国互补性经济产业对接合作，构建国际合作产业链，可转变单纯依赖资源等初级产品进口的“粗放型”扩张模式。泰国是当今世界第一

大橡胶生产国与出口国，也是中国橡胶进口的第一大来源地，其橡胶进口占中国自泰国进口总额的10%以上。随着中国国内经济快速发展，汽车工业产品需求旺盛，对橡胶产品的需求将大量增加，而国内长期严重自给不足，进口贸易潜力巨大。因此，可立足两国资源禀赋优势，推进中泰两国橡胶产业领域的合作，鼓励和引导中国相关企业"走出去"，参与泰国橡胶产业的精深加工及相关制造业领域投资合作，提升附加值，延伸价值链，实现双边贸易更大发展。

3. 积极参与"一带一路"倡议背景下的经贸合作

泰国的发展规划及战略与中国推动的"一带一路"和国际产能合作战略具有高度的契合性，泰国政府积极响应"一带一路"倡议，主动将国家发展战略与澜湄合作、"南向通道"等区域合作对接，开展与中国的友好合作。目前中国在电子商务领域居世界领先地位，泰国正强力推进当地电子商务的发展，并与中国阿里巴巴等电子商务公司达成合作。除此之外，泰国投资促进委员会（BOI）批准设立新的创新孵化中心，推出智能城市投资激励计划等。这些产业政策为中泰贸易发展提供了新思路。中国可以借助自身的电子商务、科技和创新实力优势，探索中泰贸易合作新领域，改善双边贸易现状。同时泰国也可以借助中国技术实力，改善国内产业结构。"一带一路"倡议强调互联互通，在基础设施建设领域，中国可充分利用中泰两国的友好关系和政治互信，大力推动与泰国在港口、桥梁、道路等基础设施建设项目上的投资合作。

## 八、中国与埃及双边贸易发展状况

### （一）中埃双边贸易概况

中国和埃及同为文明古国，深厚的文化底蕴为两国的经贸合作打下了良好的基础。近年来，中埃经贸合作蓬勃发展，中国已成为埃及第一大贸易伙伴。2014年，习近平主席与埃及总统塞西决定将中埃关系提升为全面战略伙伴关系，为两国合作打造新格局。2016年1月，国家主席习近平对埃及进行了国事访问，在发表的《中华人民共和国和阿拉伯埃及共和国关于加强两国全面战略伙伴关系的五年实施纲要》中表示双方同意在"一带一路"倡议框架下加强合作，特别是中方支持埃及政府为实现埃及经济复苏制订的各项计划，加强双边投资关系，让两国经贸方面的务实合作驶入快车道。2019 年 11 月，埃及参展商在第二届中国国际进口博览会期间达成意向成交额 8426 万美元，较首届增长 98.3%。未来，中国对埃投资也将继续向埃及重点发展领域倾斜，新能源、电动汽车、航天、通信等一些科技含量高的新兴产业有望成为双方合作的新增长点，这也将为中埃共建“一带一路”合作注入新动力。

中埃经济结构高度互补。中国是工业品制造大国，埃及是工业品消费大国。中国制造需要大量资源与能源，埃及是中国能源与资源的潜在重要提供者。两国经济的合作呈现明显的工业与原料、生产与消费的互补关系，中埃贸易迅速稳步增长。矿产品、植物产品和塑料橡胶是埃及对中国出口的主要商品，埃及自中国进口的主要商品是机电产品、纺织品及原料、贱金属及其制品。中国是埃及机电产品的首要进口来源地，占比为 32.4%。中国还是埃及纺织品及原料、家具玩具和陶瓷玻璃的第一大进口来源国，分别占埃及同类产品进口市场份额的 44.7%、49.1%和 32.5%。

1. 贸易量

改革开放前双方的经济贸易规模不过几千万美元，1999 年双方建立战略伙伴关系之后双边贸易大幅增长，2001—2008 年，中国对埃及的出口总体上呈现增长趋势，受 2009 年全球经济危机波及，出口下降，2010 年开始恢复并逐步增长。自 2013 年，中国对埃及贸易额超过美国，成为埃及第一大贸易伙伴，2015 年达到双边贸易额最高点。2016 年埃及经济遭遇危机，通货膨胀率在过去 30 年来首次上涨到 20%，内债 6000 亿埃镑，外债 546 亿美元，这导致了 2016 年和 2017 年中国对埃及出口持续缩减。2018 年出口情况快速好转，达到了 18 年来的最大值。从 2001 年的 8.7 亿美元，到 2018 年的 120.2 亿美元，中埃两国的经贸关系展现出了巨大的活力。如图 5-16 所示，2018 年，中国与埃及双边货物进出口额为 138.3 亿美元，增长 27.7%，其中，埃及对中国出口 18.4 亿美元，增长 37.0%，占埃及出口总额的 3.5%；埃及自中国进口 119.9 亿美元，增长 26.4%，占埃及进口总额的 14.2%。埃及方逆差 101.5 亿美元，增长 25.1%，目前，中国是埃及最大的贸易伙伴，中国成为埃及第九大出口市场和第一大进口来源地，双方在工业、能源、电信、基础设施建设等领域开展了全方位的合作。

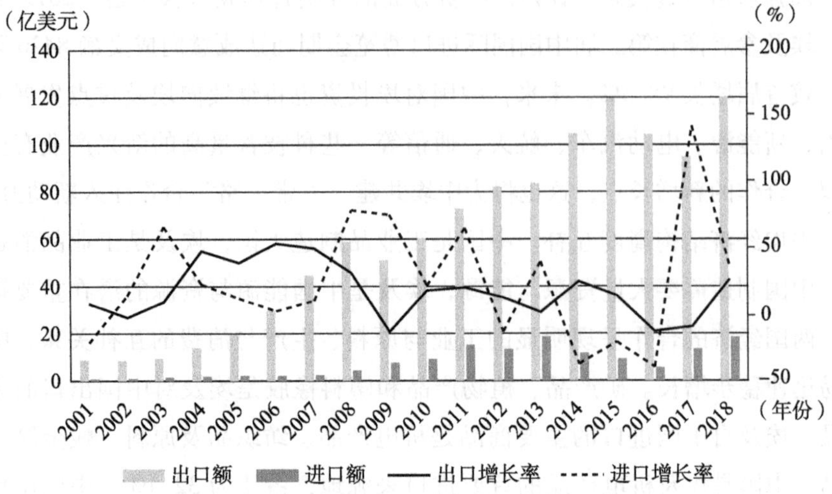


**图 5-16　2001—2018 年中国与埃及贸易额统计**

数据来源：国际贸易统计数据库（https：//comtrade. un. org/data/）。

2. 贸易结构

从贸易结构上看，2018 年两国进出口贸易主要体现为互补性，中国自埃及进口的多为矿产品等资源型产品，而对埃及出口的多为机电产品、纺织品及原料等劳动密集型产品，两国具有显性比较优势的各类商品基本不重叠，在双边贸易中有很强的互补性，且双边贸易中各自具有比较优势的商品在双边贸易额中所占的比重多。2018 年中国自埃及进口的前 5 位产品分别是矿产品，植物产品，塑料、橡胶，化工产品，纺织品及原料，占中国自埃及进口总额的比重分别为 79.77%、4.76%、4.73%、4.43%和 3.45%，上述五大类商品的进口额分别是 14.63 亿美元、0.87 亿美元、0.87 亿美元、0.81 亿美元和 0.63 亿美元，占中国自埃及进口总额的 97.14%。同年，中国对埃及出口的前 5 位产品分别是机电产品，纺织品及原料，贱金属及其制品，运输设备，塑料、橡胶，占中国对埃及出口总额的比重分别为 31.44%、18.52%、12.39%、6.32%和 6.27%，上述五大类商品的出口额分别是 37.79 亿美元、22.26 亿美元、14.90 亿美元、7.59 亿美元和 7.54 亿美元，占中国对埃及出口总额的 74.94%（见图 5-17）。

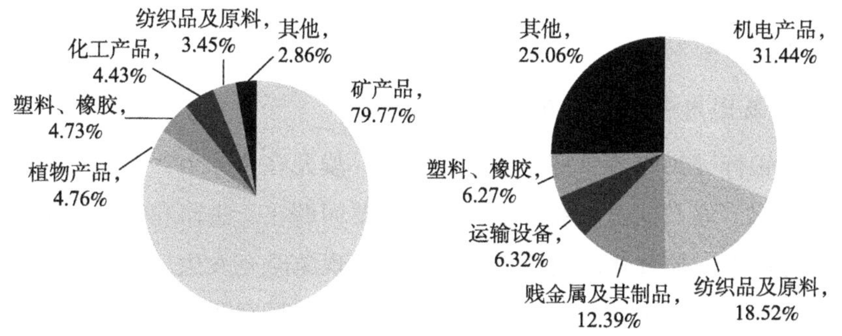


中国自埃及进口　　　　中国对埃及出口

**图 5-17　2018 年中国与埃及主要贸易品金额占比**

数据来源：国际贸易统计数据库（https：//comtrade. un. org/data/）。

## （二）中埃双边贸易存在的问题

### 1. 中国在埃及的投资缺乏比较优势

中国在埃及的投资类型以及投资规模都急需转型。相对欧美国家集中在油气开发、汽车、通信、金融等领域的投资，中国企业在埃及的直接投资项目主要聚集在低附加值的纺织业、建材业、机电、汽车配件等传统产业，投资规模小。另外，从企业类型来看，中国在埃投资主体主要为民营企业，这类企业应变能力和抗风险能力不高，回报率低。

### 2. 埃及国内贸易保护主义严重

由于政局动荡和经济不景气，埃及贸易保护主义有抬头之势，针对中国的反倾销案例逐渐增多。2013 年至今，埃及已发起多项针对中国相关产品的反倾销调查。由于当前埃及自中国的进口主要集中在纺织、鞋类、服装和化工产品，埃方的高额关税对中国出口极为不利。此外，埃及政府还出台了一些不利于贸易便利化的规定。2016 年 1 月，埃及央行发布新规，要求自 1 月 19 日起，所有贸易单据必须通过央行交易，不允许进出口商之间直接交单。[①] 此举抬高了贸易门槛，增加了小额商品交易成本和难度，极大地影响了金额规模小、零散性强的中埃贸易。在承包工程方面，埃方规定必须选择当地分

---

① 王瑛，张玉荣，杨飞飞．“一带一路”倡议下中埃经贸合作的动力基础与障碍分析［J］. 对外经贸实务，2017（11）：29-32.

包商、雇用外国雇员和埃及本地雇员的比例必须为 1∶10 等，为中方企业在埃投资带来诸多不便。

3. 埃及国内营商环境有待改善

世界银行《2019 年营商环境报告》中，埃及在全球 190 个国家和地区中排第 120 名。埃及国内营商环境存在的主要问题在于法律和偿付体系缺乏稳定性和透明度，导致外汇短缺、拖欠款项等现象时有发生。此外，埃及在国际产能合作所需的工业基础、工业技能水平、市场意识、创业精神、配套的教育水平和国际竞争力等方面的情况不尽如人意。埃及国内较高的负债率掣肘公共投资，快速上涨的土地、人力、水、电、油等各类生产要素价格也会对投资成本产生影响。腐败问题也是影响中埃经贸合作的不利因素。直到今天，埃及个别部门的官僚主义和政策多变，导致行政部门仍然存在办事难、办事繁的问题。同时，埃及人时间观念弱、办事效率低也会对双边贸易带来负面影响。

**（三）中埃贸易发展对策**

1. 扩大中埃经济合作规模总量，构建经济共同体

中埃双边贸易和投资贸易发展迅速，但双边贸易额相对较小。埃及拥有相对丰富的劳动力资源，加上其丰富的自然资源，相关产品在欧盟、阿拉伯联盟和非洲大陆自贸区享受零关税待遇，中国应该鼓励更多的纺织、轻工等劳动密集型产业转移到埃及，借助其区位和交通优势，拓展北非、中东和欧洲市场。此外，中国还可以扩大从埃及的进口，如矿产、棉花、水果、石油和天然气等，解决贸易不平衡问题，降低贸易顺差，扩大中埃经济合作规模。

2. 把握建立非洲大陆自贸区的机遇

2018 年 3 月 21 日，44 个非洲国家签署了非洲大陆自由贸易区框架协议（AfCFTA），截至 2019 年，签署协议国家总数上升到 52 个，这将形成一个包括 12 亿人口、2.5 万亿美元经济总量的巨大市场，① 必然会大大增加非洲市场的内部需求。中国应抓住机遇，深化中埃投资合作的力度，规避贸易壁垒，通过对外直接投资形式扩大对埃及出口，拓展非洲大陆自贸区市场。

---

① 孙归源．中国与埃及双边贸易关系研究［J］．对外经贸，2019（7）：16-19.

3. 持续推进中埃苏伊士运河合作区的建设

作为中埃合作的标志性项目，中埃苏伊士运河经贸合作区是两国在不同经济结构、管理模式以及文化差异背景下建立的合作典范。2017 年 5 月，埃及议会通过新《投资法》，对包括简化审批程序、缩短审批时间、畅通投诉渠道等具体内容的行政管理程序进行了大规模修改，这为合作区招商引资提供了有利条件。应该积极推进完成规划中的后期项目，发挥苏伊士运河合作区作为中国在埃及的立足点甚至非洲的立足点的作用。

4. 探索多渠道、多领域、多模式的经贸合作

中埃经贸合作应抓住关键节点、重点工程，通过参与埃及“苏伊士运河走廊经济带”、修建新的行政首都等项目，推动形成区域经济合作共赢发展新格局。此外，中方应积极推进贸易投资便利化，加强对投资方向的引导，加快“大通关”机制建设，提高口岸检测能力，加强信息互换、监管互认、执法互助。还可通过办展、参展等形式，扩大埃及商品对中国的出口，缓解埃及对中国的贸易逆差。

## 九、中国与土耳其双边贸易发展状况

### （一）中土双边贸易概况

土耳其地跨亚、欧两大洲，作为国际贸易的中转地，是亚欧两大洲经贸发展的重要桥梁，中国和土耳其之间的关系历史久远，两国分别位于亚洲的东西端，随着“一带一路”倡议的推进，两国经贸合作不断深入。2014 年完工的安卡拉—伊斯坦布尔高速铁路是中国企业在海外承建的第一个高速铁路项目，该铁路对深化中土两国双边经贸合作产生了长期而深远的影响。2018 年 10 月，中车株洲电力机车有限公司与土耳其伊斯坦布尔市政府签订合同，中国将向土耳其出口 5 亿美元的轻轨车辆，中土“一带一路”合作再结硕果。农产品对华出口是中土经贸合作的重要组成部分，2019 年 6 月，土耳其开始对华出口樱桃，同年 11 月，中国和土耳其企业在伊斯坦布尔签订农产品战略合作协议，旨在将土耳其优质干果、水果和特色农产品引入中国，为将来更深层次的合作开启良好开端。

1. 贸易量

随着国民经济的快速发展，土耳其对外贸易总值和数量不断增加。2018年外贸总额3909亿美元，其中进口2229亿美元，出口1680亿美元。土耳其的主要出口产品是农产品、食品、纺织品、服装、金属产品、车辆及零配件等。近年来，钢铁、汽车、家电及机械产品等逐步进入国际市场。其中汽车、机械设备和纺织品是土耳其出口的前三大类商品。

自中土建交之后，双边贸易发展迅速，但总体而言，双边贸易总量不大，中土两国间经贸活动仍处于较低水平，发展和提升空间较大。2018年中国成为土耳其全球第三大贸易伙伴。如图5-18所示，2014—2018年中国和土耳其双边贸易额出现下降态势，2017年有回升，但幅度不大，土耳其对中国的出口额和土耳其自中国的进口额都没有新的突破。据我国商务部统计，2018年中土双边贸易额为215.5亿美元，同比下降1.6%。其中，土耳其对中国出口37.6亿美元，同比下降0.6%；土耳其自中国进口177.9亿美元，同比下降1.8%，中国为土耳其第十六大出口市场和第二大进口来源地。

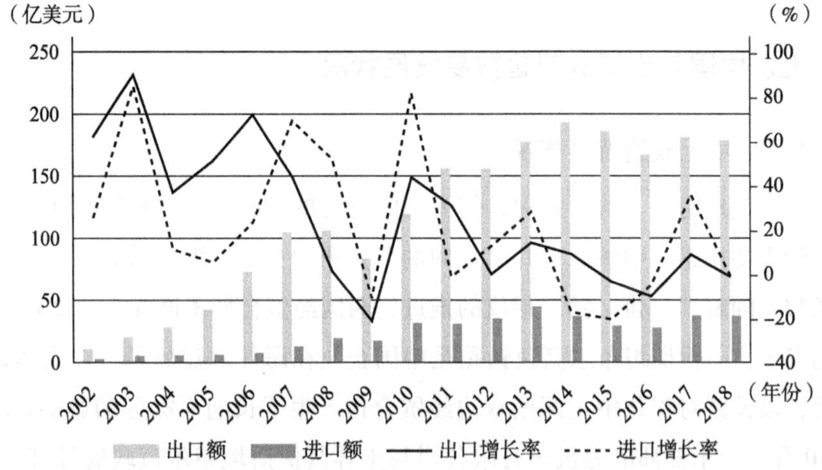


**图5-18 2002—2018年中国对土耳其贸易额统计**

数据来源：国际贸易统计数据库（https：//comtrade. un. org/data/）。

2. 贸易结构

中国矿产资源缺乏，土耳其是全球十大矿产资源国之一，所以矿产品一直是土耳其对中国出口的最主要产品，而土耳其自中国进口的主要商品为机电产品、纺织品及原料和化工产品，两国贸易具有互补性。2018 年中国自土耳其进口的前 5 位商品是矿产品、化工产品、纺织品及原料、机电产品和贱金属及其制品等，占中国自土耳其进口总额的比重分别为 50. 70%、13. 40%、8. 40%、7. 90% 和 4. 80%，上述五大类商品的进口额分别是 14. 79 亿美元、3. 89 亿美元、2. 45 亿美元、2. 30 亿美元和 1. 38 亿美元，占中国自土耳其进口总额的 85. 20%，土耳其对中国贵金属及制品出口增长较快，增长率约达 3 倍。同年，中国对土耳其出口的前 5 位商品是机电产品，纺织品及原料，化工产品，贱金属及其制品，塑料、橡胶，占中国对土耳其出口总额的比重分别为 49. 20%、9. 90%、9. 80%、8. 60% 和 4. 80%，上述五大类商品的出口额分别是 101. 96 亿美元、20. 54 亿美元、20. 27 亿美元、17. 72 亿美元和 10. 03 亿美元，占中国对土耳其出口总额的 82. 30%（见图 5-19）。

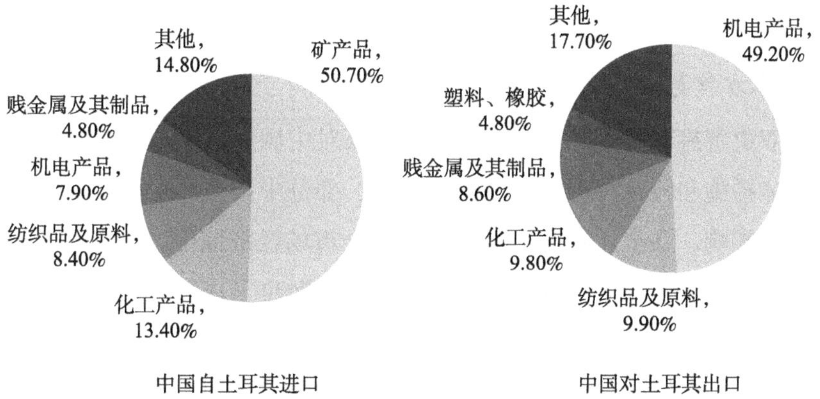


**图 5-19　2018 年中国与土耳其主要贸易品金额占比**

数据来源：中国商务部（https：//countryreport. mofcom. gov. cn/）。

## （二）中土双边贸易存在的问题

### 1. 经贸关系不均衡性成为瓶颈

近年来，中国与土耳其双边贸易逆差已成为长期存在的问题，并且呈现出不断增长的趋势。究其原因，除了两国经济体量的悬殊外，土耳其国内产业结构尚未完成转型，进出口结构较为单一也是重要的因素。土耳其对中国出口的前三大类产品，矿产品、化工产品和纺织品及原料就超过了土对中出口总量的70%。贸易商品的单一化、矿产品贸易占比相对较大直接导致两国的贸易极易受到国际原材料价格波动以及国际经济环境的干扰，贸易额与贸易增长率容易出现剧烈波动。

2. 陆上交通有待发展

土中两国的交通运输现状都难以满足当前国际贸易发展的需求。土耳其处于西亚东欧的位置，与中国间隔了整个中亚地区。通过进出口产品的结构来看，两国由于多是就工业产品或者劳动密集型产品进行交易，依靠航空运输成本太高；陆路交通距离遥远，要途经伊朗、土库曼斯坦、乌兹别克斯坦、哈萨克斯坦等多国才能进入中国境内，经由新疆等中国西部省区，才能进入中国中东部地区市场，目前两国国际贸易主要通过海运进行，运输效率有待提升。这些都为双边贸易关系的发展造成极大不便。两国应尽快找到有效途径解决交通运输的问题，如管道、桥梁等设施建设，还需要与其他各国达成合作协议，出台互利共赢的合作政策。

3. 土方贸易政策存在对中方不利的因素

受双边贸易不平衡等因素影响，土耳其对中国产品采取了多项包括反倾销、保障措施和特保在内的贸易救济措施，部分中国产品对土耳其的出口受到了较大影响，且土耳其拒绝给予中国完全市场经济地位。土耳其的反倾销法律制度基本参考欧盟，对市场经济地位的判断也采用与欧盟相同的五条标准。此外，尽管土方在双边场合中承诺将在个案基础上给予中国企业市场经济地位，但截至目前，土耳其调查机关未给予任何中国应诉企业市场经济地位，甚至仅根据产业或国家政策就拒绝给予中国具体企业市场经济地位，也很少给予中国应诉企业单独税率待遇。

## （三）中土贸易发展对策

1. 加强产能合作，提升两国产业竞争力

土耳其作为世界中等强国，对中东、中亚、巴尔干地区的国家都有一定的影响力，是中国在"一带一路"沿线国家中的天然合作伙伴。两国已在原有的双边贸易协定、投资保护协定的基础上，签署了一系列涵盖海运、税收、旅游、能源、农业、信息技术等各个方面的双边协议，为产能合作奠定了制度基础。未来，中国应将同土耳其的产能合作放到重要位置，推动与土耳其自由贸易协定谈判，共同开辟和拓展中东、中亚和非洲市场，并积极推动中国企业到土耳其已设立的21个自由贸易区投资，充分享受土耳其政府提供的税收优惠政策。

在两国经贸合作中，中国可以充分发挥在基础设施、能源、金融、电信、互联网、数字经济等领域的一流技术能力和实践经验，促进土耳其在相关领域，尤其是高速铁路、光伏发电、褐煤发电、风电、5G通信网络和电子商务等领域的发展，提升相应技术能力和产业水平。①

2. 合理优化双边贸易结构

合理的双边贸易结构不仅能扭转逆差局面，还能更加合理地使用与分配本国资源，促进经济增长。土耳其和中国两国双边贸易进出口产品结构相对比较单一，集中在纺织品、化工品等领域，应该进一步丰富、调整、优化贸易商品结构，改变结构单一的情况，选择适合对方国家、满足自己利益需求的产品进行双边贸易。土耳其目前对中国出口的产品主要集中在工业领域，应该挖掘出口产品资源优势，尽力缩小贸易逆差。

3. 消除贸易壁垒

土耳其与中国同为WTO与G20成员，应该利用好现有合作对话平台，对贸易政策及制度进行积极的协商和创新，寻求减少贸易壁垒、解决贸易争端的新方法。同时，也应加强防范，建立合理的贸易保护体系支持本国贸易。

## 十、中国与匈牙利双边贸易发展状况

### （一）中匈双边贸易概况

中东欧地区是全球经济增长最具竞争力和最繁荣的地区之一，匈牙利一直是该地区经济增长的亮点国家，发展势头较为强劲。匈牙利是第一个与中国签署关于共同推进“一带一路”建设政府间合作文件的欧洲国家。近年来，在“一带一路”倡议和“17+1合作”框架下，中匈关系日益紧密，两国高层

① 刘毓骅．丝路两端携手进 中土合作谱新篇［N］．国际商报，2019-04-25（B23）．

交往频繁，双边合作不断深化。2017年5月，两国发布建立全面战略伙伴关系的联合声明。2018年中匈双边贸易额达108.8亿美元，同比增长7.5%，匈牙利保持中国在中东欧地区第三大贸易伙伴地位，中国是匈牙利在欧洲以外的第一大贸易伙伴。两国在金融、基础设施建设、经贸合作园区建设、高新技术等领域有着广阔的合作空间。目前，匈牙利是中国在中东欧地区最大的投资目的国。匈牙利工业发展较快，自然资源贫乏，同中国的贸易往来都以机电产品为主，双方贸易互补性不高，因此贸易量小，合作项目较少，但双方经贸合作在基础建设及高科技方面具有巨大潜力。

1. 贸易量

分国别（地区）看，据欧盟统计局统计，2018年匈牙利货物进出口总额为2471.3亿美元，比上年（下同）增长11.6%。其中，出口1258.6亿美元，增长10.6%；进口1212.7亿美元，增长12.8%。贸易顺差45.9亿美元，下降27.0%。

2018年匈牙利对主要贸易伙伴德国的出口额为344.3亿美元，增长8.6%，占匈牙利出口总额的27.4%。匈牙利自德国、奥地利和中国的进口额分别为300.1亿美元、75.9亿美元和75.5亿美元，分别增长10.2%、11.8%和19.8%，分别占匈牙利进口总额的24.8%、6.3%和6.2%。匈牙利的贸易顺差主要来自德国、罗马尼亚、英国和克罗地亚，2018年匈牙利与四国的贸易顺差额分别为44.2亿美元、32.7亿美元、22.9亿美元和21.6亿美元，其中对德国下降1.3%，对罗马尼亚、英国和克罗地亚分别增长10.6%、23.3%和51.2%。匈牙利的贸易逆差主要来自中国和俄罗斯，2018年匈牙利对两国贸易逆差额分别为57.9亿美元和39.3亿美元，分别增长27.7%和94.6%。

中国和匈牙利双边贸易额曾一度大幅下降，但很快呈逐年上升趋势，近十年双边贸易起伏较大，没有新的突破，中国是匈牙利除欧盟外第一大贸易合作伙伴，匈牙利则是中国在中东欧地区第三大贸易合作伙伴。如图5-20所示，2015—2018年两国双边贸易额增长比较稳定。其中，中国自匈牙利进口额增长幅度波动较大，中国对匈牙利出口额增长比较稳定。据欧盟统计局统计，2018年匈牙利与中国的双边货物贸易额为93.2亿美元，增长15.3%。其中，匈牙利对中国出口 17.7 亿美元，下降 0.5%，占其出口总额的 1.4%，下降 0.2 个百分点；匈牙利自中国进口 75.5 亿美元，增长 19.8%，占其进口总额的 6.2%，增长 0.4 个百分点。匈牙利贸易逆差 57.8 亿美元，增长 27.7%，中国成为匈牙利的第三大进口来源地和第十九位出口目的国。

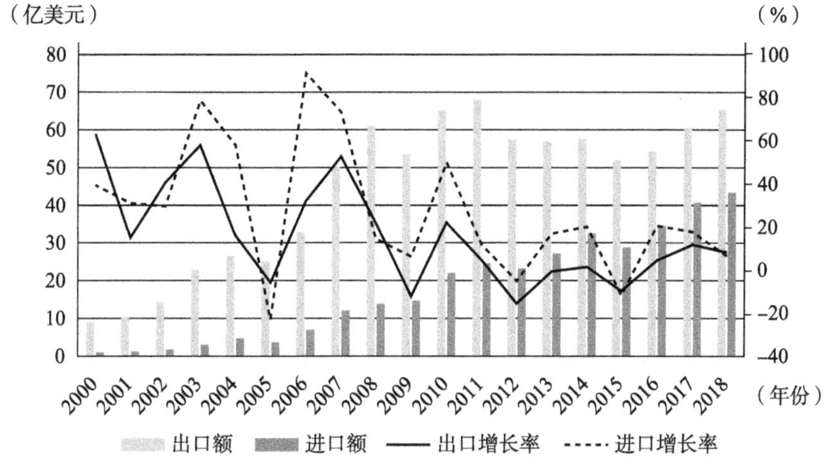


**图 5-20 2000—2018 年中国对匈牙利贸易额统计**

数据来源：国际贸易统计数据库（https：//comtrade. un. org/data/）。

2. 贸易结构

从贸易结构上看，机电产品是匈牙利对中国出口的最主要商品，而匈牙利自中国进口的主要商品也为机电产品。2018 年两国进出口前 5 种产品中有 4 种重叠，中国对匈牙利出口的劳动密集型产品优势不明显，两国贸易互补性不高。2018 年中国自匈牙利进口的前 5 位商品是机电产品，光学、钟表、医疗设备，化工产品，家具、玩具、杂项制品，贱金属及其制品，占中国自匈牙利进口总额的比重分别为 51.20%、11.50%、10.60%、6.60%和 5.60%，上述五大类商品的进口额分别为 9.06 亿美元、2.04 亿美元、1.88 亿美元、1.17 亿美元和 0.98 亿美元，占中国自匈牙利进口总额的 85.5%。同年，中国对匈牙利出口的前 5 位商品是机电产品、纺织品及原料、贱金属及其制品、化工产品和光学、钟表、医疗设备，占中国对匈牙利出口总额的比重分别为 70.10%、5.50%、4.10%、3.80%和 3.30%，上述五大类商品的出口额分别为 52.95 亿美元、4.18 亿美元、3.10 亿美元、2.86 亿美元和 2.50 亿美元，占中国对匈牙利出口总额的86.80%（见图5-21）。匈牙利最大的机电产品进口国为德国，2018年匈牙利自德国进口机电产品130.8亿美元，占匈牙利机电产品进口份额的30.2%，高出中国18.0个百分点。

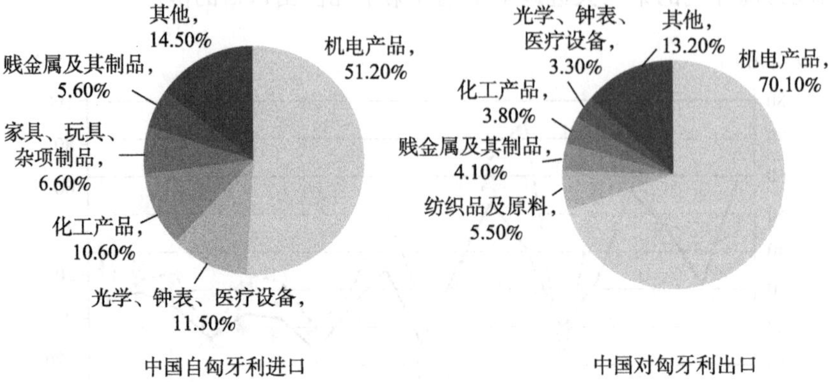


**图5-21　2018年中国与匈牙利主要贸易品金额占比**

数据来源：中国商务部（https：//countryreport. mofcom. gov. cn/）。

## （二）中匈双边贸易存在的问题

### 1. 中东欧地区地缘政治敏感，安全风险较大

中东欧地区的稳定与否一直对中东欧地区国家政治经济社会的发展起着重要的作用，希腊持续不断的危机、马其顿政治危机、巴尔干地区的恐怖主义等非传统安全因素、欧盟的制度与规则限制、欧洲难民危机、匈牙利与波兰在欧盟问题上的分歧以及匈牙利与罗马尼亚政党之间的矛盾等因素，都直接影响到中东欧地区的和平与稳定，关系到欧盟、中东欧十六国等组织各成员之间的合作与发展，进而体现在国际贸易关税、贸易壁垒以及市场准入等方面的问题。中匈双边贸易也受这些因素的影响。

### 2. 中国面临西方国家激烈竞争

中匈两国近十年来的贸易依赖度与贸易密切度较弱，呈现下降趋势，直到2016年才呈现回升的势头。一方面，因为中匈之间双边贸易额相对占比较小；另一方面，匈牙利的主要贸易伙伴仍以欧盟及中东欧十六国成员国为主。欧洲大部分国家为发达国家，对产品的标准和要求较高，欧洲老牌企业在本地市场占据重要位置，中国产品进入欧洲市场面临着西方国家

企业的激烈竞争，不仅要遵循欧洲的高标准，例如，匈牙利基础设施建设及装备遵循欧盟标准，中国所有产品装备都需经过欧盟认证。还要缴纳不菲的认证费用，这在一定程度上削弱了中国企业的竞争优势。因此，我国企业需要树立自己的品牌意识，在品牌、质量等方面形成竞争优势，做到产品经营本土化。

3. 经贸合作投入资金大、回报周期长

自匈牙利制定“向东开放”政策以来，一直积极发展与中国的经济贸易关系，对于中国提出的“一带一路”倡议也表现出积极参与的愿望。自“一带一路”倡议提出以来，中国政府和企业在国外掀起了建立境外经贸合作区的热潮，加工制造型、农业产业型、资源利用型、产能合作型、商贸物流型、科技研发型等各种类型的境外经贸合作区都在积极建设中。中国在匈牙利建立中欧商贸物流园和中匈宝思德经贸合作区，由于受建立时间晚、基础设施不完善、融资难度大、投资存在风险等因素的影响，合作区面临着资金投入大、回报周期长的问题，很难在短期内达到收支平衡。

### （三）中匈贸易发展对策

1. 发挥政府的积极作用

中国政府应积极发展与中东欧国家的外交关系，发挥好政府的桥梁与纽带作用，利用“一带一路”倡议带来的机遇与积极效应，以合作共赢的理念，认真解决问题与矛盾，推动中东欧地区国家的互联互通建设，消除贸易壁垒，降低关税，为企业寻求更多的利益。

2. 深化合作领域，促进贸易多元化

目前看来，中国与匈牙利的商品贸易结构仍然比较单一，两国企业应在巩固原有商品贸易的基础上，加强在信息技术与新能源等新型产业领域的深入合作，研发高附加值产品，并对产业链进行优化，培育新的贸易增长点。同时，政府应鼓励中小企业“走出去”积极参与经贸合作区建设，促进贸易多元化。目前匈牙利本国企业装备生产能力无法满足基础设施建设项目的需求，90%以上的机械设备依靠国外进口，对中国工程机械产品有广泛需求。中资企业在参与匈牙利基础设施建设的同时，可涉足与基建相关的装备制造业，扩大在匈市场份额。此外，还可加强铁路通信技术领域的合作。匈牙利通信基础设施完善，通信市场完全自由化，行业政策宽松，中资通信企业可重点关注这一领域，扩大装备类产品出口。

3. 加强境外经贸合作区与中国本土自贸区的联动效应

中国本土自贸区应积极参与和境外经贸合作区的对接，利用自由贸易试验区和经济特区的关税、通关便利化等方面的优势，降低贸易成本，并充分发挥中欧商贸物流合作园区的桥头堡作用，为打通中国进入欧盟、中东欧地区市场进一步加强中国与欧洲地区国家的合作，并带动沿线国家之间的贸易合作，促进世界范围内经济的增长发挥积极作用。境外经贸合作区与中国本土自由贸易试验区的有效结合，将真正做到"一带双向、内外联动"，形成合作区的示范效应。

## 十一、中国与波兰双边贸易发展状况

### （一）中国与波兰双边贸易概况

中国与波兰经贸关系始于 1950 年，大致经历了三个发展阶段：1950—1989 年政府间协定贸易阶段、1990—2003 年经贸合作转型和发展阶段、2004 年以来中国与波兰友好合作关系框架下新的发展阶段，2011 年两国建立了战略伙伴关系；2012 年，启动中国—中东欧"16+1"合作机制；2015 年，中国与波兰两国缔结《共同进行"一带一路"建设备忘录》。波兰在欧洲连接西欧和中欧，又连接南欧和北欧，这种独特的地理优势使波兰在"一带一路"建设中扮演着重要的角色。波兰是中国在中东欧地区最重要的经贸合作伙伴之一，是本地区首个对华贸易额突破 100 亿美元的国家。① 近年来，两国高层互访不断，经贸领域往来频繁，双边经贸关系发展总体上平稳顺利，贸易额持续增长，相互投资趋向活跃，合作领域不断拓宽。

1. 贸易量

中国与波兰两国经贸合作紧密，中国是波兰第二大进口来源国和在亚洲

① 郭艳．波兰与中国贸易潜力巨大 中欧班列优势凸显——专访波兰驻华大使赛熙军［J］．中国对外贸易，2020（12）：28-29.

的最大贸易伙伴，波兰也是中国在中东欧地区和欧盟内最大贸易伙伴。从图5-22中可以看出，2002—2018年中国与波兰两国双边贸易额持续增长。欧盟统计局统计数据显示，随着中国与波兰双边贸易友好不断推进，贸易深度和广度不断拓展，2013—2018年中国与波兰双边贸易额呈逐年递增态势，2018年，波兰与中国货物进出口额为236.8亿美元，增长13.99%。此外，从2013—2018年波兰与中国的双边贸易额占波兰对外贸易总额的比重变化情况来看，中波双边贸易深度不断加深，从2013年的3.24%增长至2018年的4.49%。欧盟统计局数据显示，2013—2018年，波兰从中国的进口额始终高于对中国的出口额，波兰长期保持逆差贸易结构。2018年，中国为波兰第二十一大出口市场和第二大进口来源地；其中，波兰对中国出口24.9亿美元，增长6.7%，占波兰出口总额的1.0%，与2017年同期持平；波兰自中国进口212.0亿美元，增长14.8%，占波兰进口总额的8.0%；波兰贸易逆差187.1亿美元，增长16.0%，中国是波兰最大的贸易逆差来源国。

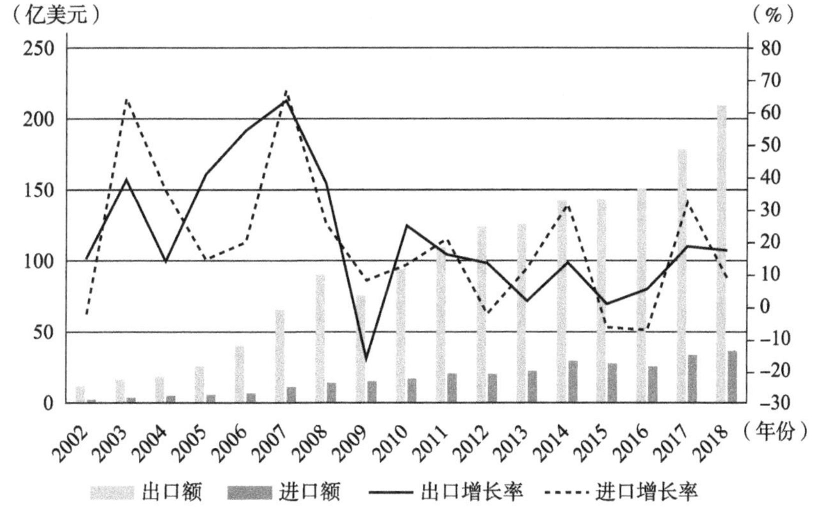


**图5-22　2002—2018年中国对波兰贸易额统计**

数据来源：国际贸易统计数据库（https：//comtrade. un. org/data/）。

2. 贸易结构

从贸易结构上看，波兰对中国的出口产品结构与对全球的出口产品结构显著不同，波兰对中国出口的商品主要为金属、化工等生产原料和运输工具，而中国向波兰出口的商品以轻工产品为主，双边贸易的产品结构具有强互补性。

目前中国从波兰进口的主要商品包括机电产品，贱金属及其制品和塑料、橡胶等产品，2018 年，机电产品，贱金属及其制品，塑料、橡胶，家具、玩具、杂项制品，运输设备是中国自波兰进口的主要产品，分别占中国自波兰进口总额的 29.60%、26.70%、8.30%、7.80%和 4.80%，进口额分别为 7.35 亿美元、6.65 亿美元、2.07 亿美元、1.93 亿美元和 1.2 亿美元，累计出口总额达 19.2 亿美元，占中国自波兰进口总额的 77.20%。另外，木及制品的出口额增幅较多，为 116.7%。相比其他大类的产品，波兰的贱金属及其制品在中国市场最受欢迎，这主要是由于波兰是居俄罗斯之后欧洲第二大、世界第九大产铜国。2016 年铜银矿储量 19.49 亿吨，其中开采量占 87.5%。铜矿主要分布在下西里西亚地区，深度为地下 1200 米；波兰铜业集团股份公司是波兰最大的铜生产商、出口商和世界最大铜、银生产商之一。除此之外，光学、钟表、医疗设备、木及制品等也相对更符合中国市场的需求，占比均远高于 0.95%。

同期，中国对波兰出口最多的商品是机电产品，家具、玩具、杂项制品，纺织品及原料，贱金属及其制品，化工产品，分别占中国对波兰出口总额的 50.60%、9.50%、8.60%、8.20%、4.10%，出口额分别为 107.15 亿美元、20.17 亿美元、18.23 亿美元、17.39 亿美元和 8.65 亿美元，累计金额 171.59 亿美元，占中国对波兰出口总额的 81.00%（见图 5-23）。总体来说，双方贸易结构符合各自比较优势，进一步推动贸易合作潜力巨大。

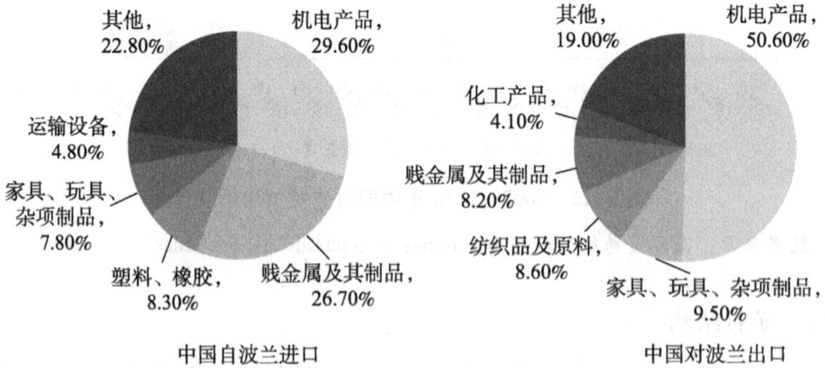


**图 5-23　2018 年中国与波兰主要贸易品金额占比**

数据来源：中国商务部（https：//countryreport.mofcom.gov.cn/）。

### （二）中波双边贸易存在的问题

1. 波兰对中国逆差过大

近年来两国双边贸易逆差持续增加成为客观事实，这是两国间贸易结构性产生的问题，也带来了贸易争端。得益于波兰良好的社会经济环境和低廉的劳动力成本，很多西欧国家都将其自有品牌产品的生产基地或组装工厂设在波兰，其中包括汽车制造、彩电生产、电子产品组装等，甚至从德国出口到中国的产品中很多都是在波兰制造的，而这些数据无法直接反映在双边贸易额中。

2. 两国间贸易在各自对外贸易总额中所占比重较小

自 2013 年中方提出“一带一路”倡议以来，波兰从中国进口额占其对外进口总额的比重明显增大。相比之下，波兰对中国的出口额占其对外出口总额的比重却维持在 1%左右，这也表明在中波双边贸易中，相对进口而言，波兰对中国的出口并未呈现良好的发展态势。从中方角度看，波兰虽然连续十多年一直是中国在中东欧最大的贸易伙伴，但是无论是中国从波兰的进口，还是中国对波兰的出口占中国对外贸易总额的比重都非常小，虽然自 2013 年起呈现逐年增长，但中国从波兰的进口额占中国进口总额的比重仍不足 0.2%，中国对波兰出口额占全部对外出口总额的比重也始终不足 1%。

### （三）中波贸易发展对策

1. 解决波兰对中国逆差过大的问题

波兰与中国长期以来存在的巨大贸易逆差短期内不可能得到解决，但可以采取措施进行缓解。首先，在政治上加强对话和高层互访，利用“一带一路”高峰论坛、“16+1”高层对话和部长级会议等机会扩大双边贸易交往的可能性。其次，在两国各领域商会、协会间加强对话沟通，对产品准入等细则问题多交流，加强商会、协会互访。最后，推动两国海关和检验检疫机构之间的交流与合作，在各行业商品的准入制度和检验检疫标准及海关进出口准则方面深入沟通，提升贸易便利化水平。

2. 解决两国间贸易在各自对外贸易总额中所占比重较小的问题

首先，利用共同建设“一带一路”的良好机遇发展贸易：积极推动中欧班列、蓉欧快铁、"一带一路"倡议背景下的多种类商贸交流，包括丝绸之路展览会、"一带一路"国家进出口商品展等。两国可建立合资公司，共同对货运铁路进行管理，集成运营出入境清关、仓储运输等环节，全面畅通铁路贸易通道，提升贸易便利化水平。其次，鼓励波兰企业积极进入中国电商平台，直接通过 B2B、B2C 等形式宣传推广波兰产品，加强中国市场消费者与进口商对波兰品牌及产品的辨识度和接受度，扩大波兰产品对中国的出口。

## 第六章

# 中国与“一带一路”沿线新兴经济体贸易潜力和贸易效率分析

## 第一节 研究背景与相关概念

### 一、研究背景

随着“一带一路”建设的推进，中国与沿线国家深化经贸合作的前景广阔。

据商务部统计，2018 年中国与“一带一路”沿线国家货物贸易进出口总额达到 1.3 万亿美元，同比增长 16.3%，高出同期中国外贸增速 3.7 个百分点，占外贸总值的 27.4%。其中，中国对沿线国家出口 7047.3 亿美元，同比增长 10.9%；自沿线国家进口 5630.7 亿美元，同比增长 23.9%。双边贸易额的持续增长显示了我国在“一带一路”倡议下的发展潜力，但“一带一路”沿线国家多为发展中国家和新兴经济体，贸易环境颇为复杂。在此背景下，探讨中国与“一带一路”沿线国家之间的贸易发展现状，影响贸易的因素有哪些，未来贸易潜力有多大，有助于认清中国在双边与多边经贸关系中的优劣势，做到有的放矢，使贸易合作更有效率。

目前以“一带一路”为背景对贸易效率和潜力进行的研究集中在两个方向：

一是以“一带一路”沿线国家为样本进行整体的经贸关系研究。崔娜、柳春（2017）将随机前沿模型的一阶和二阶效应都纳入研究范畴，以中国 2006—2014 年对“一带一路”沿线 61 个国家的出口经验为样本计算随机前沿模型。研究结果显示，进口国市场规模对中国出口的正向拉动作用非常显著，中国对沿线国家的出口中约有 30.5%的效率损失，出口效率提升的空间依然较大。程云洁和董程慧（2019）以中国与“一带一路”沿线 64 个国家为研究对象，运用异质性随机前沿引力模型对中国与“一带一路”沿线国家工业制成品出口贸易影响因素、出口贸易效率及出口贸易潜力进行实证分析。陈继勇和陈大波（2018）选择“一带一路”56个沿线国家1996—2013年的面板数据来估计引力模型，发现中国GDP增加、“一带一路”沿线国家GDP增加、美元兑换人民币的汇率上升都使得中国对“一带一路”沿线国家的出口额显著增加，中国对“一带一路”沿线国家的出口额随着国家之间距离的增加而显著减少。张会清（2017）采用2002—2015年数据，利用真实的固定效应模型进行随机前沿分析，发现中国与中亚及独联体地区的贸易效率相对较低，但贸易潜力相对较大；“一带一路”沿线地区在政府治理能力和贸易便利程度方面的缺陷抑制了双边贸易效率，中国积极推进自由贸易协定谈判和扩大对外直接投资，有助于提升贸易效率和实现贸易潜力。孙金彦和刘海云（2016）采用2005—2013年的面板数据，通过构建时变衰减随机前沿引力模型，发现中国与“一带一路”沿线国家的出口贸易效率和总贸易效率均呈随时间递增的变化趋势；“一带一路”沿线国家的实际贸易量与贸易潜力之间的差距应该主要由贸易非效率项来解释。

二是围绕一个核心支点国家或者重点区域进行研究。冯根尧和陈霄（2019）通过随机前沿引力模型对“一带一路”沿线支点国家的文化产品贸易效率和出口潜力进行研究，发现国内生产总值、人口数量、文化距离、外贸依存度对两国间文化产品贸易具有促进作用，而两国间人均国内生产总值差额对文化产品贸易具有抑制作用。雷洋、黄承锋和郑先勇（2018）以2011—2015年的30个主要贸易伙伴国作为研究样本，运用随机前沿分析方法，建立扩展随机前沿引力模型测算中国与伊朗之间的双边贸易效率、双边贸易潜力和拓展空间，发现双方之间的外交定位、自由贸易协定、综合关税水平、物流和运输发展水平等因素能够减少贸易摩擦，减少贸易非效率影响，提升双边贸易额。刘用明、朱源秋和吕一清（2018）选取包括中国与俄罗斯在内的13个“一带一路”沿线国家，采用扩展的随机前沿引力模型研究发现样本期内中方对俄方出口及进出口贸易潜力提升空间持续扩大，中国与俄罗斯的贸易往来中依然存在非效率因素的影响，非技术效率因素影响了实际贸易与贸易前沿的差额，且贸易非效率具有一定的时变性。

本章引入拓展的引力模型，通过对中国与“一带一路”沿线11个新兴经济体国家出口贸易效率和潜力的估计，得出当前贸易实际水平与最优贸易前沿之间的差距，并以此为基点来分析阻碍贸易发展的影响因素，探究我国与“一带一路”沿线国家贸易潜力的影响因素，为进一步推动我国与“一带一路”沿线国家的贸易合作提供相关的政策建议。

## 二、相关概念

1. *贸易效率*

贸易效率是指实际贸易额占贸易潜力的相对大小，即实际贸易水平与理论上所能达到的最佳贸易水平之间的差距。贸易效率取值范围为［0，1］，取值越接近1，代表当前实际贸易值越靠近贸易理论最大化水平；取值越接近0，则表示受到贸易非效率因素的影响，导致当前贸易额未能实现最大化，意味着贸易潜力越大。

2. *贸易潜力*

贸易潜力衡量的是在特定要素组合下，贸易水平可能达到的最优结果。技术发展、产业构成、经济规模、消费能力等因素都对一个国家或地区的贸易潜力产生重要影响。由于非效率因素的存在，导致实际水平低于最优产出量，形成效率损失。

当贸易处于理想状态，即无贸易阻力时，实际贸易规模达到最大值，贸易量与贸易潜力相等，贸易效率为1。若存在贸易阻力，那么实际贸易量会小于贸易潜力。

# 第二节　中国与“一带一路”沿线新兴经济体贸易潜力和贸易效率的实证分析

## 一、模型选择

由于对贸易潜力测算原理的不同理解，当前主要有两种贸易效率估算方法：基于传统贸易引力模型拓展形式的估算方法和基于时变随机前沿引力模型的估算方法。

1. 传统贸易引力模型

传统的贸易引力模型是国际贸易领域对双边贸易额进行定量分析的主流方法，主要用于衡量两个贸易对象之间贸易流量大小与其各自经济规模以及相互距离间的关系。从现有文献来看，最常用的模型是丁伯根（Tinbergen，1962）① 提出的引力模型。标准表达方式为：

$$T_{ij}=A\times\frac{Y_iY_j}{D_{ij}} \tag{6-1}$$

贸易引力模型是测算贸易潜力和效率最常用的方法之一，它将两国间的贸易量看作经济规模、地理距离、制度和文化等变量的函数。传统引力模型只能引入少部分客观贸易阻力，一些可能随时间变化的主观制约因素被完全忽略，模型假定双方的贸易阻力是无摩擦贸易或者是用"冰山成本"来代替，估算出来的贸易拟合值是各种决定贸易的因素的平均效应，在实证分析中，实际存在的影响双边或单边贸易的阻力因素部分被归为不可观测的残差项，导致贸易潜力的估计结果存在偏差。

2. 随机前沿引力模型

传统贸易引力模型在贸易潜力的估计上存在偏误，而在贸易引力模型中借鉴随机前沿分析的方法可以计算出"前沿面"上的最优贸易水平，并且可将影响贸易效率的因素归入贸易非效率项中单独处理，不仅能测算贸易效率与贸易潜力，还能分析其影响因素，因而这种方法得到了广泛应用。②

库普思曼（Koopsmans，1951）③ 针对投入导向和产出导向第一次提出技术效率的定义，法雷尔（Farrell，1957）④ 第一次提出技术效率的前沿估测方

---

① Tinbergen. Shaping the World Economy: An Analysis of World Trade Flows [J]. New York Twentieth Century Fund, 1962, 5 (1): 27-30.

② 周曙东，郑建．中国与 RCEP 伙伴国的贸易效率与影响因素——基于随机前沿引力模型的实证分析 [J]. 经济问题探索，2018 (7): 89-97.

③ Koopsmans T C. An Analysis of Production as an Efficient Combination of Activities [M]. in T. C. Koopsmans, ed., Activity Analysis of Production and Allocation, Cowles Comission for Research in Economics, Monograph No. 13. New York: Wisley, 1951.

④ Farrell M. The Measurement of Productive Efficiency [J]. Journal of the Royal Statistical Society, 1957 (120): 253-290.

法。Aigner、Lovell 和 Schmidt（1977）[①]，Meeusen 和 Broeck（1977）[②] 提出了适用于横截面数据的随机前沿生产函数模型。有学者通过随机前沿生产函数探讨技术无效率的问题，假定技术效率不随时间而变化，并称其为时不变模型。随着研究的时间维度增加，技术效率不随时间而变化的假定被推翻，贝特斯和科埃利（Battese and Coelli，1992）[③] 提出了贸易非效率项的具体表达式，进一步估计了每个样本的时变技术效率。

根据随机前沿引力模型分析的思路，将核心变量、随机扰动变量以及非效率项纳入分析范畴，可构造出随机前沿引力模型，其标准表达式为：

$$\ln T_{it}=\ln(X_{ijt},\ \beta)+V_{ijt}-\mu_{ijt} \tag{6-2}$$

其中，被解释变量 $T_{it}$ 表示 $i$ 国对 $j$ 国在 $t$ 时期的实际贸易额；$X_{ijt}$ 代表经典引力模型中的核心变量，通常包含两国之间的经济总量、人口规模以及地理空间距离等；$V_{ijt}$ 表示随机扰动项服从均值为零、方差为 $\sigma_i^2$ 的正态分布；$\mu_{ijt}$ 代表贸易的非效率项，假定 $\mu_{ijt}$ 为非负，且服从截尾正态分布，同时假定 $X_{ijt}$ 与 $\mu_{ijt}$ 之间互相独立。

从随机前沿引力模型的内涵来看，贸易潜力是随机前沿分析下的最优贸易水平，即可能达到的贸易最大值，此时贸易摩擦为零，贸易非效率为零；贸易效率代表实际贸易额和贸易潜力的比值，用来衡量两国之间的贸易非效率因素。随机前沿引力模型方法属于参数估计方法，最大的优点是将那些促进或限制贸易的因素作为贸易非效率项加以吸收。

随机前沿引力模型的基本设定如下：

$$T_{ijt}=f(X_{ijt},\ \beta)\exp(V_{ijt}-\mu_{ijt}),\ \mu_{ijt}\geqslant 0 \tag{6-3}$$

$$\ln T_{ijt}=\ln f(X_{ijt},\ \beta)+V_{ijt}-\mu_{ijt},\ \mu_{ijt}\geqslant 0 \tag{6-4}$$

$$T_{ijt*}=f(X_{ijt},\ \beta)\exp(V_{ijt}) \tag{6-5}$$

$$TE_{ijt}=T_{ijt}/T_{ijt*}=\exp(-\mu_{ijt}) \tag{6-6}$$

① Aigner, Lovell, Schmidt. Formulation and Estimation of Stochastic Frontier Production Function [J]. Journal of Econometrics, 1977 (6): 21-37.

② Wim Meeusen, Julien Van Den Broeck. Efficiency Estimation from Cobb - douglas Production Functions with Composed Error [J]. International Economic Review, 1977, 18 (2): 435-444.

③ Battese G E , T J Coelli. Frontier Production F unctions, Technical Efficiency and Panel Data: With Application to Paddy Farmers in India [J]. Journal of Productivity Analysis, 1992 (3): 153-169.

其中，式（6-3）是随机前沿引力方程，式（6-4）是其对数形式。$T_{ijt}$表示 $t$ 时期 $i$ 国对 $j$ 国的实际贸易量。$X_{ijt}$是引力模型中双边贸易流量的核心影响因素；$\beta$ 表示待估参数向量；$T_{ijt}*$ 表示 $t$ 时期 $i$ 国对 $j$ 国的贸易潜力（即现有环境下可能达到的最大贸易水平）。$TE_{ijt}$为贸易效率，是实际贸易水平与前沿贸易水平的比值。$V_{ijt}$为随机扰动项，表示面临的外界随机冲击；$\mu_{ijt}$为不可观测的贸易非效率因素，表示贸易的阻力，包含了促进或限制贸易的主要人为因素。假定 $V_{ijt}$服从均值为零的正态分布，$\mu_{ijt}$服从均值为零的半正态分布，$V_{ijt}$与 $\mu_{ijt}$独立分布且均与自变量不相关。

由式（6-6）可知，贸易效率是贸易非效率项的指数函数，可以用于判断双边贸易的效率和潜力。当 $\mu_{ijt}=0$ 时，贸易水平处于前沿面上，达到了最优状态，此时 $TE=1$，实际贸易流量等于贸易潜力。当 $\mu_{ijt}>0$ 时，表示贸易水平处在前沿面之下，存在贸易效率损失，此时 $0<TE<1$，实际贸易流量小于贸易潜力。

在得到贸易效率估计值后，为了进一步分析贸易效率的影响因素，还需要构建贸易非效率模型，找出贸易阻力。根据 Battese 和 Coelli（1995）提出的"一步法"的基本思想，将随机前沿模型和非效率模型结合，贸易非效率模型的基本形式如下：

$$\mu_{ijt}=\delta Z_{ijt}+W_{ijt} \tag{6-7}$$

其中，$\mu_{ijt}$表示 $t$ 时期 $i$ 国和 $j$ 国之间的贸易非效率值；$Z_{ijt}$表示影响贸易效率的外生变量，$\delta$ 为待估参数。$\delta>0$ 表示 $Z_{ijt}$对贸易非效率项有正向影响，即对贸易效率有负向影响；相反，$\delta<0$ 表示 $Z_{ijt}$对贸易效率有正向影响。$Z_{ijt}$表示 $t$ 时期 $i$ 国对 $j$ 国贸易非效率的外生变量；$\omega_{ijt}$表示随机扰动项，服从均值为零的半正态分布，且 $W_{ijt}>-\delta Z_{ijt}$。

将式（6-7）代入式（6-4）和式（6-6），可以得到：

$$\ln T_{ijt}=\ln f(X_{ijt},\ \beta)+\nu_{ijt}-(\delta Z_{ijt}+\omega_{ijt}) \tag{6-8}$$

$$TE_{ijt}=\exp(-Z_{ijt}-\omega_{ijt}) \tag{6-9}$$

采用随机前沿方法对式（6-8）进行估计，可以分析贸易效率的影响因素。

## 二、数据选取与模型构建

### 1. 国家的选取

本章选取埃及、匈牙利、印度、印度尼西亚、马来西亚、巴基斯坦、菲律宾、波兰、俄罗斯、泰国、土耳其等11个“一带一路”沿线新兴经济体国家。在贸易量方面，这11个国家的进出口贸易总额占中国与“一带一路”国家的进出口总额的35.5%。2000年和2018年中国与“一带一路”沿线新兴经济体国家贸易情况见表6-1。

**表6-1 2000年和2018年中国与“一带一路”沿线新兴经济体国家贸易情况**

| 国家 | 2000年向中国进口（亿美元） | 占中国总出口比重（%） | 2000年对中国出口（亿美元） | 占中国总进口比重（%） | 贸易差额（亿美元） |
|---|---|---|---|---|---|
| 埃及 | 8.053 | 0.323 | 1.02 | 0.045 | 7.033 |
| 匈牙利 | 8.971 | 0.359 | 0.995 | 0.044 | 7.976 |
| 印度 | 15.607 | 0.626 | 13.534 | 0.601 | 2.073 |
| 印度尼西亚 | 30.618 | 1.228 | 44.019 | 1.955 | -13.401 |
| 马来西亚 | 35.648 | 1.430 | 54.8 | 2.434 | -19.152 |
| 巴基斯坦 | 6.703 | 0.268 | 4.921 | 0.218 | 1.782 |
| 菲律宾 | 14.644 | 0.587 | 16.773 | 0.745 | -2.129 |
| 波兰 | 8.604 | 0.345 | 0.996 | 0.044 | 7.608 |
| 俄罗斯 | 22.333 | 0.896 | 57.698 | 2.563 | -35.365 |
| 泰国 | 22.432 | 0.900 | 43.807 | 1.946 | -21.375 |
| 土耳其 | 10.778 | 0.432 | 1.267 | 0.056 | 9.511 |
| 国家 | 2018年向中国进口（亿美元） | 占中国总出口比重（%） | 2018年对中国出口（亿美元） | 占中国总进口比重（%） | 贸易差额（亿美元） |
| 埃及 | 119.87 | 0.482 | 18.42 | 0.086 | 101.45 |
| 匈牙利 | 65.40 | 0.263 | 43.42 | 0.203 | 21.98 |
| 印度 | 766.75 | 3.083 | 188.33 | 0.881 | 578.42 |
| 印度尼西亚 | 431.91 | 1.736 | 341.49 | 1.598 | 90.42 |

续表

| 国家 | 2018年向中国进口（亿美元） | 占中国总出口比重（%） | 2018年对中国出口（亿美元） | 占中国总进口比重（%） | 贸易差额（亿美元） |
|---|---|---|---|---|---|
| 马来西亚 | 453.76 | 1.824 | 632.05 | 2.959 | -178.29 |
| 巴基斯坦 | 169.33 | 0.680 | 21.72 | 0.101 | 147.61 |
| 菲律宾 | 350.36 | 1.408 | 206.11 | 0.965 | 144.25 |
| 波兰 | 208.76 | 0.839 | 36.45 | 0.170 | 172.31 |
| 俄罗斯 | 479.65 | 1.928 | 591.42 | 2.769 | -111.77 |
| 泰国 | 428.78 | 1.724 | 446.29 | 2.089 | -17.51 |
| 土耳其 | 177.88 | 0.715 | 37.56 | 0.175 | 140.32 |

数据来源：国家统计局网站。

2. 年份的选取

本章选择的年份范围为2000年到2018年，共19年。

3. 数据来源

两国的双边贸易额数据来源于OECD数据库，单位为百万美元；中国和其他国家的GDP来自世界银行数据库，单位为百万美元；中国和贸易伙伴国的距离来自CEPII数据库，选取其中DISTW距离作为数据，单位为千米，是以绝对距离为基础，通过一个国家内部的城市人口分布加权得出的相对值，衡量贸易的时候优于绝对距离。

4. 模型构建

（1）随机前沿引力模型

在上述理论分析基础上建立双边贸易潜力及效率分析模型，具体表达式如下：

$$\ln T_{ijt}=\alpha_0+\alpha_1\ln GDP_{it}+\alpha_2\ln GDP_{jt}+\alpha_3\ln POP_{it}+\alpha_4\ln POP_{jt}+\alpha_5\ln DIS_{ij}+\alpha_6 NB_{ij}+V_{ijt}-\mu_{ijt} \tag{6-10}$$

其中，$T_{ijt}$表示$i$国在$t$期对$j$国的贸易总额；$GDP_{it}$和$GDP_{jt}$为$i$国和$j$国的国内生产总值，用以反映两国的经济规模，经济规模越大则双边贸易量可能越大，预期符号为正；$POP_{it}$和$POP_{jt}$为$i$国和$j$国的人口数量，反映市场规模，预期符号为正；$DIS_{ij}$表示 $i$ 国和 $j$ 国之间的距离，用两国首都的直线距离表示，反映两国贸易物流成本，预期符号为负；$NB_{ij}$为虚拟变量，衡量两国是否有共同边界，如有共同边界取值为 1，否则取值为 0。贸易双方相互接壤，可以为贸易创造有利的天然地缘优势。随机前沿引力模型变量预期及数据来源见表 6-2。

**表 6-2 随机前沿引力模型变量预期及数据来源**

| 变量 | 含义 | 预期 | 来源 |
| --- | --- | --- | --- |
| $T_{ijt}$ | $i$ 国在 $t$ 期与 $j$ 国的进出口贸易总额 | / | OECD 数据库、UNComtrade |
| $GDP_{it}$ | 第 $t$ 年 $i$ 国的国民生产总值 | / | 世界银行 WDI 数据库 |
| $GDP_{jt}$ | 第 $t$ 年 $j$ 国的国民生产总值 | + | 世界银行 WDI 数据库 |
| $POP_{it}$ | 第 $t$ 年 $i$ 国的人口数量 | + | 世界银行 WDI 数据库 |
| $POP_{jt}$ | 第 $t$ 年 $j$ 国的人口数量 | + | 世界银行 WDI 数据库 |
| $DIS_{ij}$ | $i$ 国与 $j$ 国的地理距离 | - | CEPII 数据库 |
| $NB_{ij}$ | $i$ 国与 $j$ 国是否接壤 | + | 世界银行 |

通过该模型，可以测算出中国与“一带一路”沿线国家双边贸易的效率，同时根据表 6-3 中对应公式计算出双边贸易的贸易潜力（即最优贸易前沿）、贸易潜力提升空间以及贸易增长空间进行测度。

**表 6-3 贸易潜力公式**

| 变量名称 | 对应公式 |
| --- | --- |
| 贸易潜力 | 贸易潜力=实际贸易额/贸易效率 |
| 贸易潜力提升空间 | 贸易潜力提升空间=（拓展贸易潜力÷贸易潜力）-1 |
| 贸易增长空间 | 贸易增长空间=（拓展贸易潜力÷实际贸易额）-1 |

注：拓展贸易潜力可以通过将各样本数据代入已估出参数的时变随机前沿引力方程中求得。

在随机前沿引力模型中，

$$T_{ijt}=f(X_{ijt},\ \beta)\exp(\nu_{ijt})\exp(-\mu_{ijt}),\ \mu_{ijt}\geqslant 0 \tag{6-11}$$

贸易潜力是贸易双方可能达到的最大贸易值，也就是所谓前沿水平的贸易量，与随机前沿中的生产潜力实质是相同的，此时贸易处于理想状态，即无摩擦无阻力，非效率项为零。

贸易潜力表达式为：

$$T_{ijt*}=f(X_{ijt}, \beta)\exp(\nu_{ijt}) \tag{6-12}$$

贸易效率表达式为：

$$TE_{ijt}=T_{ijt}/T_{ijt*}=\exp(-\mu_{ijt}) \tag{6-13}$$

其中，$TE_{ijt}$表示在 $t$ 时期 $i$ 国对 $j$ 国的贸易效率，表示实际贸易额与贸易潜力之比，取值范围介于 0 与 1 之间，同时也是贸易非效率项的指数函数。当贸易处于理想状态，即无贸易摩擦时，$\mu_{ijt}=0$，实际贸易规模达到最大，贸易量与贸易潜力相等，贸易效率为 1；若$\mu_{ijt}>0$ 时，由于贸易阻力的制约，使得实际的贸易量小于贸易潜力；若 $0<TE_{ijt}<1$，贸易效率较低，说明贸易潜力较大。

（2）贸易非效率模型

为深入分析影响贸易非效率的因素，在随机前沿模型的基础上，纳入自由贸易协定、外交关系、物流和运输条件、关税水平等因素，构建贸易非效率模型，具体形式如下：

$$\mu_{ijt}=b_0+b_1FTA_{ijt}+b_2SP_{ijt}+b_3LPI_{ijt}+b_4CPI_{ijt}+b_5TAR_{ijt}+W_{ijt} \tag{6-14}$$

其中，$FTA_{ijt}$为两国是否签订自贸协定，协定生效年份开始取值为 1，否则为 0；$SP_{ijt}$用于刻画两国外交关系和层次，签署了战略伙伴关系取值为 1，否则为 0；$LPI_{ijt}$代表综合物流和运输绩效，绩效越高，则贸易阻力越小；$CPI_{ijt}$为海关运行效率指标，代表贸易便利化水平，效率越高则便利化水平越高，贸易阻力越小；$TAR_{ijt}$代表综合关税水平。

本书采用所有产品的加权平均适用税率指标衡量一国的关税水平，数值越大，表明关税水平越高，贸易阻力越大。

为测算影响贸易效率的因素，可将非效率模型直接代入随机前沿模型中，最终表达式如下：

$$\ln T_{ijt}=\alpha_0+\alpha_1\ln GDP_{it}+\alpha_2\ln GDP_{jt}+\alpha_3\ln POP_{it}+\alpha_4\ln POP_{jt}+$$
$$\alpha_5\ln DIS_{ij}+\nu_{ijt}-(b_0+b_1FTA_{ijt}+b_2SP_{ijt}+b_3LPI_{ijt}+b_4CPI_{ijt}+b_5TAR_{ijt})+W_{ijt} \tag{6-15}$$

贸易非效率模型数据来源见表 6-4。

**表 6-4 贸易非效率模型数据来源**

| 变量 | 含义 | 来源 |
| --- | --- | --- |
| $\mu_{ijt}$ | 贸易非效率 | 随机前沿引力模型 |
| $FTA_{ijt}$ | $i$、$j$ 两国是否签订自贸协定 | 中国自由贸易区服务网站 |
| $SP_{ijt}$ | $i$、$j$ 两国是否为战略伙伴关系 | 中国外交部网站 |
| $LPI_{ijt}$ | 物流综合绩效指标 | 世界银行发展指标数据库 |
| $CPI_{ijt}$ | 海关运行效率指标 | 世界银行发展指标数据库 |
| $TAR_{ijt}$ | 关税水平 | 世界银行发展指标数据库 |

## 三、实证检验

### 1. 随机前沿引力模型的估计结果

运用 Stata16 软件对中国与“一带一路”沿线 11 个新兴经济体双边贸易的随机前沿引力模型进行估计（见表 6-5）。从回归结果看，除了 $\ln GDP_{jt}$变量外，其他解释变量的系数符号都和预期一致，且高度显著。

**表 6-5 随机前沿引力模型回归结果**

| 变量 | 系数 | $t$ 值 |
| --- | --- | --- |
| $\ln GDP_{it}$ | 1. 5429*** | 13. 7573 |
| $\ln GDP_{jt}$ | -0. 8759*** | 1. 5948 |
| $\ln POP_{it}$ | 0. 5336*** | 8. 0388 |
| $\ln POP_{jt}$ | 1. 5406** | 11. 2671 |
| $\ln DIS_{ij}$ | -0. 6004*** | -8. 4374 |
| $\ln NB_{ij}$ | 0. 0619** | 2. 5542 |
| 常数项 | 27. 9864*** | 13. 8428 |
| 对数似然值 | 388. 9655 | |
| LR 检验 | 23. 71 | |

注：***、**分别表示系数统计值在 1%、5%的水平上通过显著性检验。

从回归结果看：

（1）经济规模

ln$GDP_{it}$的系数在1%的水平上通过显著性检验，表明中国的经济规模对双边贸易流量有重要影响。ln$GDP_{jt}$系数为负，与预期不符。

（2）地理距离

ln$DIS_{ij}$系数为负，且在1%的水平上通过显著性检验，系数值为-0.6004，说明地理距离对中国与"一带一路"沿线新兴经济体的双边贸易流量有显著负效应，阻碍了双边贸易发展。

（3）是否接壤

ln$NB_{ij}$系数为正，与预期一致，且在5%的水平上通过显著性检验，系数值为0.0619，表明与中国接壤会对双边贸易产生一定的正效应。

2. 贸易非效率模型的假设检验与估计结果

通过上文随机前沿引力模型的回归结果可获得贸易非效率项的估计值，然后以贸易非效率项的估计值为被解释变量进行回归，从而获得贸易非效率项影响因素的系数。这里使用混合最小二乘法进行估计，结果见表6-6。

**表6-6 贸易非效率模型的回归结果**

| 变量 | 系数 | t值 |
|---|---|---|
| $FTA_{ij}$ | -0.0602** | -3.0095 |
| $SP_{ijt}$ | -0.1762** | -2.7077 |
| $LPI_{ijt}$ | -0.4864** | -6.4217 |
| $CPI_{ijt}$ | -1.8398** | 2.1037 |
| $TAR_{ijt}$ | 0.8975* | 3.7946 |
| 常数项 | 2.1120** | 9.9577 |
| $R^2$ | 0.7941 | |
| 调整后的$R^2$ | 0.8242 | |

注：**、*分别表示系数统计值在5%、10%的水平上通过显著性检验。

从回归结果看：

（1）$FTA_{ij}$系数为负，与预期一致，且在5%的水平上通过显著性检验，说明建立自贸区、签订自贸协定有助于减少贸易阻力和提升贸易效率。

（2）$SP_{ijt}$系数为负，与预期一致，且在5%的水平上通过显著性检验，说明两国的战略伙伴关系有助于提升贸易效率。

（3）$LPI_{ijt}$和$CPI_{ijt}$系数为负，与预期一致，且均在5%的水平上通过显著性检验，说明两国的物流综合绩效、海关运行效率越高，贸易效率越高。

（4）$TAR_{ijt}$系数为正，与预期一致，且在10%的水平上通过显著性检验，说明关税是双边贸易的阻力因素。

## 四、中国与“一带一路”沿线国家的贸易潜力和贸易效率分析

将各变量的原始数据代入已估计系数的随机前沿引力方程，即可得到拓展的贸易潜力，根据式（6-6），可计算出贸易效率。

### （一）中国与“一带一路”沿线新兴经济体贸易潜力和贸易效率的整体分析

样本期内中国与“一带一路”沿线新兴经济体的出口效率平均值为0.5245（见表6-7），这就意味着中国对该地区的出口贸易已经达到最优水平的52.45%。不过，考虑到样本期内，不同国家的情况有很大差异，全样本的平均值并没有太大的意义，还需要做更深入的动态比较与国别比较。为此，本章测算了2018年各个国家的出口效率值。

**表6-7　中国对“一带一路”沿线新兴经济体出口效率及增长率估计（2000—2018年）**

| 年份 | 出口效率 | 出口效率增长率 |
|---|---|---|
| 2000 | 0.4257 | — |
| 2001 | 0.4376 | 0.0279 |
| 2002 | 0.4688 | 0.0712 |
| 2003 | 0.4209 | -0.1021 |
| 2004 | 0.4543 | 0.0793 |
| 2005 | 0.5072 | 0.1164 |
| 2006 | 0.5389 | 0.0625 |
| 2007 | 0.5637 | 0.0460 |
| 2008 | 0.5103 | -0.0947 |
| 2009 | 0.4001 | -0.2159 |

续表

| 年份 | 出口效率 | 出口效率增长率 |
|---|---|---|
| 2010 | 0.4219 | 0.0544 |
| 2011 | 0.5122 | 0.2140 |
| 2012 | 0.5382 | 0.0507 |
| 2013 | 0.6032 | 0.1207 |
| 2014 | 0.5909 | -0.0203 |
| 2015 | 0.6284 | 0.0634 |
| 2016 | 0.6602 | 0.0506 |
| 2017 | 0.6326 | -0.0418 |
| 2018 | 0.6507 | 0.0286 |

整体来看，中国与"一带一路"沿线国家的贸易效率呈上升趋势，从2000年的0.4257逐步增长至2018年的0.6507，而贸易效率的增长率处于波动状态。2000—2018年，中国与"一带一路"沿线新兴经济体之间贸易效率的平均值为0.5245，说明贸易效率虽稳步提升，但仍处于较低水平，存在较大的增长空间。2000—2018年，中国与"一带一路"沿线新兴经济体的贸易总额从424.221亿美元增至6215.71亿美元，出口效率从0.4257上升至0.6507（见表6-7）。在双边贸易规模扩大的基础上，中国与"一带一路"沿线新兴经济体若能进一步提高贸易效率，将更好地释放贸易活力，贸易增长的潜力巨大。

### （二）中国与"一带一路"沿线新兴经济体各国的贸易潜力和贸易效率分析

由表6-8和表6-9可知，2018年，将中国与"一带一路"沿线11个新兴经济体之间的贸易效率进行对比可知，中国对俄罗斯出口效率最高，达到0.7956；从菲律宾进口效率最高，达到0.6851。综合考虑中国与"一带一路"沿线各国当前的实际贸易流量和贸易效率水平，对贸易增长潜力进行评估可以发现，实际贸易流量越大，贸易效率越低，则贸易增长空间即贸易潜力越大。

**表 6-8 中国对“一带一路”沿线新兴经济体出口效率及潜力估计（2018 年）**

| 国家 | （1）中国出口效率 | （2）实际出口额（亿美元） | （3）出口潜力=（2）÷（1） | （4）拓展的出口潜力 |
|---|---|---|---|---|
| 埃及 | 0. 2344 | 119. 87 | 511. 3908 | 383. 5431 |
| 匈牙利 | 0. 4563 | 65. 40 | 143. 3268 | 100. 3288 |
| 印度 | 0. 2863 | 766. 75 | 2678. 135 | 2011. 279 |
| 印度尼西亚 | 0. 6647 | 431. 91 | 649. 7819 | 469. 1425 |
| 马来西亚 | 0. 7184 | 453. 76 | 631. 6258 | 461. 0868 |
| 巴基斯坦 | 0. 2169 | 169. 33 | 780. 6823 | 562. 0913 |
| 菲律宾 | 0. 6955 | 350. 36 | 503. 7527 | 358. 6719 |
| 波兰 | 0. 3624 | 208. 76 | 576. 0486 | 416. 4831 |
| 俄罗斯 | 0. 7956 | 479. 65 | 602. 8783 | 442. 5127 |
| 泰国 | 0. 6386 | 428. 78 | 671. 4375 | 499. 5495 |
| 土耳其 | 0. 4136 | 177. 88 | 430. 0774 | 324. 7084 |

**表 6-9 “一带一路”沿线新兴经济体对中国出口效率及潜力估计（2018 年）**

| 国家 | （1）对中国出口效率 | （2）实际出口额（亿美元） | （3）出口潜力=（2）÷（1） | （4）拓展的出口潜力 |
|---|---|---|---|---|
| 埃及 | 0. 3565 | 18. 42 | 51. 669 | 23. 76774 |
| 匈牙利 | 0. 2856 | 43. 42 | 152. 0308 | 106. 4216 |
| 印度 | 0. 2271 | 188. 33 | 829. 2822 | 588. 7904 |
| 印度尼西亚 | 0. 3145 | 341. 49 | 1085. 819 | 553. 7677 |
| 马来西亚 | 0. 2605 | 632. 05 | 2426. 296 | 1577. 092 |
| 巴基斯坦 | 0. 2995 | 21. 72 | 72. 52087 | 52. 94024 |
| 菲律宾 | 0. 6851 | 206. 11 | 300. 8466 | 243. 6857 |
| 波兰 | 0. 3938 | 36. 45 | 92. 55967 | 81. 45251 |
| 俄罗斯 | 0. 6742 | 591. 42 | 877. 2174 | 385. 9757 |
| 泰国 | 0. 5565 | 446. 29 | 801. 9587 | 513. 2536 |
| 土耳其 | 0. 3475 | 37. 56 | 108. 0863 | 76. 74127 |

## 五、结论

由上文实证分析结果可知，自贸协定、战略伙伴关系、物流综合绩效、海关运行效率和关税水平是制约中国与"一带一路"沿线新兴经济体双边贸易发展的重要阻力。为加速提高贸易效率、充分释放贸易潜力，应深化中国与"一带一路"沿线国家的开放合作，以沿线国家为重点，积极推动自贸区建立，完善现有关税体系，以深化经贸合作，减少贸易壁垒。此外，还要提高运输便利化水平，降低运输成本，大力推进基础设施和国际物流通道建设。

# 第七章

# 中国与“一带一路”沿线发达经济体贸易发展情况分析

## ——以韩国为例

韩国国土面积约10万平方公里，人口5100万，2017年GDP总额约1.5万亿美元。自1992年中韩建交后，经贸往来日益密切，两国在贸易领域的合作迅速展开。2001年中国加入世贸组织，两国贸易往来更加频繁，2004年中韩双边贸易额达900亿美元。2012年5月至2014年11月，双方进行了14轮谈判，《中韩自贸协定》最终于2015年6月1日正式签署，并于2015年12月20日正式生效并第一次降税。这是中国同外国达成的覆盖领域最广、涉及国别贸易额最大的自贸区，意味着两国已经联合形成了12万亿美元规模的巨大经济共同体。协定范围涵盖货物贸易、服务贸易、投资和规则共17个领域，包含了电子商务、竞争政策、政府采购、环境等“21世纪经贸议题”。根据中韩自贸协定的规定，在关税减让方面，《中韩自贸协定》自达成之日起，经过最长20年的过渡期，中方实现零关税的产品将达到税目的91%、进口额的85%，韩方实现零关税的产品将达到税目的92%、进口额的91%。在市场开放方面，中韩两国将对进入本国资本市场的对方金融企业提供互惠待遇，相关审批流程将得到简化，金融市场准入门槛有望降低。

2017年12月，两国签署谅解备忘录，正式启动中韩自贸协定第二阶段谈判。2018年4月中韩自由贸易协定第二阶段首轮谈判在韩国首尔举行，对服务和投资领域的市场准入进行谈判，协商确定《中韩自贸协定第二阶段谈判职责范围文件》。此轮谈判是我国首次使用负面清单方式进行服务贸易和投资谈判的自由贸易协定谈判。2018年7月13日，中韩自贸协定第二阶段第二轮谈判在北京举行。2019年习近平主席会见韩国总统文在寅时指出，双方要加快中韩自由贸易协定第二阶段谈判，不断扩大贸易、科技、财经、环保等领域合作。要积极开展人文交流，巩固中韩民间友好。2020年8月3日，《中韩自贸协定》第三次联委会通过视频会议方式举行。会议期间，双方就《中韩自贸协定》项下货物贸易、经济合作、原产地规则、海关程序与贸易便利化、卫生与植物卫生措施、技术性贸易壁垒、知识产权、贸易救济及中国威海和韩国仁川建设地方经济合作示范区的进展交换了意见。《中韩自贸协定》签署以来，双方已进行6次关税削减，零关税贸易额覆盖率已达总贸易额55%以上，优惠关税利用率持续提升。

《中韩自贸协定》反映了双方推动区域经济一体化的信心，这将为对推动更大范围的区域会谈发挥积极作用，如区域全面经济伙伴关系和亚太自由贸易区。中国提出"一带一路"和亚投行倡议对包括韩国在内的周边国家来说是发展双边贸易的良机。当前，应在"一带一路"倡议的推动下，利用《中韩自贸协定》签署带来的有利机遇，进一步加强中韩经贸合作，实现互利共赢。

建交初期，中国是韩国第六大贸易伙伴，目前，中国是韩国最大的贸易伙伴、最大的出口市场、最大的进口来源国和最大的海外投资目的地。韩国是我国第三大贸易伙伴、第一大进口来源国和第三大出口对象国，也是中国最重要的投资合作伙伴之一。中韩两国的贸易规模从1992年建交时的64亿美元增长至2018年的2473亿美元，扩大了40多倍。

习近平总书记在党的十九大报告中指出："促进自由贸易区建设，推动建设开放型世界经济。"目前，我国已与25个国家和地区签署自贸协定17个，九成以上的出口货物可在自贸伙伴国家或地区享受最低至零关税的关税减让。自贸协定项下的关税优惠成为我国扩大对外开放的重要驱动力。《中韩自贸协定》是我国迄今为止涉及国别贸易额最大的自贸协定，在推进新一轮高水平对外开放过程中，进一步挖掘中韩自贸协定的潜力、促进对韩贸易稳定增长的空间很大。

## 第一节　中韩双边贸易概述

### 一、研究背景

1992年中韩贸易规模进入急速扩大的时期，相较于20世纪80年代不到10亿美元的小规模贸易，1992年中韩进出口总额增长了5倍，韩国出口率达到了144.9%，自此以后中韩贸易势如破竹，以惊人的速度增长，1997年中韩贸易额达到240.6亿美元，直到1998年金融危机席卷东亚，中韩贸易才首次出现负增长。进入2000年，亚洲市场回暖，中韩进出口贸易总额再次呈现增长态势，相较于上一年，进口总额增加了37.8%，随后中韩贸易额增长速度逐步放慢，两国贸易关系进入平稳发展时期。

2003年是中韩贸易关系发展重要的一年，中韩贸易总额首次超过韩美贸易总额，中国成为韩国第一大出口国。2015年，韩国加入了首个由中国倡议设立的多边金融机构——亚投行，同年12月《中韩自贸协定》正式生效，中韩两国经贸关系再次取得突破，达到新的发展水平。到2019年韩国对华出口总额约是韩国对美出口总额的1.85倍、对日出口总额的2.64倍，由此可见，韩国出口企业主要依赖中国市场。目前，中国已成为韩国第一大进出口市场和第一大贸易伙伴国，韩国是中国第三大贸易伙伴国。

机电产品，化工产品和塑料、橡胶是韩国对中国出口的主要产品，2019年三类产品合计占韩国对中国出口总额的74.7%。韩国自中国进口排名前三位的商品为机电产品、贱金属及其制品和化工产品，2019年分别占韩国自中国进口总额的50.2%、11.4%和9.6%。1992—2019年中韩双边贸易情况见表7-1。

**表7-1　1992—2019年中韩双边贸易情况**

| 年份 | 中韩进出口贸易 | | 中国对韩国出口 | | 中国从韩国进口 | | 中韩贸易差额（亿美元） |
|---|---|---|---|---|---|---|---|
| | 总额（亿美元） | 增长率（%） | 出口额（亿美元） | 增长率（%） | 进口额（亿美元） | 增长率（%） | |
| 1992 | 50.3 | — | 24.1 | — | 26.2 | — | 2.1 |
| 1993 | 82.2 | 63.4 | 28.6 | 18.7 | 53.6 | 104.6 | 25.0 |
| 1994 | 117.2 | 42.6 | 44.0 | 53.9 | 73.2 | 36.6 | 29.2 |
| 1995 | 169.8 | 44.9 | 66.9 | 51.9 | 102.9 | 40.6 | 36.1 |
| 1996 | 199.8 | 17.7 | 75.0 | 12.1 | 124.8 | 21.3 | 49.8 |
| 1997 | 240.6 | 20.4 | 91.3 | 21.7 | 149.3 | 19.6 | 58.0 |
| 1998 | 212.7 | -11.6 | 62.5 | -31.5 | 150.1 | 0.6 | 87.6 |
| 1999 | 250.3 | 17.7 | 78.1 | 24.9 | 172.3 | 14.7 | 94.2 |
| 2000 | 345.0 | 37.8 | 112.9 | 44.6 | 232.1 | 34.7 | 119.2 |
| 2001 | 359.1 | 4.1 | 125.2 | 10.9 | 233.9 | 0.8 | 108.7 |
| 2002 | 440.7 | 22.7 | 155.0 | 23.8 | 285.7 | 22.1 | 130.7 |

续表

| 年份 | 中韩进出口贸易 | | 中国对韩国出口 | | 中国从韩国进口 | | 中韩贸易差额（亿美元） |
|---|---|---|---|---|---|---|---|
| | 总额（亿美元） | 增长率（%） | 出口额（亿美元） | 增长率（%） | 进口额（亿美元） | 增长率（%） | |
| 2003 | 632.3 | 43.5 | 201.0 | 29.7 | 431.3 | 51.0 | 230.3 |
| 2004 | 900.7 | 42.4 | 278.2 | 38.4 | 622.5 | 44.3 | 344.3 |
| 2005 | 1119.3 | 24.3 | 351.1 | 26.2 | 768.2 | 23.4 | 417.1 |
| 2006 | 1343.1 | 20.0 | 445.3 | 26.8 | 879.8 | 14.5 | 434.5 |
| 2007 | 1599.0 | 19.1 | 561.4 | 26.1 | 1037.6 | 17.9 | 476.2 |
| 2008 | 1861.1 | 16.4 | 739.5 | 31.7 | 1121.6 | 8.1 | 382.1 |
| 2009 | 1562.3 | -16.1 | 536.8 | -27.4 | 1025.5 | -8.6 | 488.7 |
| 2010 | 1884.1 | 20.6 | 715.7 | 33.3 | 1168.4 | 13.9 | 452.7 |
| 2011 | 2206.3 | 17.1 | 864.3 | 20.8 | 1342.0 | 14.9 | 477.7 |
| 2012 | 2151.0 | -2.5 | 808.0 | -6.5 | 1343.0 | 0.1 | 535.0 |
| 2013 | 2289.2 | 6.4 | 830.5 | 2.8 | 1458.7 | 8.6 | 628.2 |
| 2014 | 2345.0 | 2.4 | 900.7 | 8.5 | 1435.3 | -1.6 | 534.6 |
| 2015 | 2273.7 | -3.0 | 902.4 | 0.2 | 1371.4 | -4.5 | 469.0 |
| 2016 | 2113.9 | -7.0 | 869.6 | -3.6 | 1244.3 | -9.3 | 374.7 |
| 2017 | 2399.7 | 13.5 | 978.6 | 12.5 | 1421.2 | 14.2 | 442.6 |
| 2018 | 2686.4 | 11.9 | 1064.8 | 8.8 | 1621.6 | 14.1 | 556.8 |
| 2019 | 2845.4 | 5.9 | 1109.7 | 4.2 | 1735.7 | 7.0 | 626.0 |

数据来源：根据联合国 UN Comtrade 数据库数据计算整理得出。

2018 年，中国与"一带一路"国家进出口总额最高的前 10 位贸易伙伴分别是韩国、越南、马来西亚、印度、俄罗斯、泰国、新加坡、印度尼西亚、菲律宾和沙特阿拉伯，中国与这些国家的进出口总额占中国与"一带一路"沿线国家的比重合计近 70%。① 韩国是中国在亚洲、大洋洲地区最大的贸易伙伴，中韩双边贸易额达 2686.4 亿美元，占中国对亚洲、大洋洲地区进出口总额的 34.3%。

从"一带一路"沿线各国对外贸易额来看，2018 年，韩国对外贸易额最

① 曲鹏飞."一带一路"倡议与中国海外经济利益拓展及风险规避［J］. 行政管理改革，2019（2）：76-84.

高，达 10508.4 亿美元。其中，出口 5727.3 亿美元，进口 4781.1 亿美元。从贸易额比重看，2018 年韩国对中国的出口额和进口额比重均超过 20%。

中韩贸易快速发展的同时，诸多问题随之暴露，如两国贸易收支不平衡、商品结构不合理、商品竞争日益激烈等问题。因此，对中韩贸易发展现状和合作趋势进行研究，并找出存在的问题，分析原因，在此基础上提出应对措施，是促进中韩贸易协调发展的重要举措。本章主要研究 2000—2018 年中韩贸易情况，结合“一带一路”倡议提出前后中韩贸易发展特点和贸易中存在的问题对两国贸易发展前景做出预测，针对贸易中存在的问题提出促进中韩经贸可持续发展的对策建议。

## 二、中韩贸易发展特点

### 1. 中韩贸易发展迅速，规模持续扩大

1992 年中韩正式建交以后，中韩贸易关系步入正轨，1992 年到 1998 年中韩贸易总额不断增长，1998 年受金融危机的影响贸易额有所下降。进入 2000 年，韩国经济得到一定恢复，中韩经济再次出现一定幅度的增长，此后中韩贸易总额步入相对稳定的发展时期。2015 年 12 月 20 日《中韩自贸协定》正式生效后，双方已实现 4 次关税削减，零关税产品贸易额占比超过 50%。2000—2018 年，中国出口总额增长了近 2 倍，但对韩国出口比例基本维持在 4%左右。双方在保持较高出口额的同时，中国对韩国贸易逆差不断攀升。2018 年，中韩贸易额达 3134.3 亿美元，是 1992 年建交时 50.3 亿美元的 62.3 倍。其中，中国自韩国进口额为 2046.4 亿美元，占韩国出口总额的 33.7%，较上年增长 15.3%；中国对韩国出口额为 1087.9 亿美元，占韩国进口总额的 20.3%，较上年增长 5.9%。①

### 2. 中国对韩贸易逆差严重

自中韩建交以来，在中韩贸易关系中，中国一直处于贸易逆差的地位，且中韩贸易差不断增长，2013 年贸易逆差达到最大值 628.2 亿美元(见图 7-1)。

2015 年《中韩自贸协定》的签署为中韩两国的经贸往来带来活力，但中

① 胡玥，王生．中韩经贸合作面临的问题、趋势与对策［J］．经济纵横，2019（5）：102-108.

国已经成为韩国最大的贸易顺差来源地。同时，中韩贸易结构也存在失衡现象，如中韩产业内贸易发展存在不平衡，双方初级产品、工业制成品等不同产业发展水平有所差别，在两国间要素禀赋和比较优势上的差别导致中韩贸易市场规模上的差异不断扩大。

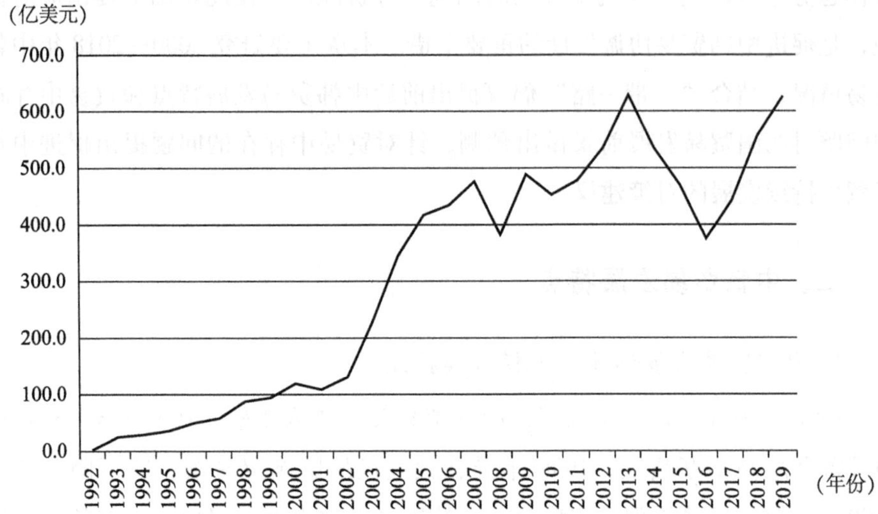


**图 7-1 1992—2019 年中韩贸易差额趋势**

中国对韩国以出口劳动密集型产品为主，近年来中国加工制造的产品在韩国市场上占有相当大的比重，出于保护本国产品的价格优势，韩国针对中国对韩出口的农产品、食品以及食品添加剂、水产品、畜产品和医药及医药原料采取关税保护政策并实行非关税壁垒措施，使中国产品无法以极具竞争力的价格出口韩国市场，对韩出口贸易额下降。中国从韩国进口的商品以机电、化工、塑料等资本或技术密集型产品为主，其中机电化工产品是造成中韩逆差的重要原因。

3. 中韩贸易竞争日益激烈

中韩两国在双边经贸合作中的竞争不断增强，主要表现为双方互补性贸易产品的进出口比重不断降低。中韩建交之初，中国由于经济技术和生产力等方面较为落后，出口主要以农产品、纤维原料、矿产品等初级产品为主，从韩国进口则以机电产品、塑料及化学制品等资本技术密集型产品为主，两国经济具有非常强的互补性，在经济贸易往来中能够取长补短，共同促进双方经济发展进步。

近年来，随着中国产业结构的升级，向韩国出口的产品集中在附加值较高的电子、机械等方面，而韩国向中国出口的产品也更多为高科技产品。两国出口产品趋于同质化，竞争性不断增强。近年来，中国国产品牌性价比更高，产品设计更符合中国国情，导致韩国商品在中国遭遇国产品牌激烈竞争，市场份额不断缩小。随着电子商务的发展，中韩在跨境电商等领域的竞争也愈演愈烈，中国制造的小家电、服饰等产品价格优势明显，在韩国市场上给韩国国内产品带来较大压力。国际市场上双方也存在竞争，亚非拉等新兴市场有较强的购买潜力，成为中韩竞争的重要海外市场。总体看，中韩两国无论是在双方国内市场还是在国际市场均存在激烈竞争，且会持续下去。

## 三、中韩贸易产品结构变化趋势

国际贸易标准分类（Standard International Trade Classification，SITC）是用于国际贸易商品的统计和对比的标准分类方法。一般在国际贸易中，商品被分为初级产品和工业制成品，初级产品是指没有经过加工或经过简单加工的农、林、牧、渔和矿产品，即表 7-2 中 SITC0～SITC4 类产品。工业制成品指经过机器加工的产品，表 7-2 中 SITC5～SITC8 类产品为制成品，其中化学成品及有关产品（SITC5）和机械及运输设备（SITC7）为资本或技术密集型产品，按原料分类的制成品（SITC6）和杂项制品（SITC8）为劳动密集型产品。

**表 7-2　国际贸易分类标准**

| 种类 | 商品 |
|---|---|
| SITC0 | 食品和主要供食用的活动物 |
| SITC1 | 饮料及烟类 |
| SITC2 | 燃料以外的非食用原料 |
| SITC3 | 矿物燃料、润滑油及有关原料 |
| SITC4 | 动植物油、脂及蜡 |
| SITC5 | 化学成品及有关产品 |

续表

| 种类 | 商品 |
|---|---|
| SITC6 | 按原料分类的制成品 |
| SITC7 | 机械及运输设备 |
| SITC8 | 杂项制品 |
| SITC9 | 没有分类的其他商品 |

以上述分类标准为基础，根据联合国商品贸易数据库中韩贸易有关数据，计算整理2000年至2019年中韩两国初级产品及工业制品在双边贸易总额中的比重，从而分析中韩贸易商品结构的变化趋势及现状。

**表7-3　2000—2019年初级产品及工业制品贸易额及比重**

| 年份 | 初级产品 | | 工业制品 | | | |
|---|---|---|---|---|---|---|
| | 金额（亿美元） | 占比 | 技术或资本密集型产品（亿美元） | 占比 | 劳动密集型产品（亿美元） | 占比 |
| 2000 | 56. 08 | 0. 16 | 160. 59 | 0. 47 | 128. 24 | 0. 37 |
| 2001 | 55. 60 | 0. 15 | 173. 69 | 0. 48 | 129. 55 | 0. 36 |
| 2002 | 52. 85 | 0. 12 | 234. 72 | 0. 53 | 153. 23 | 0. 35 |
| 2003 | 67. 97 | 0. 11 | 336. 46 | 0. 53 | 226. 29 | 0. 36 |
| 2004 | 83. 16 | 0. 09 | 491. 41 | 0. 55 | 324. 91 | 0. 36 |
| 2005 | 103. 28 | 0. 09 | 630. 89 | 0. 56 | 384. 32 | 0. 34 |
| 2006 | 126. 67 | 0. 09 | 761. 66 | 0. 57 | 452. 80 | 0. 34 |
| 2007 | 149. 69 | 0. 09 | 913. 62 | 0. 57 | 536. 76 | 0. 34 |
| 2008 | 191. 72 | 0. 10 | 1041. 85 | 0. 56 | 625. 44 | 0. 34 |
| 2009 | 125. 00 | 0. 08 | 958. 60 | 0. 61 | 474. 87 | 0. 30 |
| 2010 | 160. 36 | 0. 08 | 1271. 57 | 0. 61 | 635. 07 | 0. 31 |
| 2011 | 228. 26 | 0. 09 | 1472. 94 | 0. 60 | 744. 83 | 0. 30 |
| 2012 | 210. 96 | 0. 08 | 1610. 49 | 0. 63 | 722. 14 | 0. 28 |
| 2013 | 195. 79 | 0. 07 | 1822. 92 | 0. 66 | 721. 98 | 0. 26 |
| 2014 | 194. 24 | 0. 07 | 1857. 73 | 0. 64 | 851. 31 | 0. 29 |
| 2015 | 145. 89 | 0. 05 | 1854. 26 | 0. 67 | 754. 58 | 0. 27 |

续表

| 年份 | 初级产品 | | 工业制品 | | | |
|---|---|---|---|---|---|---|
| | 金额（亿美元） | 占比 | 技术或资本密集型产品（亿美元） | 占比 | 劳动密集型产品（亿美元） | 占比 |
| 2016 | 136.38 | 0.05 | 1722.07 | 0.68 | 663.21 | 0.26 |
| 2017 | 159.68 | 0.06 | 2024.11 | 0.72 | 614.65 | 0.22 |
| 2018 | 218.84 | 0.07 | 2254.21 | 0.72 | 659.45 | 0.21 |
| 2019 | 204.42 | 0.07 | 1985.31 | 0.70 | 650.93 | 0.23 |

数据来源：根据联合国 UNcomtrade 数据库整理得出（https：//comtrade. un. org/）。

由表 7-3 可知，2000 年以来中韩贸易往来中初级产品贸易额持续增加，2000—2019 年贸易额增长幅度将近 3 倍，然而贸易额占总额贸易额的比重却呈下降趋势，2000 年贸易额占比为 16%，随后几年维持在 10%左右，2015 年与 2016 年其占比只有 5%，2018 年和 2019 年占比略有回升。

工业制品在两国贸易中扮演着十分重要的角色。就技术或资本密集型产品而言，2000 年以来，不管是贸易额绝对值还是贸易额占总贸易额的比重都呈增长趋势。2000 年，工业制品贸易额仅为 160.59 亿美元，占比为 47%，到 2019 年达到了 1985.31 亿美元，占比为 70%。仅就中国分析，机电产品、化工产品和光学医疗设备是韩国对华出口的主要产品。近年来，中国市场对技术含量较高的电子产品的需求日益攀升，随着 2015 年《中韩自贸协定》的正式实施，中韩机电产品关税的缩减，韩国机电产品在中国市场上具有更强的竞争优势，由此带来机电产品进口幅度的增长。劳动密集型产品的贸易额同样呈增长趋势，其贸易额所占比重逐年下降，但与初级产品不同的是，其下降的速度稍缓。2000 年贸易额为 128.24 亿美元，其贸易额所占比重为 37%，到 2019 年其贸易额达到了 650.93 亿美元，其贸易额所占比重为 23%。就韩国分析，韩国自中国进口排名前三位的商品为机电产品、贱金属及其制品和纺织品及原料。在韩国，纺织品及原料、家具等劳动密集型产品市场上，中国产品继续保持优势。

## 四、中韩贸易竞争优势指数分析

贸易竞争优势指数（Trade Competitive Index，TC）是指一国进出口贸易的差额占进出口总额的比重，它是衡量特定行业国际竞争力的一种有效指数，能够反映本国生产的一种产品相对世界市场上供应的他国同种产品是否具有竞争优势。其计算公式为：

$$TC=(X_{it}-M_{it})/(X_{it}+M_{it})$$

其中，$X_{it}$表示 $i$ 国 $t$ 产品的出口额，$M_{it}$表示 $i$ 国 $t$ 产品的进口额。

当一国对某产品的进口大于出口，即出现贸易逆差时，$TC<0$，说明该产品的生产效率低于国际水平，处于竞争劣势；当一国某产品的出口大于进口，即出现贸易顺差时，$TC>0$，说明该产品的生产效率高于国际水平，处于竞争优势。$TC$ 值越接近于 1，贸易竞争优势越大。反之，则表示贸易竞争优势越弱。具体而言：

当$-1<TC<-0.6$ 时，该产品有极大的竞争劣势；

当$-0.6<TC<-0.3$ 时，该产品具有较大的竞争劣势；

当$-0.3<TC<0$ 时，该产品具有微弱的竞争劣势；

当 $0<TC<0.3$ 时，该产品具有微弱的竞争优势；

当 $0.3<TC<0.6$ 时，该产品具有较大的竞争优势；

当 $0.6<TC<1$ 时，该产品具有极大的竞争优势。

下面根据联合国商品贸易数据计算中国对韩国的 TC 指数。

由表 7-4 可知，在 TC0~TC4 类的初级产品出口中，我国除 TC0 类产品，其他初级产品尤其是 TC2、TC3、TC4 类的贸易竞争优势指数均为负数，这是因为我国经济发展对资源、能源等原材料的需求较大，因此造成了这些部门的贸易逆差。SITC0 的 TC 指数自 2000 年以来略有下降，但是指数整体水平大于 0.6，表示该类产品在中韩双边贸易中一直保持较大的竞争优势；SITC1 的 TC 指数在 2000—2009 年均大于 0，2009 年以后该指数水平小于 0，该类产品在两国贸易关系上由微弱的竞争优势转为微弱的竞争劣势。SITC3 的 TC 指数整体看来略小于 0，只有在 2002 年与 2006 年该指数约等于 0，2005 年略大于 0，该产品在中韩贸易关系中处于微弱劣势的地位。SITC4 的 TC 指数在 2000 年至 2019 年稍有浮动，整体呈增长趋势，2004 年之前，平均指数水平为 0.30，在中韩贸易关系中略占优势，2005 年，其指数平均水平达到了 0.63，此后一直维持在 0.6 左右的水平，该类产品的竞争优势大大增加。

另外，在 TC5~TC8 类的工业制品中，中国在中韩贸易关系中整体处于竞争劣势。在资本密集型产业 SITC5 和 SITC7 上，SITC5 的 TC 指数除 2002 年与 2003 年外，基本在-0.6 上下波动，该类产品在中韩贸易关系中处于极大的竞争劣势地位。SITC7 的 TC 指数 2000—2004 年在-0.6 与-0.3 之间浮动，在此期间该类产品处于较大的竞争劣势地位，2004 年以后该指数在-0.5 与-0.2 之间浮动，其竞争的劣势地位得到一定扭转。然后就劳动密集型产品即 SITC6 和 SITC8 的 TC 指数进行分析，与资本密集型产品不同的是，劳动密集型产品在中韩贸易关系中逐渐由竞争劣势的地位转为竞争优势的地位，2000—2005 年 SICT6 的 TC 均小于 0，但是指数呈增大的趋势，说明在此期间，该类产品处于竞争劣势的地位，但是其趋势逐步扭转，2005—2019 年，除 2014 年其 TC 值小于 0，其余年份的 TC 值在 0~0.4 波动，表明该类产品在中韩贸易关系中稍占优势。SITC8 的 TC 值在 2000—2002 年分别为 0.34，0.38，0.24，表明在此期间该类产品处于优势地位，但 2003—2019 年，该类产品的 TC 值均小于 0，其中 2004—2013 年，该类产品的 TC 均值小于-0.3，2014—2019 年其 TC 值逐渐增大，均大于-0.3，虽然在此期间该类产品一直处于竞争劣势地位，但在总体上其劣势地位有所改善。SICT9 的 TC 值除 2017 年和 2019 年之外均小于-0.6，该类产品在中韩经贸关系中处于极大劣势地位，2019 年其 TC 值为-0.59，该产业国际竞争力在提升。

**表 7-4　2000—2019 年中国对韩国的 TC 指数**

| 年份 | TC0 | TC1 | TC2 | TC3 | TC4 | TC5 | TC6 | TC7 | TC8 | TC9 | TC |
|---|---|---|---|---|---|---|---|---|---|---|---|
| 2000 | 0.85 | 0.62 | -0.10 | -0.35 | 0.10 | -0.74 | -0.44 | -0.41 | 0.34 | -0.73 | -0.35 |
| 2001 | 0.87 | 0.78 | -0.05 | -0.23 | 0.41 | -0.71 | -0.45 | -0.36 | 0.38 | -0.86 | -0.30 |
| 2002 | 0.90 | 0.54 | 0.00 | -0.08 | 0.19 | -0.07 | -0.32 | -0.47 | 0.24 | -0.98 | -0.30 |
| 2003 | 0.90 | 0.66 | -0.07 | -0.18 | 0.36 | -0.07 | -0.32 | -0.51 | -0.15 | -0.88 | -0.36 |
| 2004 | 0.83 | 0.43 | -0.14 | -0.30 | 0.46 | -0.73 | -0.19 | -0.45 | -0.38 | -0.84 | -0.38 |
| 2005 | 0.84 | 0.43 | 0.01 | -0.20 | 0.63 | -0.70 | -0.08 | -0.47 | -0.44 | -0.66 | -0.37 |
| 2006 | 0.85 | 0.24 | 0.00 | -0.43 | 0.47 | -0.66 | 0.08 | -0.46 | -0.36 | -0.90 | -0.34 |
| 2007 | 0.85 | 0.25 | -0.07 | -0.42 | 0.57 | -0.64 | 0.19 | -0.41 | -0.39 | -0.89 | -0.30 |
| 2008 | 0.80 | 0.08 | -0.05 | -0.46 | 0.79 | -0.60 | 0.33 | -0.27 | -0.38 | -0.87 | -0.21 |
| 2009 | 0.80 | 0.05 | -0.21 | -0.43 | 0.78 | -0.64 | 0.00 | -0.29 | -0.45 | -0.96 | -0.31 |

续表

| 年份 | TC0 | TC1 | TC2 | TC3 | TC4 | TC5 | TC6 | TC7 | TC8 | TC9 | TC |
|---|---|---|---|---|---|---|---|---|---|---|---|
| 2010 | 0.79 | -0.02 | -0.16 | -0.60 | 0.77 | -0.60 | 0.09 | -0.36 | -0.47 | -0.97 | -0.34 |
| 2011 | 0.75 | -0.18 | -0.21 | -0.68 | 0.60 | -0.58 | 0.17 | -0.36 | -0.40 | -0.94 | -0.32 |
| 2012 | 0.75 | -0.20 | -0.14 | -0.68 | 0.41 | -0.61 | 0.16 | -0.33 | -0.36 | -0.94 | -0.32 |
| 2013 | 0.73 | -0.24 | -0.08 | -0.68 | 0.79 | -0.62 | 0.07 | -0.36 | -0.32 | -0.72 | -0.34 |
| 2014 | 0.74 | -0.11 | -0.02 | -0.64 | 0.36 | -0.58 | -0.07 | -0.35 | -0.22 | -0.79 | -0.31 |
| 2015 | 0.70 | -0.27 | -0.07 | -0.60 | 0.59 | -0.54 | 0.19 | -0.35 | -0.13 | -0.69 | -0.27 |
| 2016 | 0.66 | -0.10 | -0.02 | -0.60 | 0.77 | -0.54 | 0.20 | -0.34 | -0.11 | -0.72 | -0.26 |
| 2017 | 0.71 | -0.15 | -0.10 | -0.54 | 0.75 | -0.50 | 0.19 | -0.37 | -0.01 | -0.50 | -0.20 |
| 2018 | 0.59 | -0.18 | -0.07 | -0.62 | 0.72 | -0.57 | 0.18 | -0.32 | -0.12 | -0.68 | -0.28 |
| 2019 | 0.63 | -0.16 | -0.09 | -0.63 | 0.69 | -0.60 | 0.21 | -0.39 | -0.14 | -0.59 | -0.29 |

数据来源：https：//comtrade.un.org/。

从中国出口商品的总TC值看，从2000年到2019年，中国在这段贸易关系中一直处于相对劣势地位，同时，中国出口韩国贸易额始终小于进口贸易额。

## 五、中韩双边贸易发展中存在的问题

### 1. 中韩贸易收支不平衡

中韩的贸易总额及规模在近年来飞速增长并扩大，与之伴随的是中韩贸易逆差大、贸易收支不平衡的问题，两国贸易逆差过大是影响贸易双方维护互利共赢合作局面的不利因素。

由前文所述可知，中韩双方贸易进程中，中国一直处于贸易逆差状态，且中韩逆差额在持续增长，中韩累计差额已经超过5000亿美元，韩国成为中国最大的逆差来源国。这种贸易逆差局面自1992年双边贸易首次出现逆差后一直维持至今，除个别年份的贸易逆差额同比有所下降外，绝大多数年份贸易逆差额呈上升趋势。到2013年，逆差额达到峰值628.2亿美元，随后呈逐渐递减的趋势，2018年和2019年又有所上扬，总体来看，中韩贸易逆差仍维持较大的规模。

2. 中韩商品结构不合理

由表 7-5 可知，中国自韩国进口的前 5 位商品中，占比最大，同时增速最快的为电机、电气、音像设备及其零附件，2008 年该类商品进口额为 253 亿美元，到 2019 年其进口额达到了 792 亿美元，增长了 3.13 倍。虽然近年来中国对韩出口机电产品的贸易额也在逐年递增，但是该类产品的贸易差额由 2008 年的 53 亿美元增长到 2019 年的 415 亿美元，是中韩贸易逆差的主要来源。其次是光学、照相、医疗等设备及零附件，2008 年到 2012 年进口额呈逐年递增的态势，2012 年达到峰值 237 亿美元，随后逐年递减。2017 年之前此类产品在中韩贸易中常年保持 150 亿美元左右的逆差额，2018 年和 2019 年逆差幅度缩减，2019 年达到 88 亿美元。核反应堆、锅炉、机械器具及零件进口规模呈递增趋势，2008 年贸易差额为 27 亿美元，到 2019 年贸易差额增加为 80 亿美元。有机化学品和塑料及其制品进口保持相对稳定的规模，大概维持在 100 亿美元的水平，在这两类商品上，韩国占据绝对优势，每年各自产生约 80 亿美元和 100 亿美元的逆差额。

**表 7-5　2008—2019 年中国自韩国进口前 5 位商品的金额**　单位：亿美元

| 年份 | 电机、电气、音像设备及其零附件 | 光学、照相、医疗等设备及零附件 | 核反应堆、锅炉、机械器具及零件 | 有机化学品 | 塑料及其制品 |
|---|---|---|---|---|---|
| 2008 | 253 | 123 | 102 | 90 | 66 |
| 2009 | 245 | 148 | 94 | 77 | 71 |
| 2010 | 329 | 211 | 144 | 92 | 89 |
| 2011 | 342 | 229 | 158 | 129 | 97 |
| 2012 | 393 | 237 | 128 | 134 | 96 |
| 2013 | 480 | 217 | 142 | 150 | 107 |
| 2014 | 511 | 203 | 147 | 134 | 103 |
| 2015 | 526 | 192 | 151 | 100 | 90 |
| 2016 | 453 | 166 | 138 | 100 | 89 |
| 2017 | 579 | 145 | 159 | 126 | 97 |
| 2018 | 661 | 136 | 219 | 137 | 107 |
| 2019 | 792 | 129 | 214 | 115 | 109 |

数据来源：历年《中国海关统计年鉴》。

由表7-6可知，中国对韩国出口商品前5位中，中国占据优势的产品为钢铁与钢铁制品。2008—2019年，钢铁对韩出口额仅在2008年达到最大值，即142亿美元，顺差额达到97亿美元，出口额维持相对稳定的规模。2008—2019年，钢铁制品的出口规模变化不大，平均出口额约为27亿美元，每年约产生15亿美元的顺差额。

**表7-6　2008—2019年中国对韩国出口前5位商品的金额**　单位：亿美元

| 年份 | 电机、电气、音像设备及其零附件 | 核反应堆、锅炉、机械器具及零件 | 钢铁 | 光学、照相、医疗等设备及零附件 | 钢铁制品 |
|---|---|---|---|---|---|
| 2008 | 200 | 75 | 142 | 19 | 31 |
| 2009 | 170 | 68 | 42 | 17 | 28 |
| 2010 | 217 | 86 | 63 | 28 | 33 |
| 2011 | 260 | 96 | 86 | 38 | 38 |
| 2012 | 241 | 94 | 74 | 39 | 40 |
| 2013 | 262 | 94 | 67 | 35 | 36 |
| 2014 | 284 | 104 | 89 | 40 | 35 |
| 2015 | 316 | 102 | 68 | 43 | 36 |
| 2016 | 288 | 110 | 65 | 35 | 33 |
| 2017 | 324 | 132 | 70 | 42 | 33 |
| 2018 | 349 | 154 | 56 | 43 | — |
| 2019 | 377 | 134 | 51 | 41 | 30 |

由此看来，相对中国，韩国资本技术高度发达，出口产品以高附加值的技术密集型和资本密集型工业电子制品为主，在机电化工等领域占据极大优势，而中国技术相对落后，出口产品以低附加值的劳动密集型产品为主，两国技术的差异是造成中韩商品结构不合理的重要原因。

## 六、促进中韩双边贸易发展的对策

### 1. 深化中韩自贸区建设，实现东亚区域经济合作，推进中日韩一体化

中韩自由贸易区的建立大大加快了东亚区域经济合作的进程。《中韩自贸

协定》使两国企业能够享受更低的关税和更大的共同市场。政府应做好自由贸易区优惠政策的分析和推广，在产业引导、自主品牌建设、技术开发和应用方面提供政策支持，加大资金投入，促进加工贸易转型升级。开展与韩国的跨境金融服务，促进人民币跨境结算和借款。大力发展物流服务贸易，构建中韩保税物流园区跨境电子商务综合服务平台。

中日韩经济一体化是内部经济关系发展的必然产物，是应对外部挑战、寻求国际政治经济地位的必由之路。要实现东亚区域经济合作，中国、日本和韩国的经济一体化是重中之重。中国、日本和韩国都是重要的全球经济体，国内生产总值和对外贸易占世界总量的20%以上。中日韩自由贸易区的建立将有助于充分发挥三国的产业互补性，提高三国贸易和投资水平，促进区域价值链进一步融合。

2. 推进“一带一路”倡议与“新北方政策”的对接与互利合作

在“一带一路”倡议背景下，中韩两国可以寻求全新的合作方案，“一带一路”倡议结合韩国的“新南方、新北方”政策，寻求契合点。二者地域空间高度重合，且中韩两国均秉承促进地区繁荣发展的理念政策，力争实现政策、资金、贸易和设施上的互联互通。随着对外开放程度的扩大，“一带一路”建设、“亚投行”和“丝路基金”的建立等都有效推动了区域内的互联互通。韩国制定的“新北方政策”，也为中韩经贸合作营造了良好的外部环境。我国可依托东北振兴战略，以中韩经贸合作为示范，利用中韩两国在对外发展战略上的共识，为全方位多角度的经贸合作奠定基础。同时，对接中蒙俄经济走廊、构建中国与半岛经济走廊，积极探讨互利共赢、共同发展的合作模式，带动更多国家参与到“一带一路”建设中。

3. 优化两国进出口商品结构，大力发展产业内贸易，加强在新兴产业领域的合作

随着中国科技水平的提高和产业结构的调整，中国与韩国的竞争将主要集中在资本密集型产品上。韩国历来重视国内企业的自动化水平，其机械利用率和科技成果转换率均处在世界前列，但随着中国经济的发展，两国的出口结构越来越相似，韩国应进一步利用高新技术开发新产品，促进与中国的

产业内贸易，推进两国低质量垂直化分工向高质量水平化分工的转变。① 国内企业一方面应对已有商品进行升级改造，注重打造品质优势，提高产品的技术含量，增加其附加值，提升产品的竞争力；另一方面还要对韩国市场需求进行分析，提高出口产品的国际竞争力和影响力。

以往中韩两国合作的领域以制造业为主，但随着两国产业结构的变化，应着力拓展服务贸易领域的合作。随着实体经济和传统经济的数字化转型，数字经济和数字贸易逐渐成为经济发展的新方向。在中韩经贸合作中，应制订数字经济合作方案，创新合作载体，拓展在"互联网+"领域的合作。此外，"一带一路"倡议的提出，对国际产能合作提出了更高的要求，中韩双方应该利用物流领域合作的天然地理位置优势和《中韩自贸协定》带来的广阔合作空间，密切物流与相关产业的深度融合，寻求更多的经贸合作机会。

4. 建立贸易监测预警机制，完善贸易合作协调机制

中韩两国国内应建立贸易预警机制，实现信息共享，建设贸易摩擦数据库，扩大监测范围，针对重点行业进行重点监测；发挥行业协会预警作用，为企业和行业提供专业技术支持，及时为企业普及最新的国际贸易规则和贸易标准的变化信息，提升企业的预警能力；强化企业抗风险能力，实施出口市场的多元化战略，提高出口产品技术含量，增强国际竞争力。此外，两国应推进贸易合作协调机制完善，探索合作渠道，吸引国外投资者，建立贸易争端解决机制，确保两国就贸易争端进行及时、顺利的协商。

## 第二节　中韩农产品产业内贸易研究

随着中韩两国农产品贸易量的增加，研究中韩农产品贸易、提高两国农产品水平型产业内贸易的比重、促进双边农产品贸易的发展是中韩两国贸易协调发展的重要组成部分。本章通过研究中韩农产品产业内贸易规模现状和产业结构，将农产品按照 HS 编码分类，侧重采用静态产业内贸易（GL）指

---

① 郑燕，张吉国．中韩贸易发展现状、问题及对策［J］．山东农业大学学报（社会科学版），2014，16（2）：66-72.

数、边际产业内贸易指数（MIIT）以及产业间贸易分类指标对2006—2018年的中韩农产品产业内贸易问题进行分析研究。

## 一、中韩农产品产业内贸易现状

### 1. 中韩农产品贸易规模现状

1992—2018年中对韩农产品出口年均增速为7.61%，中国从韩国进口农产品年均增速达9.99%。26年间，中国对韩国农产品贸易出口额增加了5.73倍，进口额则增加了10.89倍，[①] 可见中韩农产品进出口额都有较大幅度的增长。1992—2018年中国在与韩国的农产品贸易中一直处于顺差状态，但顺差程度于2011年后呈现明显减少趋势。总体来看，在中韩农业商品贸易来往中，中国一直处于优势。中韩两国贸易发展迅速增长的同时，两国农产品贸易也有了快速的增长。两国农产品的贸易额2002年为21.77亿美元，2016年达到了56.7亿美元，是2002年的2.6倍，增长迅速。其中，中国对韩国的出口额从2002年的20.5亿美元增长到2016年的46.62亿美元，是2002年的2.3倍。

### 2. 中韩农产品贸易产品结构

韩国是一个工业强国，其化工、电子产品在世界上具有强劲的竞争力，然而韩国的土地面积仅有10万平方公里，其中可以利用的耕地面积更为有限，因此其农产品很难做到自给自足，多数要依赖进口来满足自身需求。中国是一个发展中的农业大国，农产品种类丰富、价格低廉。同时，中韩之间天然的地理位置环境给双方农产品贸易提供了更加便利的条件。

由于经济成长阶段和农业生产水平存在差异，中韩输出农产品时也有着不同的商贸模式。在中国，蔬菜和水果是最为重要的输出型农产品。日本、韩国和东南亚等亚洲国家和地区是中国水果与蔬菜出口的主要对象，在欧美市场的出口量相对较小。水产类商品、糖类、蔬菜与水果、肉类与肉类制品等是韩国占比重较大的输出型农产品。

由表7-7可知，韩国从中国进口的农产品主要有水产类（HS03）、蔬菜

---

① 戴庆玲，侯静怡．“一带一路”背景下中韩农产品贸易水平测度及影响因素分析［J］．江苏农业科学，2020，48（20）：320-326.

类（HS07）、动物饲料（HS23）、油菜籽（HS12）、谷物（HS10）等初级农作物。近年来中国对韩国的主要产品出口额维持在平均水平的位置，没有呈现太大的波动，除了肉制品（HS05、HS21）、谷物（HS10）、坚果（HS20）、动物饲料（HS23）、蔬菜类（HS07）等没有出现太大的波动，水产类（HS03）增长相对较为迅速。

由表7-8可知，韩国近年来出口中国的农产品增长趋势比较明显，主要是以谷物制品（HS19），蔬菜水果（HS20），饮料、酒及醋（HS22）等为主，其他种类农产品没有出现太大的波动。总体上看，韩国出口到中国的农产品以加工型为主，并且增长趋势明显。

**表7-7　2010—2018年中国出口韩国主要产品构成**　单位：百万美元

| 编码 | 2010年 | 2011年 | 2012年 | 2013年 | 2014年 | 2015年 | 2016年 | 2017年 | 2018年 |
|---|---|---|---|---|---|---|---|---|---|
| HS03 | 944.13 | 1060.22 | 924.06 | 864.12 | 1014.41 | 1305.09 | 1346.63 | 1277.38 | 1535.95 |
| HS07 | 471.53 | 538.94 | 493.04 | 509.20 | 474.85 | 572.14 | 623.64 | 636.81 | 612.04 |
| HS23 | 284.75 | 330.10 | 380.16 | 540.37 | 530.12 | 264.58 | 243.79 | 245.11 | 304.08 |
| HS12 | 219.10 | 319.52 | 355.82 | 342.98 | 360.80 | 320.54 | 291.64 | 296.92 | 302.05 |
| HS20 | 259.78 | 310.99 | 312.68 | 313.20 | 310.83 | 613.62 | 766.14 | 836.40 | 870.03 |
| HS10 | 153.79 | 248.89 | 85.33 | 300.21 | 201.84 | 139.9 | 147.57 | 129.58 | 130.31 |
| HS16 | 121.35 | 145.79 | 138.88 | 134.00 | 138.31 | 268.27 | 305.95 | 325.69 | 396.48 |
| HS21 | 112.93 | 127.63 | 138.08 | 141.01 | 142.40 | 174.92 | 161.56 | 167.05 | 179.24 |
| HS19 | 106.45 | 129.43 | 131.93 | 134.67 | 136.25 | 128.80 | 136.94 | 148.35 | 154.27 |
| HS05 | 31.47 | 82.33 | 94.21 | 146.94 | 174.98 | 53.84 | 53.40 | 39.44 | 42.26 |

数据来源：历年《中国海关统计年鉴》。

**表7-8　2010—2018年韩国出口中国主要产品构成**　单位：百万美元

| 编码 | 2010年 | 2011年 | 2012年 | 2013年 | 2014年 | 2015年 | 2016年 | 2017年 | 2018年 |
|---|---|---|---|---|---|---|---|---|---|
| HS03 | 195.16 | 414.00 | 306.48 | 289.75 | 224.53 | 108.57 | 140.57 | 97.61 | 77.58 |
| HS19 | 82.53 | 131.35 | 155.47 | 194.14 | 235.21 | 179.77 | 220.98 | 208.99 | 221.80 |
| HS17 | 110.07 | 160.73 | 162.05 | 147.18 | 129.82 | 113.51 | 120.87 | 113.58 | 101.69 |
| HS21 | 102.52 | 124.56 | 136.45 | 144.38 | 167.55 | 92.09 | 127.30 | 86.91 | 120.33 |
| HS22 | 45.04 | 52.37 | 65.36 | 78.80 | 90.17 | 116.16 | 126.12 | 121.79 | 183.55 |

续表

| 编码 | 2010年 | 2011年 | 2012年 | 2013年 | 2014年 | 2015年 | 2016年 | 2017年 | 2018年 |
|---|---|---|---|---|---|---|---|---|---|
| HS12 | 24.82 | 52.46 | 50.69 | 51.02 | 47.50 | 32.70 | 22.65 | 53.26 | 38.62 |
| HS20 | 19.89 | 23.79 | 26.07 | 33.04 | 39.12 | 90.98 | 118.09 | 99.16 | 109.10 |
| HS16 | 18.47 | 20.65 | 26.07 | 39.70 | 34.85 | 24.99 | 29.36 | 27.37 | 36.36 |
| HS15 | 20.08 | 41.06 | 36.94 | 22.06 | 10.80 | 6.47 | 5.53 | 4.18 | 6.82 |
| HS24 | 16.12 | 23.95 | 32.99 | 28.28 | 16.52 | 17.61 | 19.78 | 29.58 | 43.13 |

数据来源：历年《中国海关统计年鉴》。

## 二、中韩农产品产业内贸易分析

### （一）产业内贸易指数

静态产业内贸易指数（GL）和边际产业内贸易指数（MIIT）是常用的产业内贸易研究方法，因此本书结合2006—2018年两国农产品贸易的相关指数，分别从静态和动态的角度，对中韩两国农产品产业内贸易水平进行综合分析。

在1975年出版的《产业内贸易：差别化产品国际贸易的理论与度量》中，加拿大学者格鲁贝尔（Grubel）和澳大利亚学者劳埃德（Lloyd）系统性提出了产业内贸易理论。后有不同学者在20世纪70年代末和80年代初进一步丰富了该理论模型。本书采用最基础也最具权威性的产业内贸易测量指标格鲁贝尔—劳埃德指标（简称GL），其表达式为：

1. 静态产业内贸易指数（GL）

格鲁贝尔和劳埃德（1971）提出了静态产业内贸易指数来衡量某一产业的产业内贸易水平：

$$GL_{ij}=1-\frac{|X_{ij}-M_{ij}|}{X_{ij}+M_{ij}}$$

其中，$X_{ij}$代表$i$国$j$产业的出口额，$M_{ij}$代表$i$国$j$产业的进口额。$GL$取值范围为［0，1］，取值接近1说明以产业内贸易为主；取值接近0，说明以产业间贸易为主。当$GL=0$时，说明$i$国$j$产业的贸易全部为产业内贸易；当

$GL=1$ 时，说明 $i$ 国 $j$ 产业的贸易全部为产业间贸易。

在计算产业内贸易平均水平时，要把各个产业的贸易额占贸易总额中的比重作为权重进行计算。公式为：

$$\overline{GL_t}=\frac{\sum_{i=1}^{N}X_{it}+M_{it}-\sum_{i=1}^{N}|X_{it}-M_{it}|}{\sum_{i=1}^{N}(X_{it}+M_{it})}\qquad t=1,\ 2,\ \cdots,\ T$$

$X_{it}$代表 $i$ 部门 $t$ 期的出口额，$M_{it}$代表 $i$ 部门 $t$ 期的进口额。GL 指数是某一年产业内贸易的静态信息，该指数存在一定的缺陷，因此不能用时间量度进行对比。边际产业内贸易指数（MIIT）表示的是随时间变化的产业内贸易指数。

2. 边际产业内贸易指数（MIIT）

Brulhart 提出了计算边际产业内贸易的指数 $A_i$。

$$A_i=1-\frac{|\Delta X_i-\Delta M_i|}{(\Delta X_i|+\Delta M_i|)}$$

其中，$A_i$ 代表 $i$ 类农产品某一时期内的边际产业内贸易指数；$\Delta X_i$、$\Delta M_i$ 代表两个时期间第 $i$ 类农产品的进出口贸易增量；

下式 $\beta$ 能够较好地反映这种净进口增加与净出口增加的非相对性：

$$\beta=\frac{(\Delta X_i-\Delta M_i)}{(|\Delta X_i|+|\Delta M_i|)}$$

其中，$-1\leqslant\beta\leqslant1$，$\beta$ 越接近于 0，说明边际产业内贸易比重越大；$\beta$ 越接近于-1 或 1，说明边际产业间贸易比重越大。与 $A_i$ 指数相比，β 指数的优点在于可以反映部门的贸易绩效：当 $\Delta X_i>\Delta M_i$ 即 $\beta>0$ 时，说明贸易绩效良好；当 $\Delta X_i<\Delta M_i$ 即 $\beta<0$ 时，说明贸易绩效不良，边际产业内贸易水平较低。本节主要应用 β 指数计算边际产业内贸易。

**（二）中韩农产品产业内贸易分析**

1. 农产品分类标准

农产品的分类定义以及范围是农产品贸易研究中重要的一个环节。本书采用海关 HS 编码分类标准，其全称为《商品名称及编码协调制度的国际公约》(*International Convention for Harmonized Commodity Description and Coding System*),将全部国际贸易商品分为22类,98章。下文中提到的农产品是根据HS分类标准,处于HS01~HS24章当中(见表7-9)。

**表7-9 HS标准中农产品的种类**

| 代码 | 农产品种类名称 | 代码 | 农产品种类名称 |
|---|---|---|---|
| HS01 | 活动物 | HS13 | 树胶、树脂、虫胶及其他植物液汁 |
| HS02 | 肉及食物杂碎 | HS14 | 编结用植物材料,其他植物产品 |
| HS03 | 鱼、软体动物、甲壳动物及其他 | HS15 | 水生无脊椎动物制成的食用油脂,动植物油、脂及其分散产品,动植物蜡 |
| HS04 | 乳品、蛋品、天然蜂蜜、其他食用动物产品 | HS16 | 肉、鱼、软体动物、甲壳动物及其他水生无脊椎动物的产品 |
| HS05 | 其他动物产品 | HS17 | 糖及糖食 |
| HS06 | 活树及其他活植物,鳞茎、根及相似品,插花及装饰用簇叶 | HS18 | 可可及相关制成品 |
| HS07 | 食用蔬菜、根及块茎 | HS19 | 谷物、粮食粉、淀粉或乳制品 |
| HS08 | 食用水果及坚果;柑橘属水果或甜瓜的果皮 | HS20 | 水果、蔬菜、坚果或植物制成品 |
| HS09 | 茶、马黛茶、咖啡及调味香料 | HS21 | 杂项食品 |
| HS10 | 谷物 | HS22 | 饮料、酒、醋 |
| HS11 | 制粉工业产品、淀粉、麦芽、菊粉、面筋 | HS23 | 食品工业的残项及废料,动物饲料 |
| HS12 | 稻草、稻秆、饮料,药用或工业用植物,含油子仁及果实,杂项籽仁及果实 | HS24 | 烟草及烟草代用品 |

2. 检验结果分析

(1)产业内贸易指数分析

当 $GL=0$ 时,则表示两国间的贸易形式全部为产业间贸易;当 $GL=1$,则表示两国间的贸易形式全部是产业内贸易。当 $GL<0.5$ 时,则表示中韩是以产业间贸易为主的贸易方式;当 $GL>0.5$ 时,则表示中韩是以产业内贸易为主的贸易方式。

如表7-10所示,2006—2018年中韩农产品产业内贸易GL指数呈现小幅波动的态势，基本维持在0.26左右，表现出强产业间贸易特征。数据表明，HS08（食用水果及坚果）、HS17（糖及糖食）、HS22（饮料、酒、醋）这三种类别农产品的GL指数值在10年以上的年份中大于0.5，年均产业内贸易指数分别为0.604、0.756、0.638，表明这三类农产品在此期间为强产业内贸易。

2011—2018年一些农产品的产业内贸易指数迅速上升，如HS04（乳品、蛋类、天然蜂蜜）、HS15（动植物油、脂及其分解产品）、HS18（可可及可可制品）、HS19（谷物、粮食粉、糕饼点心）、HS24（烟草及烟草代用品的制品）增长到0.5以上，表现出较强的产业内贸易特征，而这些农产品在2011年之前始终保持着极强的产业间贸易特征。可以看出，中韩农产品双边贸易模式的转变，从之前的产业间贸易逐渐向产业内贸易模式转变。

（2）边际产业内贸易指数分析

由表7-11可知，中韩农产品边际产业内贸易指数在2006—2018年加权计算出的$\beta$值大部分小于0.5，这个结果和GL指数测度结果相同。就分类产品来讲，在2014—2018年HS07、HS16两种农产品指数大于0.5，即表示产业内贸易是引起这些类别农产品贸易增加的主要原因，其产业内贸易水平也相对较高。2013—2018年，HS18、HS19、HS22、HS23以及HS24五类农产品的边际产业内贸易指数增加迅速，即表示这五类农产品贸易的增量在近年来的变化是由原来的产业间贸易主导逐渐减弱，产业内贸易作用不断加强形成的。

边际产业内贸易$\beta$指数测度的结果与GL指数测度的结果基本相同，即表示在2006年以后，中韩两国的农产品贸易维持在基本的产业间贸易，有部分农产品的贸易模式开始发生变化，从以前的产业间贸易发展为产业内贸易，特别是在2011年以后，中韩农产品贸易逐渐向产业内贸易转变的趋势更为显著。

**表 7-10 2006—2018 年中韩农产品产业内贸易指数（GL 指数）**

| 年份 | 2006 | 2007 | 2008 | 2009 | 2010 | 2011 | 2012 | 2013 | 2014 | 2015 | 2016 | 2017 | 2018 |
|---|---|---|---|---|---|---|---|---|---|---|---|---|---|
| HS01 | 0.011 | 0.023 | 0.000 | 0.000 | 0.000 | 0.026 | 0.000 | 0.005 | 0.000 | 0.001 | 0.009 | 0.001 | 0.008 |
| HS02 | 0.000 | 0.000 | 0.000 | 0.000 | 0.000 | 0.000 | 0.000 | 0.023 | 0.000 | 0.000 | 0.000 | 0.000 | 0.000 |
| HS03 | 0.164 | 0.285 | 0.331 | 0.245 | 0.239 | 0.293 | 0.211 | 0.250 | 0.146 | 0.154 | 0.189 | 0.147 | 0.191 |
| HS04 | 0.027 | 0.079 | 0.179 | 0.786 | 0.052 | 0.065 | 0.626 | 0.842 | 0.617 | 0.953 | 0.920 | 0.873 | 0.918 |
| HS05 | 0.178 | 0.297 | 0.349 | 0.273 | 0.312 | 0.312 | 0.216 | 0.321 | 0.183 | 0.278 | 0.313 | 0.219 | 0.296 |
| HS06 | 0.307 | 0.379 | 0.340 | 0.199 | 0.218 | 0.198 | 0.083 | 0.111 | 0.088 | 0.081 | 0.073 | 0.079 | 0.082 |
| HS07 | 0.003 | 0.002 | 0.008 | 0.027 | 0.021 | 0.010 | 0.003 | 0.001 | 0.000 | 0.000 | 0.011 | 0.000 | 0.012 |
| HS08 | 0.700 | 0.564 | 0.559 | 0.691 | 0.653 | 0.522 | 0.595 | 0.684 | 0.594 | 0.527 | 0.560 | 0.593 | 0.581 |
| HS09 | 0.069 | 0.053 | 0.037 | 0.058 | 0.037 | 0.042 | 0.038 | 0.086 | 0.124 | 0.110 | 0.070 | 0.102 | 0.083 |
| HS10 | 0.000 | 0.000 | 0.000 | 0.000 | 0.004 | 0.007 | 0.000 | 0.000 | 0.000 | 0.000 | 0.009 | 0.000 | 0.008 |
| HS11 | 0.152 | 0.054 | 0.058 | 0.066 | 0.069 | 0.068 | 0.071 | 0.061 | 0.066 | 0.077 | 0.074 | 0.069 | 0.081 |
| HS12 | 0.092 | 0.050 | 0.030 | 0.060 | 0.081 | 0.243 | 0.188 | 0.168 | 0.126 | 0.185 | 0.144 | 0.173 | 0.135 |
| HS13 | 0.322 | 0.225 | 0.173 | 0.171 | 0.185 | 0.189 | 0.143 | 0.142 | 0.222 | 0.328 | 0.252 | 0.295 | 0.244 |
| HS14 | 0.295 | 0.307 | 0.109 | 0.024 | 0.046 | 0.000 | 0.005 | 0.002 | 0.006 | 0.008 | 0.015 | 0.011 | 0.017 |
| HS15 | 0.362 | 0.448 | 0.260 | 0.323 | 0.296 | 0.656 | 0.474 | 0.742 | 0.553 | 0.509 | 0.291 | 0.485 | 0.395 |
| HS16 | 0.004 | 0.024 | 0.016 | 0.032 | 0.031 | 0.024 | 0.053 | 0.095 | 0.133 | 0.170 | 0.175 | 0.194 | 0.144 |
| HS17 | 0.687 | 0.738 | 0.977 | 0.922 | 0.776 | 0.686 | 0.601 | 0.695 | 0.721 | 0.686 | 0.823 | 0.701 | 0.792 |

续表

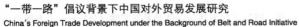

| 年份 | 2006 | 2007 | 2008 | 2009 | 2010 | 2011 | 2012 | 2013 | 2014 | 2015 | 2016 | 2017 | 2018 |
|---|---|---|---|---|---|---|---|---|---|---|---|---|---|
| HS18 | 0. 069 | 0. 082 | 0. 106 | 0. 721 | 0. 373 | 0. 168 | 0. 449 | 0. 507 | 0. 229 | 0. 309 | 0. 292 | 0. 413 | 0. 329 |
| HS19 | 0. 141 | 0. 129 | 0. 204 | 0. 359 | 0. 415 | 0. 549 | 0. 704 | 0. 867 | 0. 989 | 0. 835 | 0. 765 | 0. 764 | 0. 802 |
| HS20 | 0. 025 | 0. 023 | 0. 044 | 0. 066 | 0. 071 | 0. 085 | 0. 114 | 0. 143 | 0. 174 | 0. 258 | 0. 267 | 0. 300 | 0. 295 |
| HS21 | 0. 268 | 0. 274 | 0. 296 | 0. 361 | 0. 373 | 0. 416 | 0. 420 | 0. 608 | 0. 699 | 0. 690 | 0. 881 | 0. 703 | 0. 801 |
| HS22 | 0. 228 | 0. 581 | 0. 796 | 0. 771 | 0. 640 | 0. 565 | 0. 534 | 0. 613 | 0. 763 | 0. 654 | 0. 876 | 0. 735 | 0. 862 |
| HS23 | 0. 088 | 0. 040 | 0. 027 | 0. 026 | 0. 028 | 0. 029 | 0. 031 | 0. 003 | 0. 024 | 0. 041 | 0. 053 | 0. 050 | 0. 059 |
| HS24 | 0. 341 | 0. 322 | 0. 350 | 0. 307 | 0. 394 | 0. 660 | 0. 539 | 0. 577 | 0. 820 | 0. 960 | 0. 873 | 0. 870 | 0. 899 |
| 平均 | 0. 189 | 0. 207 | 0. 219 | 0. 270 | 0. 221 | 0. 242 | 0. 254 | 0. 315 | 0. 303 | 0. 326 | 0. 330 | 0. 379 | 0. 341 |

数据来源：根据 UN COMTRADE 数据库数据整理计算得出。

**表 7-11 2006—2018 年中韩农产品边际产业内贸易指数（β 指数）**

| 年份 | 2006/2007 | 2007/2008 | 2008/2009 | 2009/2010 | 2010/2011 | 2011/2012 | 2012/2013 | 2013/2014 | 2014/2015 | 2015/2016 | 2016/2017 | 2017/2018 |
|---|---|---|---|---|---|---|---|---|---|---|---|---|
| HS01 | 0. 034 | 0. 000 | 0. 001 | 0. 000 | 0. 000 | 0. 145 | 0. 055 | 0. 005 | 0. 992 | 0. 979 | 0. 892 | 0. 901 |
| HS02 | 0. 000 | 0. 000 | 0. 000 | 0. 000 | 0. 000 | 0. 000 | 0. 000 | 0. 021 | 1. 000 | 0. 000 | 0. 000 | 0. 000 |
| HS03 | 0. 000 | 0. 000 | 0. 000 | 0. 221 | 0. 542 | 0. 986 | 0. 000 | 0. 250 | 1. 000 | 0. 130 | 0. 304 | 0. 411 |
| HS04 | 0. 000 | 0. 341 | 0. 000 | 0. 000 | 0. 074 | 0. 000 | 0. 000 | 0. 842 | 0. 673 | 1. 000 | 0. 319 | 0. 402 |
| HS05 | 0. 000 | 0. 839 | 0. 000 | 0. 453 | 0. 312 | 0. 000 | 0. 643 | 0. 321 | 0. 860 | 0. 766 | 0. 794 | 0. 696 |
| HS06 | 0. 538 | 0. 620 | 0. 000 | 0. 282 | 0. 000 | 0. 000 | 0. 258 | 0. 111 | 1. 000 | 0. 288 | 0. 344 | 0. 395 |
| HS07 | 0. 000 | 0. 000 | 0. 700 | 0. 014 | 0. 000 | 0. 078 | 0. 021 | 0. 001 | 1. 000 | 0. 997 | 0. 847 | 0. 891 |
| HS08 | 0. 000 | 0. 591 | 0. 042 | 0. 447 | 0. 000 | 0. 833 | 0. 255 | 0. 684 | 0. 030 | 0. 120 | 0. 342 | 0. 265 |
| HS09 | 0. 000 | 0. 000 | 0. 000 | 0. 000 | 0. 051 | 0. 210 | 0. 000 | 0. 085 | 0. 590 | 1. 000 | 0. 618 | 0. 743 |
| HS10 | 0. 000 | 0. 000 | 0. 000 | 0. 000 | 0. 016 | 0. 013 | 0. 000 | 0. 000 | 1. 000 | 0. 834 | 0. 993 | 0. 845 |
| HS11 | 0. 000 | 0. 079 | 0. 045 | 0. 046 | 0. 067 | 0. 061 | 0. 249 | 0. 061 | 1. 000 | 0. 995 | 0. 737 | 0. 883 |
| HS12 | 0. 000 | 0. 000 | 0. 000 | 0. 000 | 0. 738 | 0. 000 | 0. 315 | 0. 168 | 1. 000 | 0. 484 | 0. 802 | 0. 553 |
| HS13 | 0. 020 | 0. 117 | 0. 157 | 0. 215 | 0. 199 | 0. 000 | 0. 140 | 0. 142 | 1. 000 | 1. 000 | 0. 790 | 0. 922 |
| HS14 | 0. 280 | 0. 000 | 0. 221 | 0. 000 | 0. 000 | 0. 017 | 0. 000 | 0. 002 | 0. 996 | 0. 967 | 0. 996 | 0. 967 |
| HS15 | 0. 981 | 0. 000 | 0. 000 | 0. 230 | 0. 000 | 0. 581 | 0. 000 | 0. 742 | 0. 246 | 1. 000 | 0. 644 | 0. 893 |
| HS16 | 0. 166 | 0. 236 | 0. 000 | 0. 022 | 0. 000 | 0. 000 | 0. 000 | 0. 095 | 1. 000 | 0. 792 | 0. 667 | 0. 791 |
| HS17 | 0. 716 | 0. 000 | 0. 000 | 0. 430 | 0. 453 | 0. 000 | 0. 000 | 0. 695 | 0. 063 | 0. 548 | 0. 319 | 0. 672 |
| HS18 | 0. 298 | 0. 000 | 0. 000 | 0. 000 | 0. 066 | 0. 697 | 0. 587 | 0. 508 | 0. 307 | 0. 735 | 0. 607 | 0. 690 |
| HS19 | 0. 078 | 0. 865 | 0. 000 | 0. 631 | 0. 996 | 0. 428 | 0. 000 | 0. 867 | 0. 938 | 0. 670 | 0. 839 | 0. 771 |
| HS20 | 0. 019 | 0. 971 | 0. 000 | 0. 085 | 0. 136 | 0. 304 | 0. 258 | 0. 143 | 1. 000 | 0. 6988 | 1. 000 | 0. 952 |
| HS21 | 0. 299 | 0. 405 | 0. 000 | 0. 436 | 0. 821 | 0. 445 | 0. 000 | 0. 608 | 0. 170 | 1. 000 | 0. 204 | 0. 532 |
| HS22 | 0. 000 | 0. 000 | 0. 695 | 0. 308 | 0. 000 | 0. 450 | 0. 770 | 0. 613 | 0. 748 | 0. 616 | 0. 624 | 0. 797 |
| HS23 | 0. 000 | 0. 013 | 0. 032 | 0. 001 | 0. 032 | 0. 041 | 0. 000 | 0. 003 | 0. 997 | 1. 000 | 0. 826 | 1. 000 |
| HS24 | 0. 193 | 0. 000 | 0. 108 | 0. 000 | 0. 000 | 0. 226 | 0. 000 | 0. 577 | 1. 000 | 1. 000 | 1. 000 | 1. 000 |
| Bt | 0. 149 | 0. 221 | 0. 082 | 0. 166 | 0. 196 | 0. 230 | 0. 154 | 0. 314 | 0. 390 | 0. 217 | 0. 402 | 0. 378 |

（3）农产品产业内贸易分类指标

如表 7-12 所示，通过对 2005—2018 年中韩两国农产品水平和垂直型产业内贸易指数的计算，可以看出边际产业内贸易总指数表现出了明显的产业间贸易特点。2005—2018 年的水平型产业内贸易指数 BH 均小于垂直型产业内贸易指数 BZ，表明两国农产品贸易为明显的垂直型产业内贸易，贸易增加也是主要来自垂直型的产业内贸易。

**表 7-12　2005—2018 年中韩农产品水平和垂直型产业内贸易指数**

| 年份 | 2005/2006 | 2006/2007 | 2007/2008 | 2008/2009 | 2009/2010 | 2010/2011 | 2011/2012 | 2012/2013 | 2013/2014 | 2014/2015 | 2015/2016 | 2016/2017 | 2017/2018 |
|---|---|---|---|---|---|---|---|---|---|---|---|---|---|
| AM | 0.967 | 0.97 | 0.967 | 0.966 | 0.843 | 0.659 | 0.685 | 0.87 | 0.713 | 0.895 | 0.690 | 0.763 | 0.747 |
| BH | 0.033 | 0.03 | 0.033 | 0.034 | 0.157 | 0.341 | 0.315 | 0.13 | 0.242 | 0.307 | 0.316 | 0.294 | 0.373 |
| BZ | 0.935 | 0.939 | 0.935 | 0.933 | 0.685 | 0.494 | 0.391 | 0.74 | 0.472 | 0.451 | 0.404 | 0.428 | 0.473 |

其中，AM 可以用下列公式表示：

$$AM = 1 - \frac{\sum | \Delta X_i - \Delta M_i |}{\sum ( \Delta X_i | + \Delta M_i | )}$$

## 第三节　中韩机电产品产业内贸易分析

作为国民经济的重要产业，机电产品产业集货物贸易、技术贸易和服务贸易于一身，主导着国际贸易及国际高新技术产品贸易，体现了一个国家在经济全球化中的分工和外贸竞争力。机电产品在中韩两国进出口贸易中占比常年排名第一，既是韩国从中国进口产品金额的第一名，也是韩国出口中国金额的第一名。随着中国经济的快速发展，中国的产业结构也随之调整，且与韩国呈同构化，水平分工逐渐取代垂直分工。所以，中韩两国的双边贸易的合作在增强，竞争也在不断加剧。

### 一、机电产品的范围界定

在总量分析时，本书将机电产品范围界定为国际上通用的 SITC（国际贸易标准分类）Rev. 3 分类标准中的第七大类，如表 7-13 所示。

**表 7-13　SITC Rev. 3 标准下第七大类产品**

| | |
|---|---|
| 7　MACHINERY AND TRANSPORT EQUIPMENTS | 机械及运输设备 |
| 71　POWER GENERATING MACHINES | 发电机械 |
| 72　SPECIAL INDUSTRIAL MACHINERY | 特种工业机械 |
| 73　METAL WORKING MACHINERY | 金属加工机械 |
| 74　GENERAL INDUSTRIAL MACHINES | 一般工业机械设备和机器零件 |
| 75　OFFICE MACHINES，ADP MACHINES | 办公及自动资料处理仪器 |
| 76　TELECOMM，SOUND EQUIPMENTS，ETC | 电信、录音机音响设备仪器 |
| 77　ELECTRICAL MACHINES，APPARATUS | 电动机械、仪器和用具 |
| 78　ROAD VEHICLES | 道路车辆（包括气垫车辆） |
| 79　OTHER TRASNSPORT EQUIPMENTS | 其他运输设备 |

在原海关合作理事会①制定的《商品名称及编码协调制度的国际公约》（简称协调制度，Harmonized System，缩写为 HS）中，第 82~91 章产品为中韩两国之间的机电产品贸易集中部分，其他章机电产品数量由于较少且分散，因此在进行结构分析时，本章主要研究 HS 编码第 82~91 章产品（见表 7-14）。

**表 7-14　HS 编码第 82~91 章内容**

| HS 编码 | 商品名称 |
|---|---|
| 第 82 章 | 贱金属工具、器具、利口器、餐匙、餐叉及其零件 |
| 第 83 章 | 贱金属杂项制品 |
| 第 84 章 | 核反应堆、锅炉、机器、机械器具及其零件 |
| 第 85 章 | 电机、电气设备及其零件；录音机及放声机，电视图像、声音的录制和重放设备及其零件、附件 |
| 第 86 章 | 铁道及电车道机车、车辆及其零件；铁道及电车道轨道固定装置及其零件、附件；各种机械（包括电动机械）交通信号设备 |
| 第 87 章 | 车辆及其零件、附件，但铁道及电车道车辆除外 |
| 第 88 章 | 航空器、航天器及其零件 |
| 第 89 章 | 船舶及浮动结构体 |

① 世界海关组织（World Customs Organization，WCO）的前身。海关合作理事会（Customs Co-operation Council，CCC）1952 年成立，1994 年，该组织获得了一个工作名称，即“世界海关组织”，从而与“世界贸易组织”（WTO）相对应。

续表

| HS 编码 | 商品名称 |
|---|---|
| 第 90 章 | 光学、照相、电影、计量、检验、医疗或外科用仪器及设备、精密仪器及设备；上述物品的零件、附件 |
| 第 91 章 | 钟表及其零件 |

## 二、中韩机电产品贸易总量分析

在全球机电产业中，中韩两国均为机电贸易大国，同时机电产业也是两国的经济支柱产业。1992 年中韩正式建交之后，两国贸易突飞猛进，经济合作蓬勃展开。2019 年，中国机电产品出口贸易额高达 1.56 万亿美元，连续 9 年位列全球首位，占全球机电产品贸易比重为 20.28%。韩国机电产品贸易位居第五，贸易额 0.51 万亿美元，占全球机电产品贸易比重约 3.4%。由表 7-15可知，2019 年韩国对中国机电产品出口额为 1028.07 亿美元，占韩国出口中国贸易总额的 59.23%。同时，2019 年韩国对中国机电产品进口额为 538.27 亿美元，占韩国自中国进口总额的 48.5%，机电产业贸易在两国贸易中的比重逐年增加。而机电产业贸易的增长速度已经连续多年超过了中韩两国之间贸易增长率，表明机电产业在中韩两国贸易中发挥了重要作用。

表 7-15　1992—2019 年中韩总贸易及机电产品贸易状况　　单位：亿美元

| 年份 | 中韩贸易增长率（%） | 中对韩出口机电产品额 | 中从韩进口机电产品额 | 中韩机电产品贸易总额 | 中韩机电产品贸易增长率（%） | 中韩机电产品贸易占中韩贸易总额比重（%） |
|---|---|---|---|---|---|---|
| 1992 | — | 1.0 | 4.5 | 5.5 | — | 11.0 |
| 1993 | 63.5 | 2.0 | 11.2 | 13.2 | 138.9 | 16.1 |
| 1994 | 42.6 | 3.6 | 17.5 | 21.1 | 59.3 | 18.0 |
| 1995 | 44.9 | 6.7 | 23.6 | 30.3 | 43.6 | 17.8 |
| 1996 | 17.7 | 11.8 | 31.9 | 43.7 | 44.3 | 21.9 |
| 1997 | 20.4 | 14.9 | 35.2 | 50.1 | 14.7 | 20.8 |
| 1998 | -11.6 | 14.9 | 32.8 | 47.7 | -4.8 | 22.4 |
| 1999 | 17.7 | 19.9 | 45.7 | 65.6 | 37.5 | 26.2 |
| 2000 | 37.8 | 30.0 | 71.6 | 101.6 | 55.0 | 29.4 |
| 2001 | 4.1 | 36.4 | 76.9 | 113.3 | 11.5 | 31.6 |

续表

| 年份 | 中韩贸易增长率（%） | 中对韩出口机电产品额 | 中从韩进口机电产品额 | 中韩机电产品贸易总额 | 中韩机电产品贸易增长率（%） | 中韩机电产品贸易占中韩贸易总额比重（%） |
|---|---|---|---|---|---|---|
| 2002 | 22.9 | 44.6 | 122.4 | 166.9 | 47.3 | 37.9 |
| 2003 | 43.4 | 61.4 | 190.4 | 251.8 | 50.9 | 39.8 |
| 2004 | 42.4 | 101.9 | 269.2 | 371.0 | 47.3 | 41.2 |
| 2005 | 24.3 | 125.7 | 351.6 | 477.3 | 28.7 | 42.6 |
| 2006 | 19.9 | 157.1 | 425.0 | 582.1 | 22.0 | 43.4 |
| 2007 | 19.3 | 205.8 | 489.9 | 695.8 | 19.5 | 43.4 |
| 2008 | 16.2 | 289.9 | 505.6 | 795.5 | 14.3 | 42.8 |
| 2009 | -16.0 | 262.1 | 480.5 | 742.6 | -6.7 | 47.5 |
| 2010 | 32.6 | 319.6 | 676.5 | 996.1 | 34.1 | 48.1 |
| 2011 | 18.6 | 358.2 | 767.4 | 1125.6 | 13.0 | 45.8 |
| 2012 | 4.4 | 421.5 | 842.0 | 1263.5 | 12.3 | 49.3 |
| 2013 | 7.0 | 459.1 | 982.7 | 1441.7 | 14.1 | 52.6 |
| 2014 | 5.9 | 481.7 | 998.3 | 1480.0 | 2.7 | 51.0 |
| 2015 | -5.0 | 503.6 | 1038.0 | 1541.6 | 4.2 | 55.9 |
| 2016 | -8.4 | 456.9 | 933.9 | 1390.8 | -9.8 | 55.0 |
| 2017 | -5.0 | 457.03 | 738.36 | 1195.39 | -14 | 49.8 |
| 2018 | 11.9 | 504.13 | 880.36 | 1384.49 | 15.8 | 51.5 |
| 2019 | 5.9 | 538.27 | 1028.07 | 1566.34 | 13.13 | 55.0 |

数据来源：联合国贸易统计数据库。

1992 年中韩两国建交以来，两国进出口贸易规模不断增长，在机电产品贸易领域，中方逆差长期存在且不断扩大。自 1992 年中韩贸易开展以来，中方就呈现逆差状态，2008 年贸易逆差下降，达到 382.06 亿美元，同比下降 19.26%，机电产业贸易逆差为 215.68 亿美元，同比下降 24.08%（见表 7-16、图 7-2）。这是由于 2008 年国际金融危机导致国际贸易市场疲软，全球经济增长放缓，中韩两国双边贸易也受到了一定的冲击。2008 年 5 月 27 日，中韩双方一致同意，两国关系从“全面合作伙伴关系”提升为“战略合作伙伴关系”。新的战略关系确定标志着两国进入了新的发展阶段，更推动中韩两国贸易稳定增长。由此导致 2009—2013 年的两国贸易中，中方贸易逆差持续增加。随着《中韩自贸协定》的签署，2016—2017 年中方逆差幅度有所下降，近两年又恢复了增长态势。

**表 7-16　1992—2019 年中韩贸易总逆差及机电产业逆差**　　单位：亿美元

| 年份 | 总体贸易逆差 | 逆差增长率（%） | 机电贸易逆差 | 逆差增长率（%） |
|---|---|---|---|---|
| 1992 | 2.1 | — | 3.54 | — |
| 1993 | 25 | 1090.48 | 9.18 | 162.86 |
| 1994 | 29.17 | 16.68 | 13.83 | 51.09 |
| 1995 | 36.05 | 23.59 | 16.85 | 21.58 |
| 1996 | 49.82 | 38.20 | 20.11 | 18.93 |
| 1997 | 58.03 | 16.48 | 20.26 | 1.00 |
| 1998 | 87.63 | 51.01 | 17.93 | -11.82 |
| 1999 | 94.19 | 7.49 | 25.79 | 44.13 |
| 2000 | 119.15 | 26.50 | 41.58 | 61.24 |
| 2001 | 108.58 | -8.87 | 40.47 | -2.64 |
| 2002 | 130.33 | 20.03 | 77.79 | 92.10 |
| 2003 | 230.33 | 76.73 | 129.07 | 65.81 |
| 2004 | 344.23 | 49.45 | 167.29 | 29.69 |
| 2005 | 417.13 | 21.18 | 225.85 | 35.03 |
| 2006 | 452.02 | 8.36 | 267.85 | 18.59 |
| 2007 | 473.2 | 4.69 | 284.11 | 6.05 |
| 2008 | 382.06 | -19.26 | 215.68 | -24.08 |
| 2009 | 488.72 | 27.92 | 218.34 | 1.25 |
| 2010 | 695.73 | 42.36 | 356.86 | 63.42 |
| 2011 | 797.97 | 14.70 | 409.2 | 14.65 |
| 2012 | 810.55 | 1.58 | 420.5 | 2.76 |
| 2013 | 919.08 | 13.39 | 523.62 | 24.52 |
| 2014 | 897.75 | -2.32 | 516.68 | -1.34 |
| 2015 | 732.2 | -18.44 | 534.39 | 3.45 |

续表

| 年份 | 总体贸易逆差 | 逆差增长率（%） | 机电贸易逆差 | 逆差增长率（%） |
|---|---|---|---|---|
| 2016 | 652.67 | -10.86 | 476.99 | -10.74 |
| 2017 | 442.6 | -32.19 | 281.4 | -41.02 |
| 2018 | 556.8 | 25.80 | 376.23 | 33.73 |
| 2019 | 626 | 12.43 | 489.8 | 30.19 |
| 年均 | 380.68 | 15.64① | 210.79 | 20.29② |

数据来源：联合国贸易统计数据库。

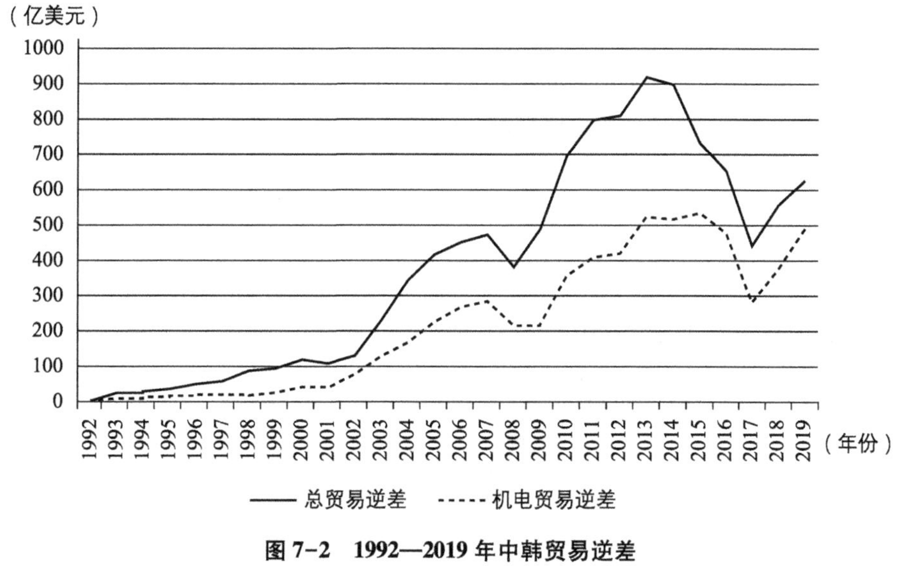


图 7-2 1992—2019 年中韩贸易逆差

可以看出中韩贸易中，中方逆差总体呈上升趋势，年均增长率为 15.64%，而机电产业逆差也是总体呈现上升趋势，年均增长率为 20.29%（此处均为剔除了 1993 年数据的年均增长率），两者变化趋势基本一致。自 2002 年以来，中韩贸易中，中方的贸易逆差一直随着贸易额的增长而快速增长，近年来随着中国机电产品出口贸易额的逐年增加，机电产品的国际竞争力逐步提高，中方的逆差也开始呈现下降趋势。

## 三、中韩机电产品贸易结构分析

自1992年以来，中韩两国贸易一直存在着机电产品的产业内贸易现象，同时大规模进口又出口。根据中国对韩国出口机电商品HS分类的平均贸易额做饼状图（见图7-3），1992—2019年中国对韩国出口排名前五的机电产品如下：

（1）第85章（电机、电气设备及其零件；录音机及放声机，电视图像、声音的录制和重放设备及其零件、附件），占总比例的64.44%。

（2）第84章（核反应堆、锅炉、机器、机械器具及其零件），占总比例的21.27%。

（3）第90章（光学、照相、电影、计量、检验、医疗或外科用仪器及设备、精密仪器及设备），占总比例的7.25%。

（4）第87章（车辆及其零件、附件，但铁道及电车道车辆除外），占总比例的2.80%。

（5）第89章（船舶及浮动结构体），占总比例的1.93%。

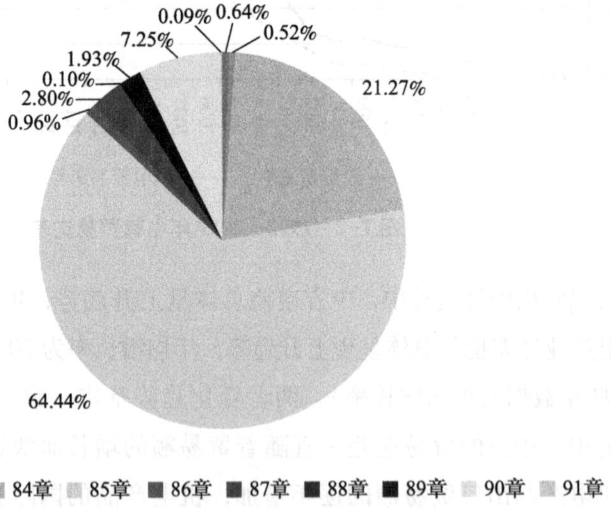


**图7-3　1992—2019年中国对韩国机电产品出口贸易结构**

数据来源：联合国贸易统计UNcomtrade数据库。

由图 7-4 可以看出，1992—2019 年中国对韩国进口排名前五的机电产品如下：

（1）第 85 章（电机、电气设备及其零件；录音机及放声机，电视图像、声音的录制和重放设备及其零件、附件），占 61.92%。

（2）第 90 章（光学、照相、电影、计量、检验、医疗或外科用仪器及设备、精密仪器及设备），占 18.04%。

（3）第 84 章（核反应堆、锅炉、机器、机械器具及其零件），占 15.88%。

（4）第 87 章（车辆及其零件、附件，但铁道及电车道车辆除外，8710 除外），占 3.34%。

（5）第 82 章（贱金属工具、器具、利口器、餐匙、餐叉及其零件），占 0.35%。

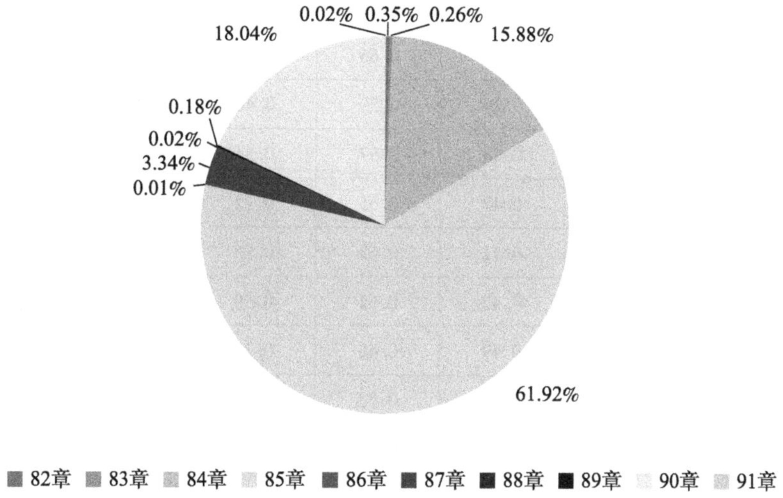


**图 7-4　1992—2019 年中国对韩国机电产品进口贸易结构**

数据来源：联合国贸易统计数据库。

由此可见，中韩机电产品进出口贸易主要发生在 HS 编码第 84 章、第 85 章、第 90 章的产品中。其中，第 85 章产品在中韩进出口贸易中比例都很大，超过 60%。

## 四、中韩机电产品产业内贸易程度分析

采用前文界定的GL指数对中韩机电产品产业内贸易程度进行分析测算，得到结果如表7-17所示。

表7-17　1992—2018年HS编码下主要进出口商品的GL值

| 年份＼HS编码 | 82 | 84 | 85 | 87 | 89 | 90 |
|---|---|---|---|---|---|---|
| 1992 | 0.39 | 0.32 | 0.37 | 0.97 | 0.20 | 0.98 |
| 1993 | 0.57 | 0.19 | 0.43 | 0.16 | 0.01 | 0.69 |
| 1994 | 0.75 | 0.22 | 0.46 | 0.08 | 0.01 | 0.70 |
| 1995 | 0.92 | 0.21 | 0.60 | 0.17 | 0.84 | 0.63 |
| 1996 | 0.92 | 0.23 | 0.69 | 0.28 | 0.14 | 0.62 |
| 1997 | 0.69 | 0.33 | 0.66 | 0.57 | 0.23 | 0.61 |
| 1998 | 0.90 | 0.29 | 0.59 | 0.46 | 0.24 | 0.65 |
| 1999 | 0.68 | 0.48 | 0.57 | 0.54 | 0.56 | 0.73 |
| 2000 | 0.64 | 0.47 | 0.55 | 0.72 | 0.81 | 0.67 |
| 2001 | 0.64 | 0.51 | 0.63 | 0.55 | 0.77 | 0.42 |
| 2002 | 0.81 | 0.46 | 0.52 | 0.59 | 0.93 | 0.25 |
| 2003 | 0.66 | 0.49 | 0.48 | 0.22 | 0.67 | 0.19 |
| 2004 | 0.59 | 0.59 | 0.53 | 0.21 | 0.87 | 0.12 |
| 2005 | 0.64 | 0.64 | 0.48 | 0.24 | 0.37 | 0.13 |
| 2006 | 0.64 | 0.63 | 0.50 | 0.37 | 0.23 | 0.17 |
| 2007 | 0.72 | 0.66 | 0.55 | 0.54 | 0.12 | 0.18 |
| 2008 | 0.94 | 0.88 | 0.66 | 0.63 | 0.17 | 0.20 |
| 2009 | 0.76 | 0.89 | 0.63 | 0.48 | 0.38 | 0.21 |
| 2010 | 0.69 | 0.75 | 0.58 | 0.44 | 0.19 | 0.23 |
| 2011 | 0.91 | 0.69 | 0.59 | 0.43 | 0.14 | 0.29 |
| 2012 | 0.82 | 0.77 | 0.62 | 0.45 | 0.15 | 0.30 |
| 2013 | 0.90 | 0.74 | 0.61 | 0.45 | 0.63 | 0.30 |

续表

| HS编码 / 年份 | 82 | 84 | 85 | 87 | 89 | 90 |
|---|---|---|---|---|---|---|
| 2014 | 0.77 | 0.71 | 0.65 | 0.40 | 0.56 | 0.31 |
| 2015 | 0.83 | 0.72 | 0.64 | 0.45 | 0.17 | 0.33 |
| 2016 | 0.87 | 0.80 | 0.63 | 0.51 | 0.30 | 0.34 |
| 2017 | 0.79 | 0.91 | 0.71 | 0.70 | 0.76 | 0.45 |
| 2018 | 0.84 | 0.83 | 0.69 | 0.81 | 0.68 | 0.48 |

可以看出，1992—2018年在中韩两国贸易的产品中，第82章产品GL值波动不是很大，除了1992年处于0.5以下，其他各年都在0.5以上，在1992—2018年产业内贸易指数平均值为0.75，产业内贸易处于主导地位。第84章产品从1992年以来，进口额和出口额都在不断增长，且中方逆差逐渐上升，其贸易指数从1992年的0.32增长到2018年的0.83，达到较高的产业内贸易水平。第85章产品在中韩进出口机电产品额中占比超过60%，其GL指数波动相对较平稳，绝大部分年份都超过0.5。1992—2018年第87章和第89章产品GL值波动幅度较大。从1992年到2000年，第90章产品GL贸易指数一直表现出产业内贸易特征，之后GL贸易指数开始下降，近年有所回升，但一直处于0.5以下，表现出产业间贸易特征，该产品的产业内贸易还有待进一步发展。

第八章

# 贸易便利化水平对“一带一路”沿线国家双边贸易的影响分析

## 第一节 文献述评

在当前区域经济一体化不断发展的形势下，区域合作成为经济合作的重要趋势。近年来，中国经济快速发展，在区域经济合作中具有一定话语权。中国提出的“一带一路”倡议，为打通中国与“一带一路”沿线各国的经贸关系奠定了基础，在降低交易成本、提高合作效率方面起到重要的作用。“一带一路”倡议提出以来，中国与“一带一路”沿线国家的贸易往来持续扩大，贸易结构不断优化，贸易新增长点不断出现，为各参与方的经济发展注入了新活力。① 从2013年到2018年，中国与“一带一路”沿线国家的货物贸易总额达到6万亿美元，平均年增长率达到4%，高于同期中国外贸平均增速。② 2018年，中国与“一带一路”沿线国家进出口总额就达到了1.3万亿美元，与2017年相比增长了16.3%，占外贸总值的27.4%。③ 由此看来，“一带一路”沿线国家的贸易流量和贸易潜力不可小觑。作为“一带一路”建设“五通”之一，贸易畅通是构建“一带一路”的重点内容。为了促进贸易畅通，自2013年以来，中国采取了一系列举措，如加快自由贸易区和自由贸易港的建设、建立跨境经济合作区、与沿线国家签署或升级贸易协定、举办多个国际性的博览会、大力简化进出口程序、推动投资贸易体制机制的创新，以此降低贸易壁垒，消除贸易合作的障碍，从而大力推动“一带一路”贸易的发展。

基于贸易畅通在“一带一路”建设中的重要地位，大量文献从贸易畅通

---

① 中华人民共和国商务部．中国对外贸易形势报告（2019年春季）[R/OL]．(2019-05-28)．http://zhs.mofcom.gov.cn/article/cbw/201905/20190502866408.shtml.

② 中华人民共和国商务部．商务部新闻发言人高峰在商务部例行新闻发布会上的讲话 [EB/OL]．2019-01-24. https://www.sohu.com/a/291258837_825950

③ 中华人民共和国商务部．商务部新闻发言人高峰在商务部例行新闻发布会上的讲话 [EB/OL]．2019-04-28. http://finance.sina.com.cn/roll/2019-04-18/doc-ihvhiewr6916474.shtml

的角度研究"一带一路"的经贸合作。因为"一带一路"沿线国家的关税水平已大大降低，关税不再是主要的贸易壁垒，而沿线各国的对外贸易制度、贸易政策、海关效率、物流效率、金融发展水平、电子商务发展程度、市场准入门槛、政府监管力度都参差不齐，使得贸易便利化水平成为决定贸易畅通与否的关键因素，在研究的过程中，很多学者都从贸易便利化水平的角度出发，研究贸易便利化水平以及其对贸易的影响。关于贸易便利化水平，匡增杰（2007）梳理了WTO在多哈回合中关于贸易便利化水平的主要问题，包括贸易条例的公布和实施、规费和输出入手续、过境自由等；朱永强、高正桥（2003）分析了贸易便利化水平给政府和贸易商带来的收益，包括提高政府配置资源的效率、促进外商直接投资、提高贸易管理部门的透明度和贸易程序的可预测性、提高货物的通关效率等。还有很多学者将定性和定量方法结合在一起，利用实证来探究贸易便利化水平对贸易流量的影响。Otsuki、Wilson和Mann（2003）把贸易便利化水平指标细化，并且在此基础上，实证分析得出贸易便利化水平大大改善了南亚的贸易量；袁晓莉、周琛（2018）利用引力模型验证了贸易便利化水平对亚太经济体贸易流量的影响最大；孔庆峰、董虹蔚（2015）构建了"一带一路"沿线国家贸易便利化水平体系的一级指标和二级指标，利用引力模型分析出贸易便利化水平对贸易流量的影响很大，在分指标的实证分析中，发现物流效率对贸易流量的影响比其他三个一级指标的影响要大；李豫新、郭颖慧（2013）以边境贸易为研究对象，在构建边境贸易便利化水平指标后，利用引力模型发现边境贸易便利化水平能够明显促进新疆维吾尔自治区的贸易流量。

本章基于已有文献的研究，根据"一带一路"沿线58个国家的特征，将贸易便利化水平指标体系拓展成三级，使得指标体系内容更加系统和完整；使用主成分分析法测算"一带一路"沿线58个国家贸易便利化水平，在保证信息尽可能完整的情况下，减少指标维度，从而降低指标间的相关性；在利用引力模型分析沿线58个国家贸易便利化水平对双边贸易流量影响的同时，纳入口岸与物流效率、海关和边境管理与市场准入、政府与监管环境、金融与电子商务等四个一级指标，分析每个一级指标对双边贸易流量的影响，发现金融与电子商务指标对双边贸易流量的影响最大；用真实贸易额/模型拟合值方法和模拟法两种方法测算"一带一路"沿线各地区的贸易潜力，真实贸易额/模型拟合值方法揭示出“一带一路”沿线不同区域的国家进行双边贸易的潜力巨大；模拟法假设“一带一路”沿线58个国家的贸易便利化水平都提升一个层次后对不同地区贸易流量可以带来的影响，从而挖掘“一带一路”沿线不同地区的贸易潜能，研究后发现“一带一路”沿线亚洲国家的贸易潜力巨大。本章最后有针对性地提出政策建议，为中国与“一带一路”沿线国家和地区的经贸合作提供思路。

## 第二节　“一带一路”贸易便利化分析

### 一、贸易便利化水平评价体系的构建

1. 贸易便利化水平指标的选取

现有文献中关于贸易便利化水平指标的构建体系中，使用最多的是Wilson、Mann和Otsuki（2003）提出的便利化水平综合指数，包括四个指标：口岸效率、海关环境、制度环境、电子商务。随着时代的发展，贸易便利化水平指标的内容也更加丰富。例如段景辉和黄丙志（2011）认为，在构建指标评价体系时，细化为三至四级指标会使得整个体系更加完整，并且便于使用。因此，基于已有文献的研究，结合“一带一路”沿线国家贸易与经济发展的特点，本章构建了三级指标（见表8-1），其中包括四个一级指标，说明如下：

（1）口岸与物流效率。该指标包含了运输设施质量、运输服务质量与信息通信技术利用度，其便利化程度越高，货物的流动速度就越高。

（2）海关和边境管理与市场准入。该指标涉及进出口环节中，海关和边境管理的效率和成本问题，也涉及关税壁垒和非关税壁垒这些影响商品通关成本的因素。海关和边境管理的效率越高，相关成本越低，贸易便利化水平越高。

（3）政府与监管环境。该指标衡量一国内部政府对贸易的监管程度和政策的透明度，从内部环境反映政府在处理对外贸易时的效率和成本。

（4）金融与电子商务。该指标衡量一国的金融水平，以及互联网技术在对外贸易中的使用程度，同时衡量网络在降低交易成本、解决信息不对称问题过程中起到的作用。

前两个指标涉及边境环境，而后两个指标涉及国内环境，这四个一级指标从国内外的宏微观环境衡量了贸易便利化水平的程度，使得衡量指标体系更加全面、衡量标准更加客观。在《全球贸易便利化报告 2016》（GETR 2016）和《全球竞争力报告 2017—2018》（GCR 2017—2018）的基础上，本章选取 37 个指标进行分析。

**表 8-1 贸易便利化水平评价指标体系**

| 一级指标 | 二级指标 | 三级指标 | 指标取值范围 | 指标来源 | 属性 |
|---|---|---|---|---|---|
| 口岸与物流效率 T（0.408） | 运输设施质量 $T_1$ | 港口基础设施质量 $T_{11}$ | 1~7 | GCR | 正 |
| | | 空运基础设施质量 $T_{12}$ | 1~7 | GCR | 正 |
| | | 铁路基础设施质量 $T_{13}$ | 1~7 | GCR | 正 |
| | | 公路运输设施质量 $T_{14}$ | 1~7 | GCR | 正 |
| | 运输服务质量 $T_2$ | 物流竞争力 $T_{21}$ | 1~5 | GETR | 正 |
| | | 转运连接能力 $T_{22}$ | 1~5 | GETR | 正 |
| | | 装运负担能力 $T_{23}$ | 1~5 | GETR | 正 |
| | | 跟踪和追查能力 $T_{24}$ | 1~5 | GETR | 正 |
| | | 邮政服务效率 $T_{25}$ | 1~7 | GETR | 正 |
| | | 运输的及时性 $T_{26}$ | 1~5 | GETR | 正 |
| | 信息通信技术利用度 $T_3$ | 互联网使用人数的占比 $T_{31}$ | 0~100 | GETR | 正 |
| | | 移动蜂窝使用程度 $T_{32}$ | >0 | GETR | 正 |
| | | 固定宽带使用程度 $T_{33}$ | >0 | GETR | 正 |
| | | 移动宽带使用程度 $T_{34}$ | >0 | GETR | 正 |
| 海关和边境管理与市场准入 C（0.152） | 海关和边境管理 $C_1$ | 海关服务指数 $C_{11}$ | 0~1 | GETR | 正 |
| | | 海关透明度指数 $C_{12}$ | 0~1 | GETR | 正 |
| | | 清关程序效率 $C_{13}$ | 1~5 | GETR | 正 |
| | | 进出口办理边境合规手续时间 $C_{14}$ | >0 | GETR | 逆 |
| | | 进出口办理边境合规手续成本 $C_{15}$ | >0 | GETR | 逆 |
| | | 进出口额外支出 $C_{16}$ | 1~7 | GETR | 正 |
| | 市场准入 $C_2$ | 关税税率 $C_{21}$ | 0~100 | GETR | 逆 |
| | | 关税的复杂程度 $C_{22}$ | 1~7 | GETR | 正 |
| | | 非关税壁垒 $C_{23}$ | 1~7 | GCR | 正 |

续表

| 一级指标 | 二级指标 | 三级指标 | 指标取值范围 | 指标来源 | 属性 |
|---|---|---|---|---|---|
| 政府与监管环境R（0.258） | 政府管理 $R_1$ | 司法独立性 $R_{11}$ | 1~7 | GCR | 正 |
| | | 政府官员的公信力 $R_{12}$ | 1~7 | GCR | 正 |
| | | 政府官员在决策时的徇私程度 $R_{13}$ | 1~7 | GCR | 正 |
| | | 非常规支付与贿赂 $R_{14}$ | 1~7 | GCR | 正 |
| | 监管环境 $R_2$ | 政府管制的负担 $R_{21}$ | 1~7 | GCR | 正 |
| | | 政府制定政策的透明度 $R_{22}$ | 1~7 | GCR | 正 |
| | | 犯罪和暴力的商业成本 $R_{23}$ | 1~7 | GCR | 正 |
| | | 政府解决法规冲突的效率 $R_{24}$ | 1~7 | GCR | 正 |
| 金融与电子商务F（0.182） | 金融效率 $F_1$ | 金融服务的可得性 $F_{11}$ | 1~7 | GCR | 正 |
| | | 金融服务的负担能力 $F_{12}$ | 1~7 | GCR | 正 |
| | 电子商务 $F_2$ | B2C 电子商务使用程度 $F_{21}$ | 1~7 | GETR | 正 |
| | | B2B 电子商务使用程度 $F_{22}$ | 1~7 | GETR | 正 |
| | | 政府在线服务指数 $F_{23}$ | 0~1 | GETR | 正 |
| | | 企业对技术的吸收程度 $F_{24}$ | 1~7 | GCR | 正 |

### 2. 样本选取和数据处理

建立贸易便利化水平指标体系后，根据样本数据的可得性选取样本，然后求出各三级指标的值，并将三级指标的值进行算术平均，最后求得一级指标的值，具体样本选取和数据处理过程如下：

关于样本选取，考虑到阿富汗、东帝汶、伊拉克、马其顿、马尔代夫、缅甸、白俄罗斯、哈萨克斯坦、叙利亚、土库曼斯坦、乌兹别克斯坦和也门等国家数据缺失，最后选取了58个“一带一路”沿线国家进行分析。

在数据处理方面，有的国家某些三级指标数据缺失，因此，本章利用相应二级指标对应的其他三级指标数据对缺失值进行估计。例如，铁路质量指标的数据取其他三个指标的平均数；“海关服务指数”和“海关透明度指数”取与“进出口额外支出”相同的数值；“邮政服务效率”取其他指标的平均值。

为了消除各指标因单位不同对量纲造成的影响，使数据之间可以相互比较，在原始数据的基础上对数据进行标准化处理，公式表达为：$Y_{ij}=X_{ij}/X_{max}$，所有指标取值在（0，1）；$X_{ij}$为指标的原始取值，$X_{max}$为该指标所有统计数值中的最大取值，$i$表示一级指标（$I=1, 2, 3, 4$），$j$表示第$i$个一级指标下的第$j$个三级指标；各一级指标的取值为其下三级指标取值的算术平均数，表达式为：$Z_i=\frac{1}{n}\sum_{j=1}^{n}Y_{ij}(J=1, 2, 3, 4)$，$n$表示第$i$个一级指标下有$n$个三级指标。

## 二、贸易便利化水平的测算与分析

### 1. 权重的确定

本章使用主成分分析法，计算各个三级指标的权重，从而得出贸易便利化水平的综合指标。具体做法是用 SPSS. 23 进行主成分分析，可以得到五个主成分：Comp1，Comp2，Comp3，Comp4，Comp5。这五个主成分提取了 37 个指标中 78. 366%的信息量。由五个主成分可以得到综合评价模型的系数构成：先求出每个主成分的贡献率和五个主成分的累计贡献率，再分别用前者除以后者，然后与每个主成分指标对应的系数相乘，最后相加求和。由此构建出贸易便利化水平指标体系的综合评价模型如下：

$$Comp=0.133T_{11}+0.129T_{12}+0.141T_{13}+0.135T_{14}+0.123T_{21}+0.142T_{22}+0.126T_{23}+0.122T_{24}+0.064T_{25}+0.133T_{26}+0.094T_{31}+0.111T_{32}+0.03T_{33}+0.114T_{34}+0.061C_{11}+0.018C_{12}+0.115C_{13}+0.061C_{14}+0.071C_{15}+0.117C_{16}-0.015C_{21}+0.053C_{22}+0.106C_{23}+0.143R_{11}+0.131R_{12}+0.135R_{13}+0.127R_{14}+0.113R_{21}+0.123R_{22}+0.078R_{23}+0.146R_{24}+0.129F_{11}+0.133F_{12}+0.092F_{21}+0.120F_{22}+0.102F_{23}+0.127F_{24}$$

主成分各指标的系数构成如表 8-2 所示。

**表 8-2 主成分各指标的系数构成**

| | Component | | | | |
|---|---|---|---|---|---|
| | 1 | 2 | 3 | 4 | 5 |
| $T_{11}$ | 0. 179 | 0. 035 | 0. 141 | -0. 092 | 0. 109 |
| $T_{12}$ | 0. 193 | 0. 059 | 0. 044 | -0. 176 | -0. 016 |
| $T_{13}$ | 0. 140 | 0. 056 | 0. 172 | 0. 372 | 0. 188 |

续表

| | Component | | | | |
|---|---|---|---|---|---|
| | 1 | 2 | 3 | 4 | 5 |
| $T_{14}$ | 0. 195 | 0. 071 | −0. 017 | −0. 112 | 0. 123 |
| $T_{21}$ | 0. 197 | −0. 095 | 0. 203 | −0. 158 | 0. 108 |
| $T_{22}$ | 0. 203 | 0. 069 | 0. 009 | −0. 019 | −0. 020 |
| $T_{23}$ | 0. 182 | −0. 071 | 0. 281 | −0. 066 | 0. 021 |
| $T_{24}$ | 0. 192 | −0. 112 | 0. 226 | −0. 075 | 0. 082 |
| $T_{25}$ | 0. 170 | −0. 104 | −0. 234 | −0. 239 | 0. 164 |
| $T_{26}$ | 0. 191 | −0. 122 | 0. 192 | −0. 073 | −0. 018 |
| $T_{31}$ | 0. 174 | −0. 161 | −0. 076 | 0. 263 | 0. 163 |
| $T_{32}$ | 0. 130 | −0. 023 | 0. 142 | 0. 515 | −0. 142 |
| $T_{33}$ | 0. 130 | −0. 280 | −0. 119 | 0. 018 | 0. 192 |
| $T_{34}$ | 0. 165 | −0. 057 | −0. 012 | 0. 382 | 0. 041 |
| $C_{11}$ | 0. 147 | −0. 125 | −0. 084 | −0. 016 | −0. 034 |
| $C_{12}$ | 0. 086 | −0. 167 | −0. 103 | −0. 173 | 0. 291 |
| $C_{13}$ | 0. 193 | −0. 099 | 0. 193 | −0. 168 | 0. 027 |
| $C_{14}$ | −0. 050 | 0. 269 | 0. 333 | 0. 085 | 0. 267 |
| $C_{15}$ | −0. 031 | 0. 262 | 0. 307 | 0. 104 | 0. 253 |
| $C_{16}$ | 0. 205 | 0. 007 | −0. 196 | 0. 020 | 0. 045 |
| $C_{21}$ | −0. 100 | 0. 220 | 0. 103 | −0. 265 | 0. 337 |
| $C_{22}$ | −0. 024 | 0. 341 | 0. 045 | 0. 089 | −0. 058 |
| $C_{23}$ | 0. 182 | 0. 015 | −0. 073 | −0. 028 | −0. 146 |
| $R_{11}$ | 0. 173 | 0. 177 | −0. 018 | 0. 004 | 0. 036 |
| $R_{12}$ | 0. 145 | 0. 284 | −0. 178 | 0. 003 | 0. 066 |
| $R_{13}$ | 0. 151 | 0. 288 | −0. 146 | −0. 049 | 0. 049 |
| $R_{14}$ | 0. 204 | 0. 064 | −0. 212 | 0. 043 | 0. 022 |
| $R_{21}$ | 0. 114 | 0. 317 | −0. 133 | −0. 045 | −0. 113 |
| $R_{22}$ | 0. 168 | 0. 191 | −0. 169 | −0. 048 | −0. 056 |
| $R_{23}$ | 0. 146 | 0. 008 | −0. 330 | 0. 197 | 0. 073 |
| $R_{24}$ | 0. 157 | 0. 273 | −0. 085 | 0. 033 | 0. 026 |
| $F_{11}$ | 0. 184 | 0. 088 | 0. 148 | −0. 107 | −0. 326 |
| $F_{12}$ | 0. 190 | 0. 096 | 0. 084 | −0. 078 | −0. 250 |
| $F_{21}$ | 0. 177 | −0. 150 | 0. 117 | 0. 015 | −0. 139 |

续表

| | Component | | | | |
|---|---|---|---|---|---|
| | 1 | 2 | 3 | 4 | 5 |
| $F_{22}$ | 0. 203 | −0. 069 | 0. 111 | −0. 006 | −0. 187 |
| $F_{23}$ | 0. 162 | −0. 089 | −0. 053 | 0. 083 | 0. 394 |
| $F_{24}$ | 0. 203 | −0. 012 | 0. 103 | −0. 056 | −0. 187 |
| proportion | 50. 182 | 14. 335 | 7. 000 | 3. 858 | 2. 991 |

根据以上综合模型，计算每个指标系数占所有系数之和的比例，可以得到各三级指标的权重，再将三级指标的权重加总可以得到一级指标的权重。由此可以得到口岸与物流效率（$T$）、海关和边境管理与市场准入（$C$）、政府与监管环境（$R$）、金融与电子商务（$F$）四个一级指标的权重分别为：0. 408、0. 152、0. 258、0. 182。贸易便利化水平体系的综合评价指标（TWTFI）的表达式为：

$$TWTFI = \sum_{i=1}^{n} W_i Z_i$$

其中，$W_i$ 表示第 $i$ 个一级指标的权重，$i=1$，2，3，4。

2. 贸易便利化水平的测算与分析

将一级指标值和对应的指标权重代入上式，可以得到“一带一路”沿线国家的综合贸易便利化水平测算值，结果排序如表 8-3 所示。

表 8-3　综合贸易便利化水平及排名

| 区域 | 国家 | TWTFI | 排名 |
|---|---|---|---|
| 东南亚 | 新加坡 | 0. 918 | 1 |
| | 马来西亚 | 0. 753 | 9 |
| | 泰国 | 0. 636 | 24 |
| | 印度尼西亚 | 0. 629 | 27 |
| | 文莱 | 0. 616 | 29 |
| | 越南 | 0. 593 | 34 |
| | 菲律宾 | 0. 545 | 47 |
| | 老挝 | 0. 520 | 51 |
| | 柬埔寨 | 0. 504 | 54 |
| | 地区平均 | 0. 635 | |

**续表**

| 区域 | 国家 | TWTFI | 排名 |
|---|---|---|---|
| 东亚 | 韩国 | 0. 749 | 10 |
| | 中国 | 0. 716 | 12 |
| | 蒙古国 | 0. 514 | 52 |
| | 地区平均 | 0. 660 | |
| 非洲 | 南非 | 0. 657 | 18 |
| | 摩洛哥 | 0. 624 | 28 |
| | 埃及 | 0. 596 | 33 |
| | 埃塞俄比亚 | 0. 533 | 49 |
| | 马达加斯加 | 0. 457 | 58 |
| | 地区平均 | 0. 568 | |
| 南太平洋 | 新西兰 | 0. 831 | 3 |
| 南亚 | 印度 | 0. 660 | 17 |
| | 不丹 | 0. 590 | 36 |
| | 斯里兰卡 | 0. 575 | 39 |
| | 巴基斯坦 | 0. 555 | 45 |
| | 尼泊尔 | 0. 484 | 57 |
| | 地区平均 | 0. 573 | |
| 西亚 | 阿联酋 | 0. 877 | 2 |
| | 卡塔尔 | 0. 816 | 4 |
| | 亚美尼亚 | 0. 790 | 5 |
| | 阿塞拜疆 | 0. 768 | 7 |
| | 以色列 | 0. 756 | 8 |
| | 沙特阿拉伯 | 0. 727 | 11 |
| | 阿曼 | 0. 699 | 13 |
| | 科威特 | 0. 691 | 15 |
| | 约旦 | 0. 644 | 21 |
| | 土耳其 | 0. 633 | 25 |
| | 格鲁吉亚 | 0. 609 | 32 |
| | 伊朗 | 0. 571 | 40 |
| | 黎巴嫩 | 0. 556 | 44 |
| | 巴林 | 0. 523 | 50 |
| | 地区平均 | 0. 684 | |

续表

| 区域 | 国家 | TWTFI | 排名 |
|---|---|---|---|
| 中东欧 | 爱沙尼亚 | 0.771 | 6 |
| | 立陶宛 | 0.697 | 14 |
| | 捷克共和国 | 0.677 | 16 |
| | 斯洛文尼亚 | 0.653 | 19 |
| | 拉脱维亚 | 0.645 | 20 |
| | 波兰 | 0.637 | 23 |
| | 俄罗斯 | 0.631 | 26 |
| | 匈牙利 | 0.616 | 30 |
| | 斯洛伐克 | 0.615 | 31 |
| | 克罗地亚 | 0.592 | 35 |
| | 黑山 | 0.589 | 37 |
| | 保加利亚 | 0.583 | 38 |
| | 塞尔维亚 | 0.562 | 41 |
| | 罗马尼亚 | 0.558 | 42 |
| | 阿尔巴尼亚 | 0.557 | 43 |
| | 乌克兰 | 0.544 | 48 |
| | 摩尔多瓦 | 0.510 | 53 |
| | 波斯尼亚和黑塞哥维那 | 0.492 | 55 |
| | 地区平均 | 0.607 | |
| 中美洲 | 巴拿马 | 0.642 | 22 |
| 中亚 | 塔吉克斯坦 | 0.548 | 46 |
| | 吉尔吉斯斯坦 | 0.491 | 56 |
| | 地区平均 | 0.520 | |

曾铮、周茜（2008）将贸易便利化水平指数分为四个等级：非常便利为0.8以上、比较便利为0.7~0.8、一般便利为0.6~0.7、不便利为0.6以下，以此对“一带一路”沿线国家和地区贸易便利化水平进行评价。由表8-3可以看出，新加坡、阿联酋、新西兰和卡塔尔的贸易便利度很高，达到非常便利的水平；亚美尼亚、爱沙尼亚、阿塞拜疆、以色列、马来西亚、韩国、沙特阿拉伯和中国属于比较便利的水平；阿曼、立陶宛、科威特和捷克等20个国家属于一般便利的水平；还有埃及、越南、克罗地亚等26个国家分值很

低，属于非常不便利的水平。其中，58 个国家之中分值最低的国家为马达加斯加。

从上面分析可以看出，贸易便利化水平与一国的经济发展水平密切相关，经济发展情况越好，贸易便利化水平就越高。① 在地区方面，本章根据地理位置将 58 个样本国家划分为东南亚、东亚、非洲、南太平洋、南亚、西亚、中东欧、中美洲和中亚九个区域。东南亚贸易便利化水平最高的是新加坡，分值达到 0.918；东亚最高的是韩国，分值为 0.749；非洲是南非，分值为 0.657；南亚是印度，分值为 0.660；西亚是阿联酋，分值达到 0.877；中东欧是爱沙尼亚，分值为 0.771。从各地区国家排名分布的情况上看，东南亚、西亚和中东欧的国家之间的差距比较大，既有新加坡、马来西亚、阿联酋、爱沙尼亚这些排名前十的国家，也有老挝、柬埔寨、巴林、摩尔多瓦、波斯尼亚和黑塞哥维那这些排名靠后的国家。

## 第三节 “一带一路”沿线国家双边贸易流量的实证分析

### 一、模型设定与数据来源

20 世纪 60 年代引力模型被引入衡量双边贸易流量的研究，随后得到不断扩展和完善。引力模型在双边贸易流量的影响因素问题上具有较强的解释力，引力模型一般包含如下因素：以双边贸易额为被解释变量，以 GDP、地理距离、人口、贸易与投资政策等为解释变量。本章纳入贸易便利化水平作为核心解释变量，构造一个拓展的引力模型，以衡量贸易便利化水平对双边贸易流量的影响。拓展的引力模型如下：

$$\ln EXP_{ij} = \alpha_0 + \alpha_1 \ln POP_i + \alpha_2 \ln POP_j + \alpha_3 \ln GDP_i + \alpha_4 \ln GDP_j + \alpha_5 \ln dist + \alpha_6 contig + \alpha_7 ASEAN + \alpha_8 EU + \alpha_9 \ln TWTFI_j + \varepsilon_{ij} \quad (8-1)$$

其中，双边贸易流量用出口总值表示，$EXP_{ij}$（美元）表示 $i$ 国对 $j$ 国的出

① 张淑辉. 金砖国家贸易便利化对中国农产品出口的影响分析［J］. 经济问题，2018（4）：116-122.

口总值，数据中包含A国对B国的出口和B国对A国的出口；$POP_i$ 表示出口国 $i$ 的总人口（百万人）；$POP_j$ 表示进口国 $j$ 的总人口（百万人）；$GDP_i$ 表示出口国 $i$ 国的经济总量（十亿美元）；$GDP_j$ 表示进口国 $j$ 国的经济总量（十亿美元）；*dist*（公里）表示两国的距离，用首都之间的球面距离表示；*contig* 表示两国土地是否相接，若是则取1，否则取0；*ASEAN* 表示两国是否同时为东盟成员，若是则取1，否则取0；*EU* 表示两国是否同时为欧盟成员，若是则取1，否则取0；$TWTFI_j$ 表示进口国 $j$ 的贸易便利化水平；$\varepsilon_{ij}$ 为随机扰动项。各变量的预期符号和数据来源见表8-4。

**表8-4 引力模型的变量说明**

| 解释变量 | 预期符号 | 数据来源 |
|---|---|---|
| $EXP_{ij}$ | 无 | 联合国COMTRADE数据库 |
| $POP_i$<br>$POP_j$ | 不确定 | 世界银行 |
| $GDP_i$<br>$GDP_j$ | + | 世界银行 |
| *dist* | - | CEPII数据库 |
| *contig* | + | CEPII数据库 |
| *ASEAN* | + | ASEAN官方网站 |
| *EU* | + | CEPII数据库 |
| $TWTFI_j$ | + | 前文测算所得 |

## 二、综合贸易便利化水平对双边贸易流量影响的实证分析

本章利用2016年58个样本国家的截面数据进行回归分析，将样本国家进行两两配对，实际可得2356个数据。用Stata15.0软件进行分析，回归结果如表8-5所示。

**表 8-5　拓展的引力模型回归结果**

| | (1) |
|---|---|
| 变量 | $\ln EXP_{ij}$ |
| $\ln POPi$ | -0.2210*** |
| | (-4.7300) |
| $\ln POP_j$ | 0.0581 |
| | (0.9200) |
| $\ln GDP_i$ | 1.6400*** |
| | (33.8500) |
| $\ln GDP_j$ | 0.9520*** |
| | (13.2200) |
| $\ln dist$ | -1.2800*** |
| | (-15.4900) |
| *Contig* | 1.0530*** |
| | (5.0300) |
| *ASEAN* | 1.1300*** |
| | (5.1400) |
| *EU* | 1.4460*** |
| | (8.2400) |
| $\ln TWTFI_j$ | 1.9910*** |
| | (4.5300) |
| _ cons | 16.4200*** |
| | (21.4500) |
| N | 2356 |

注：括号内为 t 值，*、**和***分别表示在 10%、5%和 1%显著性水平下通过检验，下同。

表 8-5 中的结果符合预期，具体分析如下：

1. 人口规模

在 1%的显著性水平下，出口国的人口规模越大，双边贸易流量越小，而且影响非常显著，人口规模每增加 1%，贸易流量就会减少 0.221%，而进口国人口规模越大，双边贸易流量越大，但是不显著，这表明人口规模对双边贸易流量的影响是不确定的。对出口国而言，随着人口的增加，意味着该国有更多的劳动力进行生产活动，因此会降低从国际上获取商品的需求。另外，对进口国而言，人口规模增加的同时会提高对进口商品的需求，从而增加本国的贸易进口。

2. 经济总量

在1%的显著性水平下，出口国的国内生产总值每提高1%，双边贸易流量显著提高1.64%；进口国的国内生产总值每提高1%，双边贸易流量显著提高0.952%。这表明贸易伙伴国的经济总量与双边贸易流量呈显著的正相关关系。一方面，随着经济总量的提高，出口国的经济实力增强，国际地位会提高，从而增强出口本国商品的意愿；另一方面，对进口国而言，经济总量提高，潜在贸易需求随之增大，从而提高其与伙伴国的贸易流量。另外，出口国经济总量对贸易流量的提升与促进作用比进口国的要大，原因是作为出口产品的供给方，出口国经济总量对出口贸易的刺激更加直接。

3. 地理位置

在1%的显著性水平下，两国间的地理距离每增加1%，双边贸易流量就会减少1.28%，而如果两国接壤，双边贸易流量就会增加1.053%。这表明，随着两国间距离的增加，国际贸易的成本会大大上升，使得两国的贸易流量减少；另外，如果两国接壤的话，会减少交通运输的成本，有利于提高两国的贸易流量。

4. 区域经济一体化组织

欧盟和东盟是"一带一路"沿线国家中区域经济一体化的典型代表，前者的国家在区域内部进行贸易时，不征收关税，但与区域外国家进行贸易，则征收统一的关税，在欧盟区域内实现了商品和生产要素的自由流动；后者通过实施经济一体化，建立自由贸易区，区域内的国家进行贸易时，不征收关税，另外，也取消了非关税壁垒，实现的是商品的自由流动。根据上述结果，在1%的显著性水平下，两国同为东盟成员国，会使得双边贸易流量增加1.13%；两国同为欧盟成员国，使得双边贸易流量增加1.446%。因为在经济一体化程度上，欧盟比东盟要更加深入，所以欧盟对贸易的促进作用比东盟要大。

5. 贸易便利化水平

在1%的显著性水平下，贸易便利化水平每提高1%，双边贸易流量就会提高1.991%。与其他几个变量的系数相比，贸易便利化水平的系数最大，说明它对贸易流量的促进作用最大，是双边贸易中最大的引力来源。由此可见，提高贸易便利化水平，如提高商品的运输效率、提高海关和边境的管理效率、放宽市场允许外资进入的条件、加强政府对贸易的监管力度、强化金融与电子商务在国际贸易中的作用，可以极大程度地提高双边贸易流量。

## 三、分指标贸易便利化水平的实证分析

为了确定贸易便利化水平的四个一级指标中哪个指标对贸易的影响最大，本章分别用口岸与物流效率（$T_j$）、海关和边境管理与市场准入（$C_j$）、政府与监管环境（$R_j$）和金融与电子商务（$F_j$）四个一级指标来代替贸易便利化水平变量（$TWTFI_j$），得到模型（8-2）至模型（8-5）：

$$\ln EXP_{ij}=\alpha_0+\alpha_1\ln POP_i+\alpha_2\ln POP_j+\alpha_3\ln GDP_i+\alpha_4\ln GDP_j+\alpha_5\ln dist+\alpha_6 contig+\alpha_7 ASEAN+\alpha_8 EU+\alpha_9\ln T_j+\varepsilon_{ij} \quad (8-2)$$

$$\ln EXP_{ij}=\alpha_0+\alpha_1\ln POP_i+\alpha_2\ln POP_j+\alpha_3\ln GDP_i+\alpha_4\ln GDP_j+\alpha_5\ln dist+\alpha_6 contig+\alpha_7 ASEAN+\alpha_8 EU+\alpha_9\ln C_j+\varepsilon_{ij} \quad (8-3)$$

$$\ln EXP_{ij}=\alpha_0+\alpha_1\ln POP_i+\alpha_2\ln POP_j+\alpha_3\ln GDP_i+\alpha_4\ln GDP_j+\alpha_5\ln dist+\alpha_6 contig+\alpha_7 ASEAN+\alpha_8 EU+\alpha_9\ln R_j+\varepsilon_{ij} \quad (8-4)$$

$$\ln EXP_{ij}=\alpha_0+\alpha_1\ln POP_i+\alpha_2\ln POP_j+\alpha_3\ln GDP_i+\alpha_4\ln GDP_j+\alpha_5\ln dist+\alpha_6 contig+\alpha_7 ASEAN+\alpha_8 EU+\alpha_9\ln F_j+\varepsilon_{ij} \quad (8-5)$$

对金融与电子商务、海关和边境管理与市场准入、口岸与物流效率、政府与监管环境四个一级指标分别进行回归，结果见表8-6，可知：

**表8-6　分指标的引力模型回归结果**

| | (1) | (2) | (3) | (4) |
|---|---|---|---|---|
| | $T_j$ | $C_j$ | $R_j$ | $F_j$ |
| $\ln POP_i$ | -0.2250*** | -0.2140*** | -0.2180*** | -0.2230*** |
| | (-4.820) | (-4.6000) | (-4.6300) | (-4.7900) |

续表

| | (1) $T_j$ | (2) $C_j$ | (3) $R_j$ | (4) $F_j$ |
|---|---|---|---|---|
| $\ln POP_j$ | 0.0797 | -0.0870* | -0.0740 | 0.0760 |
| | (1.1000) | (-1.9000) | (-1.4700) | (1.2600) |
| $\ln GDP_i$ | 1.6430*** | 1.6360*** | 1.6370*** | 1.6430*** |
| | (33.9100) | (33.7500) | (33.6400) | (33.9800) |
| $\ln GDP_j$ | 0.9420*** | 1.0640*** | 1.1200*** | 0.9340*** |
| | (11.8700) | (19.7000) | (20.2400) | (13.9000) |
| $\ln dist$ | -1.2630*** | -1.3020*** | -1.2800*** | -1.3020*** |
| | (-15.4100) | (-15.2700) | (-15.3300) | (-15.7100) |
| *contig* | 1.0700*** | 1.0560*** | 1.0460*** | 1.0520*** |
| | (5.1700) | (4.9700) | (4.9800) | (5.0300) |
| *ASEAN* | 1.1940*** | 1.1860*** | 1.1030*** | 1.0470*** |
| | (5.5100) | (5.3900) | (4.8900) | (4.7600) |
| *EU* | 1.3620*** | 1.5620*** | 1.4570*** | 1.3450*** |
| | (7.8600) | (8.6600) | (8.1400) | (7.7500) |
| $\ln T_j$ | 1.4390*** | | | |
| | (3.8200) | | | |
| $\ln C_j$ | | 2.0200*** | | |
| | | (4.9500) | | |
| $\ln R_j$ | | | 0.6470** | |
| | | | (2.4000) | |
| $\ln F_j$ | | | | 2.5630*** |
| | | | | (5.2000) |
| _cons | 16.0400*** | 16.7600*** | 15.4100*** | 16.4400*** |
| | (22.4000) | (20.2900) | (21.1000) | (22.1600) |
| N | 2356 | 2356 | 2356 | 2356 |

第一，金融与电子商务指标对双边贸易流量的影响最大，在1%的显著性水平下，其每提升1%，贸易流量就会提高2.563%。金融与电子商务涉及资金融通和贸易畅通两个合作重点。一方面，不管是贸易往来还是产能合作，都需要大量的资金支持。可以说，金融是贸易便利化得以实现的基础。在这

个过程中，金融服务的效率越高，资金运作的效率就越高，贸易便利化实现的可能性就越大，对贸易流量的促进作用就越大。另一方面，电子商务极大地解决了信息不对称的问题，极大程度地提高了国际贸易的效率。在电子商务越来越发达的今天，获得信息的成本越来越低，供给方与需求方对接的效率越来越高，电子商务为扩大贸易提供了便捷的渠道。“一带一路”沿线国家中，很多国家的经济发展水平较为落后，金融制度及监管、电子商务技术、边境管理水平、基础设施等方面的发展也并不完善，因此，要实现各国间的产能合作，实现基础设施的互联互通，首先要提高金融服务的效率，加强电子商务技术的建设，这就需要加强对沿线国家的资金支持，加大政策支持力度推动跨境电商的发展，而中国在当中扮演着最为关键的角色。

第二，海关和边境管理与市场准入指标每提高1%，贸易流量就会提高2.02%。海关和边境管理与市场准入是保证贸易顺利进行的重要基础。海关服务质量和透明度的提高、清关程序的简化、进出口的手续办理效率的提高和成本的降低、关税和非关税壁垒的降低，都有利于提高货物的流动效率，缩短国家间进行贸易的时间，减少通关过程中所花费的成本。

第三，口岸与物流效率指标每提高1%，贸易流量就会提高1.439%。口岸与物流效率关系到“一带一路”倡议的重点问题——互联互通，体现了设施联通的理念。汽车、船舶、火车、飞机是贸易往来的载体，决定了货物能否顺利到达目的地。提高基础设施的质量和物流效率，可以极大程度地提高货物运输的效率，缩短货物走在路上的时间，从而降低货物的损耗，减少运输过程中不必要的费用。

第四，政府与监管环境指标每提高1%，贸易流量就会提高0.647%。政府与监管环境涉及一国内部的政府政策、法律体系和监管制度。一个国家对外贸企业的支持力度越大，贸易体制越完善，贸易就越容易发展壮大；政府的公信力越强，官员的腐败程度越低，对政府和企业的约束力越强，其他国家的企业就越愿意与本国的企业合作，贸易的渠道就越多，因而贸易便利化水平会越高。

## 四、贸易潜力的测算

目前对贸易潜力的测算基本使用两种方法，第一种是贸易实际值/模型拟合值的方法，第二种是模拟法。

1. 贸易实际值/模型拟合值的方法

刘青峰和姜书竹（2002）根据引力模型拟合结果得出经验方程，并取实际双边贸易额与预测双边贸易额的比值，在此基础上将国家间的双边贸易潜力分为三种类型：潜力再造型（比值≥1.2）、潜力开拓性（0.8≤比值<1.2）和潜力巨大型（比值<0.8）。分值越高说明两国的贸易程度越高，继续挖掘的潜力越小。

由此可以发现，在分析的样本中，有1199对伙伴国属于潜力再造型，216对伙伴国属于潜力开拓型，941对伙伴国属于潜力巨大型。其中，在贸易双方都是东盟的国家中，潜力再造型伙伴国占54%，潜力开拓型伙伴国占11%，潜力巨大型伙伴国占35%；在双方都是欧盟的国家中，潜力再造型伙伴国占38%，潜力开拓型伙伴国占28%，潜力巨大型伙伴国占34%；在贸易双方不在同一个区域经济组织的国家中，潜力再造型伙伴国占51%，潜力开拓型伙伴国占8%，潜力巨大型伙伴国占41%。由贸易潜力巨大型伙伴国的占比可以看出，在"一带一路"沿线国家的双边贸易中，若贸易双方不属于同一个区域经济一体化组织（如欧盟、东盟等），其贸易潜力反而更大。这说明在"一带一路"沿线不同区域的国家之间开展双边贸易合作具有很大的发展潜力。

2. 模拟法

贸易实际值/模型拟合值的方法主要是将配对的国家分类，而没有具体到贸易潜力的测算，而Wilson、Mann和Otsuki（2003）提出的模拟法根据经验方程，验证了贸易便利化水平的提升会使贸易流量增加多少，进而从实证方面探究了沿线国家还可以释放多少潜力。以此为出发点，本章将"一带一路"沿线的58个国家的贸易便利化水平都提升一个等级，即将不便利提升为一般便利，一般便利提升为比较便利，比较便利提升为非常便利，从而研究贸易便利化水平提升对双边贸易流量的影响有多少，测算结果如表8-7所示。

分析发现，如果将"一带一路"沿线58个国家的贸易便利化水平都提升一个等级，这些国家间的贸易流量就会提升190.840%。分地区来看，本章取国家和数据较为完整的区域，当贸易便利化水平在"一带一路"沿线58个国家中都提升一级时，东南亚的贸易流量增加268.190%，东亚增加319.500%，南亚增加479.590%，西亚增加107.438%，中东欧增加122.580%。综上所述，各国贸易便利化水平的提升能够大大提高“一带一路”沿线国家的贸易流量，由此迸发巨大的贸易潜力。另外，不同地区在“一带一路”沿线国家中的贸易潜力是不一样的，其中，亚洲的贸易潜力整体上大于欧洲国家。经济发展水平是实现贸易便利化的关键因素，亚洲国家大多数属于发展中国家，经济发展水平还有很大的提升空间，因此贸易便利化水平也有很大的提升空间，这说明了“一带一路”沿线国家中亚洲国家巨大的贸易潜力。

**表 8-7　贸易潜力测算结果**

| | 2016 年贸易流量（千亿美元） | 贸易便利化水平提升带来的贸易增加额（千亿美元） | 提升比值（%） |
|---|---|---|---|
| 全部国家 | 22. 07 | 42. 119 | 190. 840 |
| 东南亚 | 2. 119 | 5. 683 | 268. 190 |
| 东亚 | 6. 983 | 22. 311 | 319. 500 |
| 南亚 | 2. 337 | 11. 206 | 479. 590 |
| 西亚 | 3. 025 | 3. 250 | 107. 438 |
| 中东欧 | 12. 588 | 15. 431 | 122. 580 |

## 第四节　结论和政策建议

本章在测算贸易便利化水平的基础上，利用拓展的引力模型探究贸易便利化水平对双边贸易流量的影响，最后利用两种方法测算“一带一路”沿线国家间的贸易潜力，得出如下结论与启示：

### 一、“一带一路”沿线国家的贸易便利化水平很不平衡，国家间经济水平差异与贸易便利化水平差异呈正向关系

“一带一路”倡议在强化区域一体化、完善全球治理方面起着关键的作用，为了落实国家间互联互通的合作，中国作为“一带一路”倡议的牵头人，应倡议组建贸易便利化委员会，建立切实可行的国际协调机制，完善贸易和投资规则，强化国家间的产能合作，加强论坛和峰会形式的对话沟通，加大对沿线国家尤其是发展水平较低国家的投资，积极推动各大经济走廊的建设。

## 二、贸易便利化水平对双边贸易流量的提升起着十分重要的作用

引力模型分指标的测算结果揭示出，金融与电子商务指标对贸易的影响最大，其次是海关和边境管理与市场准入指标，再次是口岸与物流效率指标，最后是政府与监管环境指标。

贸易潜力的测算结果也证实了贸易便利化水平可以大大地提高各地区的贸易流量。由此看来，在"一带一路"建设的过程中，贸易便利化水平起着非常关键的作用。

为了提高"一带一路"沿线国家贸易便利化水平，我们提出如下政策建议：

第一，在推动"一带一路"建设的过程中，要重视金融与电子商务的重要作用。在金融领域不断推陈出新，为进行资金支持提供更加便利的渠道，同时要加强国家间的合作，建立更多层次的金融平台，完善各国间的金融保障体系，加强亚投行、丝路基金、亚洲金融合作协会等组织机构的作用，加大对沿线国家的融资优惠力度，为加强各国基础设施建设提供切实的资金保障。另外，要充分利用好跨境电子商务，鼓励在电子商务方面做得比较出色的企业到其他国家开展业务，普及先进网络技术的使用，大力支持国家间通过电子商务进行贸易。

第二，沿线各国要推动海关口岸管理现代化，加快推进海关与互联网的结合，推广"网上报关""绿色通道"等先进经验，加强互联网和大数据在海关和清关程序方面的应用，完善通关的规章制度。另外，还要继续积极推动自由贸易区的建设，降低贸易壁垒，促进经济一体化进程。

第三，要提高投资便利化水平，提高国家间的产能合作，在产能领域要做到优势互补，基础设施和物流体系建设较好的国家要将先进经验带到伙伴国，带动当地相关行业的发展，同时要优化投资布局，根据沿线各国的地理环境、人口分布、城市化发展等情况合理选择建设项目，保证每一笔资金都落到实处。

第四，沿线各国要完善外贸体制，增加补贴，减少税费，创造良好的政策环境，鼓励企业"走出去"，同时各国政府要加强监督管理，增加政府公信力，形成良好的政府形象，从而吸引其他国家的企业与本国企业进行贸易。

# 第九章

# 结　论

作为2013年以来中国备受世界瞩目的构想之一，“一带一路”倡议体现了中国的大国责任感与智慧，对复苏世界经济、带动沿线国家共同发展、推动国内经济腾飞意义重大，也必将深刻影响全球经济与贸易的发展走向。本书主要研究“一带一路”倡议背景下中国外贸发展面临的机遇、挑战以及中国与沿线国家之间的贸易发展潜力与趋势。

本书研究的主要结论如下：

（1）“一带一路”倡议既给中国对外贸易带来机遇也带来挑战，为推动贸易自由化、培育新的贸易与投资支撑点提供新的契机。“一带一路”沿线国家多为处于不同发展阶段、具有不同禀赋优势的发展中国家，在农业、纺织、化工、能源、交通、通信、金融、科技等诸多领域进行贸易合作的空间广阔。

（2）近年来，中国与“一带一路”沿线新兴经济体之间的贸易依存度明显上升。总体来看，“一带一路”沿线新兴经济体对中国的贸易依存度大于中国对其的贸易依存度。中国经济增长离不开“一带一路”沿线新兴经济体的支持，“一带一路”沿线新兴经济体的经济发展也离不开中国的支持。双方贸易潜力较大，发展前景广阔，贸易利益共享空间较大。同时，双方贸易存在的贸易摩擦现象也值得进一步关注，双边贸易效率尚有提升空间。

（3）随着“一带一路”倡议的深化，中国和“一带一路”沿线国家的贸易空间和潜力都将得到进一步释放，参与者都能够获益。自贸协定、战略伙伴关系、物流综合绩效、海关运行效率和关税水平是制约中国与“一带一路”沿线新兴经济体双边贸易发展的重要阻力。为加速提高贸易效率、充分释放贸易潜力，应深化中国与“一带一路”沿线国家的开放合作，以周边为基础，以沿线国家为重点，积极推动自贸区建立，完善现有关税体系，以深化经贸合作，减少贸易壁垒。此外，还要提高运输便利化水平，降低运输成本，推进基础设施和国际物流通道建设。在扩大双边贸易规模的基础上，中国与“一带一路”沿线新兴经济体若能采取措施进一步提高贸易效率，将释放贸易活力，贸易增长潜力巨大。"一带一路"沿线主要贸易伙伴国与中国的贸易存在显著的个体差异性，应结合具体情况，因地制宜地采取措施。

（4）"一带一路"沿线国家的贸易便利化水平呈现不平衡的状态，国家间经济水平差异与贸易便利化水平差异呈正向关系。在"一带一路"建设的过程中，贸易便利化水平可以大大提高各国（地区）的贸易流量。因此，要着力提升贸易便利化水平，重视金融与电子商务的重要作用，大力支持国家间通过电子商务进行贸易，积极推动自由贸易区的建设，降低贸易壁垒，促进经济一体化进程。

# 附　录

## 附录1　2018年"一带一路"沿线71国经济指标

单位：万人，亿美元

| 区域 | 国家 | 人口 | GDP | 进口额 | 出口额 | 进出口总额 |
|---|---|---|---|---|---|---|
| 东亚及大洋洲（14国） | 老挝 | 716.3 | 179.54 | 61.64 | 52.95 | 114.59 |
| | 柬埔寨 | 1577.6 | 245.42 | 187.80 | 139.50 | 327.30 |
| | 越南 | 9263.7 | 2452.14 | 2355.17 | 2426.83 | 4782 |
| | 文莱 | 42.3 | 135.67 | 41.64 | 65.74 | 107.38 |
| | 菲律宾 | 10419.5 | 3309.1 | 1193.30 | 674.88 | 1868.18 |
| | 新加坡 | 558.4 | 3641.57 | 3708.81 | 4129.53 | 7838.34 |
| | 马来西亚 | 3152.3 | 3585.82 | 2176.02 | 2474.55 | 4650.57 |
| | 印度尼西亚 | 25880.2 | 10421.73 | 1887.07 | 1802.15 | 3689.22 |
| | 缅甸 | 5225.4 | 712.15 | 193.47 | 166.40 | 359.87 |
| | 泰国 | 6898.1 | 5049.93 | 2482.01 | 2529.57 | 5011.58 |
| | 蒙古国 | 301.4 | 130.67 | 58.75 | 70.12 | 128.87 |
| | 韩国 | 118.7 | 16194.24 | 5352.02 | 6048.60 | 11400.62 |
| | 新西兰 | 488.55 | 2049.24 | 437.93 | 396.73 | 834.66 |
| | 东帝汶 | 126.797 | 25.81 | 5.65 | 0.47 | 6.12 |
| | 区域小计 | 64769.24 | 48133.03 | 20141.28 | 20978.02 | 41119.3 |
| 西亚（18国） | 格鲁吉亚 | 367.8 | 176.00 | 91.37 | 33.56 | 124.93 |
| | 阿塞拜疆 | 949.2 | 469.40 | 114.90 | 197.20 | 312.10 |
| | 亚美尼亚 | 299.1 | 124.33 | 49.63 | 24.12 | 73.75 |
| | 伊拉克 | 3606.7 | 2242.30 | 531.91 | 952.56 | 1484.47 |
| | 伊朗 | 8046.0 | | 493.53 | 1050.00 | 1543.53 |
| | 土耳其 | 7855.9 | 7713.50 | 2230.47 | 1679.21 | 3909.68 |
| | 叙利亚 | 341.8 | | 64.00 | 20.00 | 84.00 |
| | 约旦 | 697.6 | 422.31 | 202.16 | 77.73 | 279.89 |
| | 黎巴嫩 | 459.7 | 566.39 | 203.96 | 38.30 | 242.26 |
| | 以色列 | 852.8 | 3705.88 | 801.00 | 619.52 | 1420.52 |
| | 巴勒斯坦 | 2699.7 | | 5.69 | 10.98 | 16.67 |

续表

| 区域 | 国家 | 人口 | GDP | 进口额 | 出口额 | 进出口总额 |
|---|---|---|---|---|---|---|
| 西亚（18国） | 沙特阿拉伯 | 3201.3 | 7865.22 | 1370.65 | 2943.73 | 4314.38 |
| | 也门 | 2913.2 | 269.14 | 48.46 | 25.52 | 73.98 |
| | 阿曼 | 395.7 | 792.77 | 254.12 | 466.37 | 720.49 |
| | 阿联酋 | 985.6 | 4141.79 | 2615.38 | 3168.96 | 5784.34 |
| | 卡塔尔 | 257.8 | 1913.62 | 316.96 | 842.88 | 1159.84 |
| | 科威特 | 422.5 | 1406.45 | 358.64 | 719.38 | 1078.02 |
| | 巴林 | 131.9 | 377.46 | 128.95 | 182.58 | 311.53 |
| | 区域小计 | 63852.5 | | 9881.78 | 13052.6 | 22934.38 |
| 南亚（8国） | 印度 | 130971.3 | 27187.32 | 5144.64 | 3247.78 | 8392.42 |
| | 孟加拉国 | 16151.3 | 2740.25 | 604.95 | 392.52 | 997.47 |
| | 巴基斯坦 | 18987.0 | 3145.88 | 604.12 | 234.85 | 838.97 |
| | 斯里兰卡 | 2125.2 | 889.01 | 222.33 | 118.90 | 341.23 |
| | 尼泊尔 | 2875.8 | 290.40 | 127.14 | 7.86 | 135 |
| | 阿富汗 | 3273.9 | 19.36 | 74.07 | 8.6 | 82.82 |
| | 马尔代夫 | 35.4 | 5.27 | 29.28 | 3.36 | 32.64 |
| | 不丹 | 79.1 | 2.53 | 9.93 | 5.78 | 15.71 |
| | 区域小计 | 174499 | 34280.02 | 6816.45 | 4019.80 | 10836.25 |
| 中亚（5国） | 哈萨克斯坦 | 1794.7 | 170.54 | 336 | 610.8 | 946.8 |
| | 乌兹别克斯坦 | 3134.3 | 50.5 | 196.2 | 142 | 338.2 |
| | 土库曼斯坦 | 546.3 | 40.76 | 23.51 | 95.73 | 119.24 |
| | 吉尔吉斯斯坦 | 605.9 | 8.09 | 51.36 | 17.76 | 69.12 |
| | 塔吉克斯坦 | 865.5 | 7.52 | 31.56 | 10.74 | 42.3 |
| | 区域小计 | 6946.7 | 277.41 | 638.63 | 877.03 | 1515.66 |
| 中东欧（20国） | 俄罗斯 | 14630 | 1657.6 | 2508 | 4428 | 6936 |
| | 波兰 | 3800.3 | 585.78 | 2449.33 | 2515.52 | 4964.85 |
| | 捷克 | 1056.1 | 244.11 | 1775.04 | 1938.81 | 3713.85 |
| | 匈牙利 | 983.5 | 155.7 | 1039.34 | 1098.39 | 2137.73 |
| | 斯洛伐克 | 541.8 | 106.47 | 847.89 | 886.25 | 1734.14 |
| | 罗马尼亚 | 1986.9 | 239.55 | 914.03 | 746.04 | 1660.07 |
| | 乌克兰 | 4250.1 | 130.83 | 572.4 | 473.4 | 1045.8 |
| | 斯洛文尼亚 | 206.5 | 50.24 | 339.07 | 341.27 | 680.34 |

续表

| 区域 | 国家 | 人口 | GDP | 进口额 | 出口额 | 进出口总额 |
|---|---|---|---|---|---|---|
| 中东欧（20国） | 立陶宛 | 287.5 | 53.25 | 341 | 312.04 | 653.04 |
| | 白俄罗斯 | 945.1 | 59.66 | 357 | 334.2 | 691.2 |
| | 保加利亚 | 712.6 | 65.13 | 355.45 | 315.51 | 670.96 |
| | 塞尔维亚 | 713.2 | 50.51 | 258.6 | 192 | 450.6 |
| | 克罗地亚 | 420.4 | 60.81 | 76.853 | 47.18 | 124.03 |
| | 拉脱维亚 | 197.6 | 34.85 | 174.08 | 140.34 | 314.42 |
| | 爱沙尼亚 | 131.2 | 30.28 | 178.70 | 158.86 | 337.56 |
| | 波黑 | 385.4 | 19.78 | 109.223 | 67.15 | 176.38 |
| | 马其顿 | 207.6 | 12.67 | 90.6 | 69 | 159.6 |
| | 阿尔巴尼亚 | 288.5 | 15.06 | 69.76 | 33.64 | 103.40 |
| | 黑山 | 62.3 | 5.45 | 28.17 | 4.40 | 32.57 |
| | 摩尔多瓦 | 355.3 | 11.31 | 57.48 | 27 | 84.48 |
| | 区域小计 | 32161.9 | 3589.04 | 12542.01 | 14129.02 | 26671.03 |
| 非洲及拉美（6国） | 南非 | 5773 | 366.3 | 847.84 | 856.07 | 1703.91 |
| | 摩洛哥 | 3520 | 118.5 | 504.15 | 282.81 | 786.96 |
| | 埃塞俄比亚 | 10922 | 84.36 | 153.06 | 27 | 180.06 |
| | 马达加斯加 | 2626 | 12.1 | 36.81 | 26.29 | 63.1 |
| | 巴拿马 | 416 | 65.06 | 133.2 | 6.67 | 139.87 |
| | 埃及 | 9020.3 | 250.9 | 729.6 | 277.2 | 1006.8 |
| | 区域小计 | 32277.3 | 897.22 | 2404.66 | 1476.05 | 3880.72 |
| 71国总计 | | 64769.25 | | 104849.63 | 109065.05 | 213914.68 |

# 附录2 “一带一路”沿线新兴经济体11国与中国双边贸易数据（2000—2018年）

单位：亿美元

| 年份 | | 埃及 | 匈牙利 | 印度 | 印度尼西亚 | 马来西亚 | 巴基斯坦 | 菲律宾 | 波兰 | 俄罗斯 | 泰国 | 土耳其 |
|---|---|---|---|---|---|---|---|---|---|---|---|---|
| 2000 | 向中国进口 | 8.053 | 8.971 | 15.607 | 30.618 | 35.648 | 6.703 | 14.644 | 8.604 | 22.333 | 22.432 | 10.778 |
| | 对中国出口 | 1.02 | 0.995 | 13.534 | 44.019 | 54.8 | 4.921 | 16.773 | 0.996 | 57.698 | 43.807 | 1.267 |
| | 贸易总额 | 9.073 | 9.966 | 29.141 | 74.637 | 90.448 | 11.624 | 31.417 | 9.6 | 80.031 | 66.239 | 12.045 |
| 2001 | 向中国进口 | 8.728 | 10.308 | 18.962 | 28.365 | 32.202 | 8.15 | 16.203 | 10.164 | 27.111 | 23.374 | 6.74 |
| | 对中国出口 | 0.803 | 1.303 | 16.999 | 38.88 | 62.052 | 5.818 | 19.452 | 2.263 | 79.593 | 47.128 | 2.309 |
| | 贸易总额 | 9.531 | 11.611 | 35.961 | 67.245 | 94.254 | 13.968 | 35.655 | 12.427 | 106.704 | 70.502 | 9.049 |
| 2002 | 向中国进口 | 8.529 | 14.488 | 26.711 | 34.264 | 49.742 | 12.421 | 20.422 | 11.646 | 35.207 | 29.573 | 10.89 |
| | 对中国出口 | 0.918 | 1.688 | 22.738 | 45.083 | 92.963 | 5.575 | 32.171 | 2.186 | 84.066 | 55.996 | 2.887 |
| | 贸易总额 | 9.447 | 16.176 | 49.449 | 79.347 | 142.705 | 17.996 | 52.593 | 13.832 | 119.273 | 85.569 | 13.777 |
| 2003 | 向中国进口 | 9.367 | 22.862 | 33.432 | 44.818 | 61.408 | 18.549 | 30.926 | 16.202 | 60.299 | 38.279 | 20.651 |
| | 对中国出口 | 1.528 | 3.013 | 42.513 | 57.469 | 139.864 | 5.749 | 63.068 | 3.591 | 97.28 | 88.268 | 5.326 |
| | 贸易总额 | 10.895 | 25.875 | 75.945 | 102.287 | 201.272 | 24.298 | 93.994 | 19.793 | 157.579 | 126.547 | 25.977 |
| 2004 | 向中国进口 | 13.884 | 26.509 | 59.36 | 62.564 | 80.86 | 24.657 | 42.687 | 18.437 | 90.981 | 58.015 | 28.212 |
| | 对中国出口 | 1.879 | 4.755 | 76.78 | 72.156 | 181.747 | 5.947 | 90.594 | 4.872 | 121.274 | 115.405 | 5.913 |
| | 贸易总额 | 15.763 | 31.264 | 136.14 | 134.72 | 262.607 | 30.604 | 133.281 | 23.309 | 212.255 | 173.42 | 34.125 |

续表

| 年份 | | 埃及 | 匈牙利 | 印度 | 印度尼西亚 | 马来西亚 | 巴基斯坦 | 菲律宾 | 波兰 | 俄罗斯 | 泰国 | 土耳其 |
|---|---|---|---|---|---|---|---|---|---|---|---|---|
| 2005 | 向中国进口 | 19.34 | 24.934 | 89.342 | 83.503 | 106.063 | 34.276 | 46.876 | 25.954 | 132.112 | 78.193 | 42.537 |
| | 对中国出口 | 2.111 | 3.655 | 97.662 | 84.369 | 200.932 | 8.331 | 128.696 | 5.573 | 158.899 | 139.918 | 6.217 |
| | 贸易总额 | 21.451 | 28.589 | 187.004 | 167.872 | 306.995 | 42.607 | 175.572 | 31.527 | 291.011 | 218.111 | 48.754 |
| 2006 | 向中国进口 | 29.755 | 32.872 | 145.813 | 94.497 | 135.37 | 42.393 | 57.381 | 40.061 | 158.324 | 97.64 | 73.032 |
| | 对中国出口 | 2.167 | 6.993 | 102.774 | 96.057 | 235.724 | 10.072 | 176.745 | 6.671 | 175.543 | 179.624 | 7.659 |
| | 贸易总额 | 31.922 | 39.865 | 248.587 | 190.554 | 371.094 | 52.465 | 234.126 | 46.732 | 333.867 | 277.264 | 80.691 |
| 2007 | 向中国进口 | 44.328 | 50.149 | 240.114 | 126.013 | 176.892 | 57.89 | 74.979 | 65.529 | 284.662 | 119.734 | 104.756 |
| | 对中国出口 | 2.397 | 12.1 | 146.171 | 123.95 | 286.97 | 11.042 | 231.178 | 11.122 | 196.885 | 226.646 | 12.924 |
| | 贸易总额 | 46.725 | 62.249 | 386.285 | 249.963 | 463.862 | 68.932 | 306.157 | 76.651 | 481.547 | 346.38 | 117.68 |
| 2008 | 向中国进口 | 58.742 | 60.968 | 315.853 | 171.931 | 214.551 | 60.51 | 91.322 | 90.403 | 330.758 | 156.363 | 106.063 |
| | 对中国出口 | 4.289 | 13.822 | 202.588 | 143.229 | 321.014 | 10.068 | 195.047 | 13.944 | 238.327 | 256.567 | 19.629 |
| | 贸易总额 | 63.031 | 74.79 | 518.441 | 315.16 | 535.565 | 70.578 | 286.369 | 104.347 | 569.085 | 412.93 | 125.692 |
| 2009 | 向中国进口 | 51.077 | 53.432 | 296.56 | 147.205 | 196.317 | 55.283 | 85.905 | 74.869 | 175.185 | 132.855 | 83.336 |
| | 对中国出口 | 7.372 | 14.664 | 137.272 | 136.682 | 323.359 | 12.6 | 119.484 | 15.059 | 212.329 | 249.053 | 17.61 |
| | 贸易总额 | 58.449 | 68.096 | 433.832 | 283.887 | 519.676 | 67.883 | 205.389 | 89.928 | 387.514 | 381.908 | 100.946 |
| 2010 | 向中国进口 | 60.409 | 65.183 | 409.149 | 219.535 | 238.02 | 69.376 | 115.402 | 94.383 | 296.12 | 197.41 | 119.42 |
| | 对中国出口 | 9.179 | 21.977 | 208.462 | 207.967 | 504.468 | 17.31 | 162.219 | 16.966 | 259.21 | 331.959 | 31.685 |
| | 贸易总额 | 69.588 | 87.16 | 617.611 | 427.502 | 742.488 | 86.686 | 277.621 | 111.349 | 555.33 | 529.369 | 151.105 |

续表

| 年份 | | 埃及 | 匈牙利 | 印度 | 印度尼西亚 | 马来西亚 | 巴基斯坦 | 菲律宾 | 波兰 | 俄罗斯 | 泰国 | 土耳其 |
|---|---|---|---|---|---|---|---|---|---|---|---|---|
| 2011 | 向中国进口 | 72. 832 | 68. 06 | 505. 37 | 292. 172 | 278. 859 | 84. 397 | 142. 553 | 109. 395 | 389. 035 | 256. 947 | 156. 135 |
| | 对中国出口 | 15. 183 | 24. 522 | 233. 711 | 313. 373 | 621. 367 | 21. 186 | 179. 916 | 20. 479 | 403. 698 | 390. 391 | 31. 237 |
| | 贸易总额 | 88. 015 | 92. 582 | 739. 081 | 605. 545 | 900. 226 | 105. 583 | 322. 469 | 129. 874 | 792. 733 | 647. 338 | 187. 372 |
| 2012 | 向中国进口 | 82. 239 | 57. 379 | 476. 775 | 342. 833 | 365. 252 | 92. 753 | 167. 313 | 123. 864 | 440. 559 | 311. 962 | 155. 845 |
| | 对中国出口 | 13. 207 | 23. 231 | 187. 958 | 319. 507 | 583. 067 | 31. 382 | 196. 441 | 19. 969 | 441. 55 | 385. 546 | 35. 11 |
| | 贸易总额 | 95. 446 | 80. 61 | 664. 733 | 662. 34 | 948. 319 | 124. 135 | 363. 754 | 143. 833 | 882. 109 | 697. 508 | 190. 955 |
| 2013 | 向中国进口 | 83. 626 | 56. 922 | 484. 324 | 369. 304 | 459. 305 | 110. 196 | 198. 681 | 125. 748 | 495. 911 | 327. 179 | 177. 469 |
| | 对中国出口 | 18. 516 | 27. 151 | 169. 702 | 314. 242 | 601. 527 | 31. 968 | 181. 818 | 22. 318 | 396. 678 | 385. 226 | 44. 862 |
| | 贸易总额 | 102. 142 | 84. 073 | 654. 026 | 683. 546 | 1060. 832 | 142. 164 | 380. 499 | 148. 066 | 892. 589 | 712. 405 | 222. 331 |
| 2014 | 向中国进口 | 104. 605 | 57. 641 | 542. 174 | 390. 596 | 463. 533 | 132. 444 | 234. 735 | 142. 568 | 536. 769 | 342. 892 | 193. 054 |
| | 对中国出口 | 11. 595 | 32. 599 | 163. 586 | 244. 852 | 556. 522 | 27. 538 | 209. 841 | 29. 347 | 415. 935 | 383. 319 | 37. 054 |
| | 贸易总额 | 116. 2 | 90. 24 | 705. 76 | 635. 448 | 1020. 055 | 159. 982 | 444. 576 | 171. 915 | 952. 704 | 726. 211 | 230. 108 |
| 2015 | 向中国进口 | 119. 585 | 51. 974 | 582. 28 | 343. 419 | 439. 803 | 164. 418 | 266. 707 | 143. 448 | 347. 568 | 382. 908 | 186. 078 |
| | 对中国出口 | 9. 178 | 28. 755 | 133. 685 | 198. 861 | 532. 773 | 24. 747 | 189. 656 | 27. 419 | 332. 586 | 371. 687 | 29. 436 |
| | 贸易总额 | 128. 763 | 80. 729 | 715. 965 | 542. 28 | 972. 576 | 189. 165 | 456. 363 | 170. 867 | 680. 154 | 754. 595 | 215. 514 |
| 2016 | 向中国进口 | 104. 372 | 54. 251 | 584. 153 | 321. 261 | 376. 717 | 172. 344 | 298. 426 | 151 | 373. 557 | 371. 95 | 166. 895 |
| | 对中国出口 | 5. 532 | 34. 642 | 117. 641 | 214. 14 | 492. 696 | 19. 125 | 173. 958 | 25. 377 | 322. 601 | 385. 323 | 27. 854 |
| | 贸易总额 | 109. 904 | 88. 893 | 701. 794 | 535. 401 | 869. 413 | 191. 469 | 472. 384 | 176. 377 | 696. 158 | 757. 273 | 194. 749 |

**续表**

| 年份 | | 埃及 | 匈牙利 | 印度 | 印度尼西亚 | 马来西亚 | 巴基斯坦 | 菲律宾 | 波兰 | 俄罗斯 | 泰国 | 土耳其 |
|---|---|---|---|---|---|---|---|---|---|---|---|---|
| 2017 | 向中国进口 | 94.856 | 60.493 | 680.422 | 347.573 | 417.122 | 182.507 | 320.659 | 178.73 | 428.306 | 385.417 | 181.215 |
| | 对中国出口 | 13.419 | 40.772 | 163.453 | 285.743 | 544.261 | 18.332 | 192.391 | 33.535 | 413.902 | 415.96 | 37.834 |
| | 贸易总额 | 108.275 | 101.265 | 843.875 | 633.316 | 961.383 | 200.839 | 513.05 | 212.265 | 842.208 | 801.377 | 219.049 |
| 2018 | 向中国进口 | 119.87 | 65.4 | 766.75 | 431.91 | 453.76 | 169.33 | 350.36 | 208.76 | 479.65 | 428.78 | 177.88 |
| | 对中国出口 | 18.42 | 43.42 | 188.33 | 341.49 | 632.05 | 21.72 | 206.11 | 36.45 | 591.42 | 446.29 | 37.56 |
| | 贸易总额 | 138.29 | 108.82 | 955.08 | 773.4 | 1085.81 | 191.05 | 556.47 | 245.21 | 1071.07 | 875.07 | 215.44 |

# 附录3 "一带一路"沿线新兴经济体11国及中国对外贸易数据（2000—2018年）

单位：亿美元

| 年份 | | 埃及 | 匈牙利 | 印度 | 印度尼西亚 | 马来西亚 | 巴基斯坦 | 菲律宾 | 波兰 | 俄罗斯 | 泰国 | 土耳其 | 中国 |
|---|---|---|---|---|---|---|---|---|---|---|---|---|---|
| 2000 | 进口商品总额 | 145.78 | 321.72 | 515.61 | 571.67 | 820 | 109 | 370 | 490.29 | 448.62 | 619 | 545 | 2250.94 |
| | 出口商品总额 | 52.76 | 281.92 | 423.78 | 334.59 | 982 | 90 | 398 | 317.47 | 1050.33 | 691 | 278 | 2492.03 |
| | 进出口商品总额 | 198.54 | 603.64 | 939.39 | 906.26 | 1802 | 199 | 768 | 807.76 | 1498.95 | 1310 | 823 | 4742.97 |
| 2001 | 进口商品总额 | 133.76 | 336.17 | 503.74 | 510.77 | 285 | 63 | 330 | 501.84 | 537.64 | 618 | 414 | 2435.53 |
| | 出口商品总额 | 48.25 | 304.36 | 435.52 | 309.7 | 333 | 57 | 322 | 359.98 | 1018.84 | 653.16 | 318 | 2660.98 |
| | 进出口商品总额 | 182.01 | 640.53 | 939.26 | 820.47 | 618 | 120 | 652 | 861.82 | 1556.48 | 1271.16 | 732 | 5096.51 |
| 2002 | 进口商品总额 | 127.7 | 377.55 | 565.28 | 525.99 | 798.69 | 112.33 | 352.29 | 552.99 | 609.66 | 647.21 | 567 | 2951.7 |
| | 出口商品总额 | 55.46 | 345.17 | 500.43 | 312.83 | 932.65 | 99.13 | 1251.77 | 411.33 | 1073.01 | 688.53 | 300 | 3255.96 |
| | 进出口商品总额 | 183.16 | 722.72 | 1065.71 | 838.82 | 1731.34 | 211.46 | 1604.06 | 964.32 | 1682.67 | 1335.74 | 867 | 6207.66 |
| 2003 | 进口商品总额 | 129.5 | 478.08 | 713 | 558.76 | 811 | 130 | 393 | 682.72 | 760.7 | 757 | 699 | 4127.6 |
| | 出口商品总额 | 74.08 | 430.94 | 575.26 | 325.55 | 1007 | 119 | 371 | 537.62 | 1359.29 | 803 | 474 | 4382.28 |
| | 进出口商品总额 | 203.58 | 909.02 | 1288.26 | 884.31 | 1818 | 249 | 764 | 1220.34 | 2119.99 | 1560 | 1173 | 8509.88 |
| 2004 | 进口商品总额 | 159.5 | 605.38 | 984.11 | 664.92 | 1053 | 179 | 423 | 896.96 | 973.82 | 954 | 974.4 | 5612.29 |
| | 出口商品总额 | 96.61 | 555.67 | 744.66 | 465.35 | 1265 | 134 | 397 | 750.47 | 1832.07 | 974 | 633 | 5933.26 |
| | 进出口商品总额 | 256.11 | 1161.05 | 1728.77 | 1130.27 | 2318 | 313 | 820 | 1647.43 | 2805.89 | 1928 | 1607.4 | 11545.55 |

**续表**

| 年份 | | 埃及 | 匈牙利 | 印度 | 印度尼西亚 | 马来西亚 | 巴基斯坦 | 菲律宾 | 波兰 | 俄罗斯 | 泰国 | 土耳其 | 中国 |
|---|---|---|---|---|---|---|---|---|---|---|---|---|---|
| 2005 | 进口商品总额 | 224.49 | 665.52 | 1378.96 | 782.89 | 1146 | 254 | 474 | 1016.39 | 1254.34 | 1182 | 1173.6 | 6599.53 |
| | 出口商品总额 | 129.12 | 629.36 | 962.15 | 576.95 | 1410 | 161 | 413 | 894.37 | 2437.98 | 1102 | 734 | 7619.53 |
| | 进出口商品总额 | 353.61 | 1294.88 | 2341.11 | 1359.84 | 2556 | 415 | 887 | 1910.76 | 3692.32 | 2284 | 1907.6 | 14219.06 |
| 2006 | 进口商品总额 | 273 | 782.62 | 1723.64 | 932.98 | 1312 | 298 | 515 | 1269.89 | 1642.81 | 1286 | 1392 | 7914.61 |
| | 出口商品总额 | 167.28 | 752.55 | 1208.96 | 610.61 | 1607 | 169 | 470 | 1107.8 | 3035.51 | 1308 | 849 | 9689.78 |
| | 进出口商品总额 | 440.28 | 1535.17 | 2932.6 | 1543.59 | 2919 | 467 | 985 | 2377.69 | 4678.32 | 2594 | 2241 | 17604.39 |
| 2007 | 进口商品总额 | 371 | 955.65 | 2167.57 | 1050.21 | 1470 | 326 | 580 | 1657.1 | 2234.86 | 1400 | 1704 | 9561.16 |
| | 出口商品总额 | 192.24 | 954 | 1470.32 | 744.67 | 1762 | 178 | 505 | 1401.46 | 3544.03 | 1539 | 1076 | 12204.56 |
| | 进出口商品总额 | 563.24 | 1909.65 | 3637.89 | 1794.88 | 3232 | 504 | 1085 | 3058.56 | 5778.89 | 2939 | 2780 | 21765.72 |
| 2008 | 进口商品总额 | 483.82 | 1089.4 | 3113.74 | 1250.05 | 1569 | 423 | 604 | 2088.04 | 2918.61 | 1787 | 2017 | 11325.67 |
| | 出口商品总额 | 262.24 | 1085.04 | 1877.61 | 1291.92 | 1995 | 203 | 491 | 1704.58 | 4716.06 | 1778 | 1332 | 14306.93 |
| | 进出口商品总额 | 746.06 | 2174.44 | 4991.35 | 2541.97 | 3564 | 626 | 1095 | 3792.62 | 7634.67 | 3565 | 3349 | 25632.6 |
| 2009 | 进口商品总额 | 449.46 | 777.61 | 2567.42 | 1078.9 | 1238 | 317 | 459 | 1494.59 | 1918.03 | 1337 | 1548 | 10059.23 |
| | 出口商品总额 | 230.62 | 830.08 | 1644.63 | 967.34 | 1574 | 175 | 384 | 1365.03 | 3033.88 | 1524 | 1027 | 12016.12 |
| | 进出口商品总额 | 680.08 | 1607.69 | 4212.05 | 2046.24 | 2812 | 492 | 843 | 2859.62 | 4951.91 | 2861 | 2575 | 22075.35 |
| 2010 | 进口商品总额 | 529.23 | 881.78 | 3383.09 | 1449.99 | 1647 | 378 | 583 | 1780.49 | 2486.34 | 1824 | 1852 | 13962.47 |
| | 出口商品总额 | 264.38 | 954.83 | 2198.47 | 1356.6 | 1988 | 215 | 514 | 1597.24 | 4006.3 | 1953 | 1137 | 15777.54 |
| | 进出口商品总额 | 793.61 | 1836.61 | 5581.56 | 2806.59 | 3635 | 593 | 1097 | 3377.73 | 6492.64 | 3777 | 2989 | 29740.01 |

续表

| 年份 | | 埃及 | 匈牙利 | 印度 | 印度尼西亚 | 马来西亚 | 巴基斯坦 | 菲律宾 | 波兰 | 俄罗斯 | 泰国 | 土耳其 | 中国 |
|---|---|---|---|---|---|---|---|---|---|---|---|---|---|
| 2011 | 进口商品总额 | 589.03 | 1024.4 | 4645.04 | 1871.25 | 1877 | 381 | 640 | 2105.97 | 3238.31 | 2285 | 2460 | 17434.84 |
| | 出口商品总额 | 305.28 | 1123.12 | 3039.41 | 1774.4 | 2270 | 217.2 | 480 | 1886.96 | 5220.11 | 2288 | 1348 | 18983.81 |
| | 进出口商品总额 | 894.31 | 2147.52 | 7684.45 | 3645.65 | 4147 | 598.2 | 1120 | 3992.93 | 8458.42 | 4573 | 3808 | 36418.65 |
| 2012 | 进口商品总额 | 692 | 951.76 | 4888.81 | 1727.73 | 1964 | 442 | 653 | 1990.6 | 3354.46 | 2500 | 2365 | 18184.05 |
| | 出口商品总额 | 294.09 | 1035.7 | 2967.95 | 1916.63 | 2275 | 246 | 521 | 1853.74 | 5292.56 | 2292 | 1525 | 20487.14 |
| | 进出口商品总额 | 986.09 | 1987.46 | 7856.76 | 3644.36 | 4239 | 688 | 1174 | 3844.34 | 8647.02 | 4792 | 3890 | 38671.19 |
| 2013 | 进口商品总额 | 661.8 | 1001.11 | 4661.72 | 1727.68 | 2060 | 447 | 650 | 2076.07 | 3412.69 | 2507 | 2517 | 19499.9 |
| | 出口商品总额 | 290.18 | 1075.03 | 3146.63 | 1867.97 | 2283 | 252 | 540 | 2049.84 | 5218.36 | 2285 | 1518 | 22090.05 |
| | 进出口商品总额 | 951.98 | 2076.14 | 7808.35 | 3595.65 | 4343 | 699 | 1190 | 4125.91 | 8631.05 | 4792 | 4035 | 41589.95 |
| 2014 | 进口商品总额 | 667.85 | 1048.97 | 4629.45 | 1607.22 | 2089 | 474 | 677 | 2235.56 | 3078.77 | 2277 | 2422 | 19592.33 |
| | 出口商品总额 | 268.52 | 1106.22 | 3226.91 | 1781.72 | 2339 | 247 | 621 | 2200.52 | 4968.07 | 2275 | 1576 | 23422.93 |
| | 进出口商品总额 | 936.37 | 2155.19 | 7856.36 | 3388.94 | 4428 | 721 | 1298 | 4436.08 | 8046.84 | 4552 | 3998 | 43015.26 |
| 2015 | 进口商品总额 | 635.74 | 919.73 | 3921.01 | 1367.27 | 1760 | 442 | 699 | 1964.73 | 1930.19 | 2027 | 2072 | 16795.66 |
| | 出口商品总额 | 213.49 | 985.24 | 2674.32 | 1421.85 | 1999 | 222 | 586 | 1991.24 | 3414.19 | 2144 | 1439 | 22734.68 |
| | 进出口商品总额 | 849.23 | 1904.97 | 6595.33 | 2789.12 | 3759 | 664 | 1285 | 3955.97 | 5344.38 | 4171 | 3511 | 39530.34 |
| 2016 | 进口商品总额 | 557.89 | 938.8 | 3612.9 | 1353.61 | 1684 | 468 | 894 | 1995.06 | 1914.93 | 1942 | 1986 | 15879.25 |
| | 出口商品总额 | 254.68 | 1019.19 | 2638.01 | 1356.43 | 1897 | 204 | 574 | 2038.17 | 2817.1 | 2154 | 1425 | 20976.32 |
| | 进出口商品总额 | 812.57 | 1957.99 | 6250.91 | 2710.04 | 3581 | 672 | 1468 | 4033.23 | 4732.03 | 4096 | 3411 | 36855.57 |

**续表**

| 年份 | | 埃及 | 匈牙利 | 印度 | 印度尼西亚 | 马来西亚 | 巴基斯坦 | 菲律宾 | 波兰 | 俄罗斯 | 泰国 | 土耳其 | 中国 |
|---|---|---|---|---|---|---|---|---|---|---|---|---|---|
| 2017 | 进口商品总额 | 616.27 | 1075.19 | 4473.84 | 1540.93 | 1951 | 577 | 985 | 2338.12 | 2383.84 | 2228 | 2338 | 18418.89 |
| | 出口商品总额 | 256.04 | 1138.06 | 3001.16 | 1575.36 | 2178 | 216 | 632 | 2343.64 | 3531.04 | 2367 | 1570 | 22633.29 |
| | 进出口商品总额 | 872.31 | 2213.25 | 7475 | 3116.29 | 4129 | 793 | 1617 | 4681.76 | 5914.88 | 4595 | 3908 | 41052.18 |
| 2018 | 进口商品总额 | 720 | 1216.82 | 5123.9 | 1644.99 | 2176 | 523.9 | 1138 | 2665.04 | 2487.04 | 2484 | 2220 | 21400 |
| | 出口商品总额 | 276.24 | 1257.95 | 3253.4 | 1887.02 | 2475 | 242.2 | 667.2 | 2606.07 | 4431.29 | 2532 | 1680 | 24800 |
| | 进出口商品总额 | 996.24 | 2474.77 | 8377.3 | 3532.01 | 4651 | 766.1 | 1805.2 | 5271.11 | 6918.33 | 5016 | 3900 | 46200 |

# 附录4 1992—2019年中韩两国HS编码下第82~91章进出口情况

| 年份 | HS两位数商品编码 | 中从韩进口额（百万美元） | 中对韩出口额（百万美元） | 年份 | HS两位数商品编码 | 中从韩进口额（百万美元） | 中对韩出口额（百万美元） |
|---|---|---|---|---|---|---|---|
| 1992 | 82 | 1.5 | 6.17 | 2006 | 82 | 206.33 | 97.41 |
| | 83 | 7.32 | 1.27 | | 83 | 159.13 | 144.84 |
| | 84 | 220.35 | 41.62 | | 84 | 8460.62 | 3885.46 |
| | 85 | 223.29 | 50.54 | | 85 | 31907.14 | 10741.55 |
| | 86 | 1.86 | 2.29 | | 86 | 5.77 | 201.54 |
| | 87 | 5.18 | 5.5 | | 87 | 2115.15 | 483.14 |
| | 88 | 0.06 | — | | 88 | 0.46 | 42.9 |
| | 89 | 0.61 | 5.54 | | 89 | 33.32 | 255.18 |
| | 90 | 7 | 6.73 | | 90 | 12327.44 | 1144.77 |
| | 91 | 0.81 | 0.47 | | 91 | 8.95 | 14.04 |
| 1993 | 82 | 2.91 | 7.37 | 2007 | 82 | 255.91 | 144.27 |
| | 83 | 18.65 | 1.46 | | 83 | 157.98 | 200.02 |
| | 84 | 510.36 | 53.33 | | 84 | 11321.74 | 5273.07 |
| | 85 | 574.84 | 155.48 | | 85 | 35722.6 | 13780.19 |
| | 86 | 1.82 | 0.93 | | 86 | 9.09 | 296.29 |
| | 87 | 50.11 | 4.29 | | 87 | 2069.86 | 766.77 |
| | 88 | 0.04 | 10.95 | | 88 | 0.72 | 9.04 |
| | 89 | 0.06 | 21.41 | | 89 | 32.02 | 483.95 |
| | 90 | 11.29 | 5.81 | | 90 | 15465.14 | 1492.69 |
| | 91 | 6.01 | 5.15 | | 91 | 8.67 | 13.97 |

续表

| 年份 | HS 两位数商品编码 | 中从韩进口额（百万美元） | 中对韩出口额（百万美元） | 年份 | HS 两位数商品编码 | 中从韩进口额（百万美元） | 中对韩出口额（百万美元） |
|---|---|---|---|---|---|---|---|
| 1994 | 82 | 8.61 | 36.91 | 2008 | 82 | 202.98 | 179.16 |
| | 83 | 36.91 | 3.52 | | 83 | 165.71 | 193.16 |
| | 84 | 711.68 | 88.61 | | 84 | 11003.56 | 8346.58 |
| | 85 | 882.18 | 262.72 | | 85 | 37655.67 | 18799.04 |
| | 86 | 1.61 | 23.96 | | 86 | 4.73 | 290.94 |
| | 87 | 118.36 | 4.95 | | 87 | 2036.08 | 928.92 |
| | 88 | — | — | | 88 | 2.56 | 28.26 |
| | 89 | 59.88 | 0.44 | | 89 | 61.22 | 669.58 |
| | 90 | 32.44 | 17.32 | | 90 | 16394.65 | 1816.35 |
| | 91 | 7.9 | 7.5 | | 91 | 4.2 | 15.18 |
| 1995 | 82 | 11.48 | 13.57 | 2009 | 82 | 246.22 | 149.48 |
| | 83 | 56.9 | 7.03 | | 83 | 166.97 | 125.98 |
| | 84 | 1125.76 | 132.66 | | 84 | 9785.72 | 7542.89 |
| | 85 | 1102.66 | 472.69 | | 85 | 35734.62 | 16792.04 |
| | 86 | 10.82 | 76.31 | | 86 | 2.73 | 87.01 |
| | 87 | 147.22 | 13.86 | | 87 | 2402.97 | 766.11 |
| | 88 | 0.09 | — | | 88 | 8.29 | 5.91 |
| | 89 | 2.14 | 1.54 | | 89 | 262.44 | 1133.83 |
| | 90 | 68.06 | 31.54 | | 90 | 16368.38 | 1885.07 |
| | 91 | 9.45 | 14.93 | | 91 | 3.12 | 11.73 |
| 1996 | 82 | 11.75 | 13.76 | 2010 | 82 | 371.99 | 194.36 |
| | 83 | 69.81 | 69.81 | | 83 | 209.45 | 134.06 |
| | 84 | 7.75 | 1602.59 | | 84 | 15111.79 | 8715.64 |
| | 85 | 1483.08 | 778.17 | | 85 | 48645.28 | 20007.95 |
| | 86 | 27.81 | 95.25 | | 86 | 7.35 | 191.72 |
| | 87 | 113.01 | 18.12 | | 87 | 3887.83 | 1101.7 |
| | 88 | 0.1 | 67.13 | | 88 | 9.85 | 58.03 |
| | 89 | 2.86 | 37.65 | | 89 | 203.71 | 1944.07 |
| | 90 | 115.13 | 51.67 | | 90 | 23074.53 | 2987.85 |
| | 91 | 8.1 | 13.46 | | 91 | 4.86 | 16.21 |

续表

| 年份 | HS两位数商品编码 | 中从韩进口额（百万美元） | 中对韩出口额（百万美元） | 年份 | HS两位数商品编码 | 中从韩进口额（百万美元） | 中对韩出口额（百万美元） |
|---|---|---|---|---|---|---|---|
| 1997 | 82 | 8.49 | 16.27 | 2011 | 82 | 320.28 | 267.95 |
| | 83 | 76.02 | 10.45 | | 83 | 243.01 | 151.16 |
| | 84 | 1354.03 | 264.29 | | 84 | 17050.56 | 8769.78 |
| | 85 | 2022.69 | 1004.92 | | 85 | 54980.61 | 23471.77 |
| | 86 | 3.77 | 196.29 | | 86 | 3.7 | 259.47 |
| | 87 | 66.58 | 26.85 | | 87 | 4988.4 | 1372.36 |
| | 88 | 0.58 | 2.12 | | 88 | 14.84 | 8.79 |
| | 89 | 125.36 | 15.89 | | 89 | 153.55 | 2068.84 |
| | 90 | 130.05 | 56.81 | | 90 | 25241.73 | 4229.43 |
| | 91 | 7.22 | 12.36 | | 91 | 4.78 | 20.4 |
| 1998 | 82 | 6.69 | 8.25 | 2012 | 82 | 386.91 | 268.35 |
| | 83 | 59.82 | 7.47 | | 83 | 243.88 | 149.44 |
| | 84 | 1027.71 | 177 | | 84 | 14152.92 | 8536.38 |
| | 85 | 2258.98 | 943.83 | | 85 | 65565.13 | 29831.99 |
| | 86 | 0.23 | 303.41 | | 86 | 10.38 | 177.47 |
| | 87 | 49.84 | 15.06 | | 87 | 4446.89 | 1305.8 |
| | 88 | 1.46 | 2.91 | | 88 | 15.4 | 23.6 |
| | 89 | 10.12 | 74.64 | | 89 | 190.02 | 2301.39 |
| | 90 | 103.97 | 49.71 | | 90 | 24746.06 | 4392.47 |
| | 91 | 5.8 | 8.69 | | 91 | 9.08 | 21.87 |
| 1999 | 82 | 7.97 | 15.31 | 2013 | 82 | 372.83 | 302.62 |
| | 83 | 74.81 | 8.28 | | 83 | 257.61 | 158.57 |
| | 84 | 1136.38 | 354.3 | | 84 | 15662.06 | 8936.94 |
| | 85 | 3395.35 | 1351.02 | | 85 | 76962.66 | 34144.92 |
| | 86 | 0.18 | 261.79 | | 86 | 6.76 | 207.38 |
| | 87 | 78.91 | 29.39 | | 87 | 5200.37 | 1493.47 |
| | 88 | 0.75 | 2.41 | | 88 | 16.62 | 11.88 |
| | 89 | 3.9 | 10.06 | | 89 | 524.38 | 1141.22 |
| | 90 | 83.03 | 142.94 | | 90 | 23550.79 | 4172.27 |
| | 91 | 10.01 | 9.18 | | 91 | 7.3 | 30.95 |

续表

| 年份 | HS 两位数商品编码 | 中从韩进口额（百万美元） | 中对韩出口额（百万美元） | 年份 | HS 两位数商品编码 | 中从韩进口额（百万美元） | 中对韩出口额（百万美元） |
|---|---|---|---|---|---|---|---|
| 2000 | 82 | 11.9 | 25.03 | 2014 | 82 | 521.25 | 326.45 |
| | 83 | 88.22 | 10.6 | | 83 | 293.83 | 208.4 |
| | 84 | 1989.46 | 606.29 | | 84 | 17490.35 | 9074.04 |
| | 85 | 5088.15 | 1941.51 | | 85 | 76660.72 | 36970.96 |
| | 86 | 0.04 | 382.88 | | 86 | 9.56 | 178.05 |
| | 87 | 113.52 | 63.87 | | 87 | 5713.21 | 1432.17 |
| | 88 | 4.11 | 1.55 | | 88 | 22.8 | 113.59 |
| | 89 | 6.71 | 4.58 | | 89 | 160.78 | 411.95 |
| | 90 | 256.05 | 128.19 | | 90 | 22322.82 | 4110.96 |
| | 91 | 9.78 | 11.55 | | 91 | 23.9 | 49.34 |
| 2001 | 82 | 13.5 | 28.56 | 2015 | 82 | 494.58 | 349.42 |
| | 83 | 74.42 | 17.01 | | 83 | 264.11 | 272.38 |
| | 84 | 2142.86 | 730.6 | | 84 | 17462.04 | 9341.51 |
| | 85 | 5398.44 | 2484.72 | | 85 | 81475.94 | 38797.14 |
| | 86 | 0.1 | 342.65 | | 86 | 9.48 | 145.42 |
| | 87 | 170.15 | 63.9 | | 87 | 5026.76 | 1471.05 |
| | 88 | 1.51 | 1.18 | | 88 | 32.61 | 38.43 |
| | 89 | 9.11 | 14.5 | | 89 | 57.01 | 619.26 |
| | 90 | 419.72 | 111.76 | | 90 | 21034.88 | 4271.33 |
| | 91 | 6.27 | 9.27 | | 91 | 11.94 | 59.18 |
| 2002 | 82 | 22.07 | 32.74 | 2016 | 82 | 413.53 | 316.77 |
| | 83 | 68.84 | 25.71 | | 83 | 270.02 | 233.32 |
| | 84 | 3090.21 | 926.35 | | 84 | 15359.13 | 9838.7 |
| | 85 | 8914.18 | 3118.65 | | 85 | 73577.21 | 33720.23 |
| | 86 | 0.54 | 267.14 | | 86 | 14.45 | 89 |
| | 87 | 266.99 | 111.81 | | 87 | 4457.4 | 1519.64 |
| | 88 | 0.99 | 1.92 | | 88 | 41.58 | 22.71 |
| | 89 | 20.12 | 23.31 | | 89 | 92.2 | 525.81 |
| | 90 | 1273.01 | 181.9 | | 90 | 17364.16 | 3659.01 |
| | 91 | 9.57 | 12.69 | | 91 | 5.42 | 40.6 |

续表

| 年份 | HS 两位数商品编码 | 中从韩进口额（百万美元） | 中对韩出口额（百万美元） | 年份 | HS 两位数商品编码 | 中从韩进口额（百万美元） | 中对韩出口额（百万美元） |
|---|---|---|---|---|---|---|---|
| 2003 | 82 | 83.95 | 41.79 | 2017 | 82 | 441.45 | 368.58 |
| | 83 | 84.83 | 36.54 | | 83 | 204.1 | 302.91 |
| | 84 | 4913.37 | 1591.78 | | 84 | 16918.58 | 11501.01 |
| | 85 | 13218.5 | 4122.97 | | 85 | 87189.03 | 35661.25 |
| | 86 | 0.15 | 280.72 | | 86 | 20.28 | 138.23 |
| | 87 | 960.61 | 119.59 | | 87 | 2849.74 | 1571.64 |
| | 88 | 0.94 | 6.76 | | 88 | 45.76 | 30.19 |
| | 89 | 25.33 | 12.89 | | 89 | 245.7 | 457.75 |
| | 90 | 4706.5 | 488.96 | | 90 | 14981.59 | 3768.44 |
| | 91 | 14.95 | 14.58 | | 91 | 5.25 | 42.22 |
| 2004 | 82 | 140.86 | 58.82 | 2018 | 82 | 437.49 | 418.77 |
| | 83 | 111.24 | 62.49 | | 83 | 181.88 | 348.33 |
| | 84 | 6888.25 | 2887.78 | | 84 | 23772.45 | 13361.66 |
| | 85 | 18582.19 | 6637.15 | | 85 | 99971.73 | 37254.99 |
| | 86 | 0.78 | 383.8 | | 86 | 28.55 | 231.5 |
| | 87 | 1504.63 | 172.78 | | 87 | 2328.43 | 1673.85 |
| | 88 | 0.46 | 9.34 | | 88 | 52.25 | 39.07 |
| | 89 | 72.93 | 95.38 | | 89 | 266.75 | 400.15 |
| | 90 | 9184.59 | 584.36 | | 90 | 15256.98 | 3972.92 |
| | 91 | 11.71 | 12.72 | | 91 | 3.81 | 44.5 |
| 2005 | 82 | 179.95 | 83.88 | 2019 | 82 | 372.52 | 427.49 |
| | 83 | 136.65 | 105.39 | | 83 | 142.77 | 395.7 |
| | 84 | 7324.21 | 3457.1 | | 84 | 21613.06 | 13396.28 |
| | 85 | 25774.03 | 8240.69 | | 85 | 79193.65 | 37679.64 |
| | 86 | 1.82 | 378.53 | | 86 | 6.42 | 262.79 |
| | 87 | 2091.37 | 282.44 | | 87 | 1730.77 | 1802.1 |
| | 88 | 0.22 | 4.47 | | 88 | 66.28 | 41.05 |
| | 89 | 34.84 | 154.1 | | 89 | 14.64 | 587.26 |
| | 90 | 11385.07 | 823.05 | | 90 | 12955.03 | 4104.41 |
| | 91 | 9.37 | 12.25 | | 91 | 1.79 | 62.31 |

注："—"表示数据缺失。

数据来源：根据联合国 UN Comtrade 数据库整理得出。

# 参 考 文 献

[1] 于海龙，张振．“一带一路”背景下我国农业对外合作的潜力、风险与对策研究［J］．经济问题，2018（2）：108-112+122.

[2] 潜旭明．“一带一路”倡议背景下中国的国际能源合作［J］．国际观察，2017（3）：129-146.

[3] 石泽浩，何喜军，李洪英，杨正东．“一带一路”钢铁贸易格局及演变规律研究［J］．国际商务（对外经济贸易大学学报），2017（4）：27-37.

[4] 许娇，陈坤铭，杨书菲，林昱君．“一带一路”交通基础设施建设的国际经贸效应［J］．亚太经济，2016（3）：3-11.

[5] 葛涛，李金叶．“一带一路”倡议背景下中国对中亚农产品进口三元边际及影响因素［J］．价格月刊，2017（12）：24-31.

[6] 姚予龙，邵彬，李泽红．“一带一路”倡议下中俄林业合作格局与资源潜力研究［J］．资源科学，2018，40（11）：2153-2167.

[7] 郑国富．“一带一路”倡议下中国与东盟农产品贸易合作发展的路径与前景［J］．对外经贸实务，2017（10）：30-33.

[8] 程中海，冯梅，袁凯彬．“一带一路”背景下中国对中亚区域 OFDI 的能源进口贸易效应［J］．软科学，2017，31（3）：30-33+67.

[9] 马远，徐俐俐．“一带一路”沿线国家天然气贸易网络结构及影响因素［J］．世界经济研究，2017（3）：109-122+136.

[10] 赵亚博，刘晓凤，葛岳静．“一带一路”沿线国家油气资源分布格局及其与中国合作中的相互依赖关系［J］．地理研究，2017，36（12）：2305-2320.

[11] 许广灵，孟悌清，冀素兰．“一带一路”战略下我国与中亚国家的农产品贸易发展研究［J］．改革与战略，2017，33（4）：154-157.

[12] 赵明亮，杨蕙馨．“一带一路”战略下中国钢铁业过剩产能化解：

贸易基础、投资机会与实现机制［J］. 华东师范大学学报（哲学社会科学版），2015，47（4）：84-92+169-170.

［13］付明辉，祁春节．中国与“一带一路”国家和地区农产品贸易现状与比较优势分析［J］. 世界农业，2016（8）：180-185.

［14］曲如晓，刘霞．“一带一路”背景下中国与西亚贸易竞争性与互补性分析［J］. 国际经济合作，2017（4）：60-66.

［15］何敏，张宁宁，黄泽群．中国与“一带一路”国家农产品贸易竞争性和互补性分析［J］. 农业经济问题，2016，37（11）：51-60+111.

［16］黄杰，刘成，冯中朝．中国对“一带一路”沿线国家农产品出口增长二元边际及其影响因素分析［J］. 中国农业大学学报，2018，23（12）：187-199.

［17］雷会妨，马远．基于GTAP模型的“一带一路”沿线国家能源贸易畅通分析［J］. 价格月刊，2018（5）：40-45.

［18］樊兢．进口国规制环境对中国高新技术产品出口效率的影响——基于“一带一路”沿线47个国家的实证研究［J］. 中国社会科学院研究生院学报，2018（6）：45-56.

［19］方英，马芮．中国与“一带一路”沿线国家文化贸易潜力及影响因素：基于随机前沿引力模型的实证研究［J］. 世界经济研究，2018（1）：112-121+136.

［20］范兆斌，黄淑娟．文化距离对“一带一路”国家文化产品贸易效率影响的随机前沿分析［J］. 南开经济研究，2017（4）：125-140.

［21］程广斌，刘伟青．中国对“一带一路”沿线国家制造业出口效率分析——基于随机前沿引力模型［J］. 华东经济管理，2018，32（5）：40-48.

［22］谢涛．中国与“一带一路”沿线国家农产品出口贸易影响因素研究［J］. 世界农业，2017（3）：132-138.

［23］黄旭东，石蓉荣．“一带一路”区域贸易和FDI对经济增长的贡献——基于GVAR模型的研究［J］. 数理统计与管理，2018，37（3）：492-508.

［24］范秋芳，王嫚，李苏．“一带一路”沿线国家贸易便利化水平对中国出口贸易影响研究［J］. 工业技术经济，2019，38（8）：20-31.

［25］李慧玲，马海霞，陈军．“一带一路”战略下中印、中巴贸易增长

因素研究——基于修正的 CMS 模型分析 [J]. 经济问题探索，2016 (3)：127-135.

[26] 陈高，胡迎东. “一带一路”战略对沿线国家贸易影响的实证分析 [J]. 统计与决策，2017 (23)：145-149.

[27] 汪素芹. “一带一路”战略实施对我国外贸格局的影响 [J]. 区域经济评论，2015 (5)：77-80.

[28] 陈万灵，吴旭梅. 海上丝绸之路沿线国家进口需求变化及其中国对策 [J]. 国际经贸探索，2015，31 (4)：87-100.

[29] 胡艳英，楼尔基. 互联互通对中国服务贸易出口的影响——基于“一带一路”沿线 50 个国家面板数据的实证分析 [J]. 价格月刊，2018 (4)：74-79.

[30] 张艳艳，于津平. 交通基础设施、相邻效应与双边贸易——基于中国与“一带一路”国家贸易数据的实证研究 [J]. 当代财经，2018 (3)：98-109.

[31] 张会清，唐海燕. 中国与“一带一路”沿线地区的贸易联系问题研究——基于贸易强度指数模型的分析 [J]. 国际经贸探索，2017，33 (3)：27-40.

[32] 吕诚伦，王学凯. 中国与“一带一路”沿线国家出口贸易研究——基于汇率变动、外贸依存度的视角 [J]. 财经理论与实践，2019，40 (3)：113-118.

[33] 宗慧隽，王明益. 中国与“一带一路”沿线国家的贸易潜力和贸易效率——基于夜间灯光数据的实证考察 [J]. 中南财经政法大学学报，2018 (6)：125-133.

[34] 李兵，颜晓晨. 中国与“一带一路”沿线国家双边贸易的新比较优势——公共安全的视角 [J]. 经济研究，2018，53 (1)：183-197.

[35] 韩永辉，罗晓斐，邹建华. 中国与西亚地区贸易合作的竞争性和互补性研究——以“一带一路”战略为背景 [J]. 世界经济研究，2015 (3)：89-98+129.

[36] 魏浩，巫俊. 中国从“一带一路”沿线国家进口贸易发展的现状与对策 [J]. 人民论坛·学术前沿，2017 (9)：67-73.

[37] GEORGIEV GEORGI. The Chinese “One Belt，One Road” Initiative—new

opportunities for the European Union and its neighbours in the Black Sea region [J]. KSI Transactions on Knowledge Society, 2015, 8 (2): 33-40.

[38] 张雨佳, 张晓平, 龚则周. 中国与"一带一路"沿线国家贸易依赖度分析 [J]. 经济地理, 2017, 37 (4): 21-31.

[39] 徐承红, 张泽义, 赵尉然. 我国进口贸易的产业结构升级效应及其机制研究——基于"一带一路"沿线国家的实证检验 [J]. 吉林大学社会科学学报, 2017, 57 (4): 63-75+204.

[40] 公丕萍, 宋周莺, 刘卫东. 中国与"一带一路"沿线国家贸易的商品格局 [J]. 地理科学进展, 2015, 34 (5): 571-580.

[41] 马佳羽, 韩兆洲. 中国对"一带一路"沿线国家出口持续期及影响因素研究 [J]. 统计研究, 2018, 35 (6): 31-42.

[42] 余妙志, 梁银锋, 高颖. 中国与南亚地区农产品贸易的竞争性与互补性——以"一带一路"战略为背景 [J]. 农业经济问题, 2016, 37 (12): 83-94+112.

[43] 张慧, 胡明形. 中国与"一带一路"沿线国家木质林产品贸易潜力研究 [J]. 林业经济问题, 2018, 38 (5): 25-30+102.

[44] 李敬, 陈旎, 万广华, 陈澍. "一带一路"沿线国家货物贸易的竞争互补关系及动态变化——基于网络分析方法 [J]. 管理世界, 2017 (4): 10-19.

[45] 王金波. "一带一路"经济走廊贸易潜力研究——基于贸易互补性、竞争性和产业国际竞争力的实证分析 [J]. 亚太经济, 2017 (4): 93-100+175.

[46] 刘倩, 刘清杰, 聂莹, 玛尔哈巴·肖开提. "一带一路"背景下新疆与欧亚经济联盟贸易竞争性与互补性分析 [J]. 新疆社会科学, 2018 (2): 60-69.

[47] 王勤. "一带一路"框架下福建与东盟的经贸合作 [J]. 东南学术, 2016 (3): 1-9+246.

[48] 李思奇. "一带一路"背景下中国与中亚五国贸易便利化的经贸效应研究 [J]. 东北亚论坛, 2018, 27 (4): 112-126+128.

[49] 刘宇, 吕郢康, 全水萍. "一带一路"战略下贸易便利化的经济影

响——以中哈贸易为例的 GTAP 模型研究 [J]. 经济评论，2016 (6)：70-83.

[50] 柴利，董晨．“一带一路”沿线亚洲国家贸易便利化对中国跨境电商出口规模的影响 [J]. 商业经济研究，2019 (14)：134-138.

[51] 张晓静，李梁．“一带一路”与中国出口贸易：基于贸易便利化视角 [J]. 亚太经济，2015 (3)：21-27.

[52] 方英，姚君丽．中国与“一带一路”沿线国家文化创意产品贸易状况及发展策略 [J]. 国际贸易，2017 (11)：41-46.

[53] 李娅，缪靖羽．中国与东盟天然橡胶产业合作分析——“一带一路”背景下中国与东盟地区天然橡胶产业的再认识 [J]. 资源开发与市场，2016，32 (10)：1223-1227.

[54] 韩永辉，邹建华．“一带一路”背景下的中国与西亚国家贸易合作现状和前景展望 [J]. 国际贸易，2014 (8)：21-28.

[55] 杨言洪，田冉冉．“一带一路”倡议背景下中国与阿拉伯国家经贸合作研究 [J]. 国际商务（对外经济贸易大学学报），2018 (3)：60-69.

[56] 赵扬．“一带一路”倡议实施以来中国对外贸易结构的演变与发展趋势 [J]. 对外经贸实务，2017 (5)：8-11+2.

[57] 徐雅，伍晓光．“一带一路”倡议下中哈贸易的现状与前景 [J]. 求索，2018 (5)：56-63.

[58] 龚秀国．“一带一路”建设对华贸易效应的实证分析 [J]. 四川大学学报（哲学社会科学版），2017 (4)：97-107.

[59] 谢文心．“一带一路”建设下中蒙经贸合作与发展 [J]. 经济问题，2017 (2)：14-18.

[60] 刘锋，张京鱼．“一带一路”下中国对外贸易格局演变及风险应对 [J]. 河南社会科学，2018，26 (10)：64-67.

[61] 庞德良，刘胜君．“一带一路”沿线国家对华对日贸易格局演变 [J]. 东北亚论坛，2016，25 (6)：36-45+125.

[62] 冯永琦，黄翰庭．“一带一路”沿线国家对中国产品市场的依赖度及中国的对策 [J]. 当代亚太，2017 (3)：128-156+160.

[63] 赵翊．“一带一路”战略与中国对阿拉伯国家出口潜力分析 [J]. 阿拉伯世界研究，2014 (3)：58-67.

[64] 陈继勇，陈大波．中国对"一带一路"沿线国家出口商品贸易潜力的实证研究［J］．湖北大学学报（哲学社会科学版），2018，45（1）：109-117+168.

[65] 张会清．中国与"一带一路"沿线地区的贸易潜力研究［J］．国际贸易问题，2017（7）：85-95.

[66] 孙金彦，刘海云．"一带一路"战略背景下中国贸易潜力的实证研究［J］．当代财经，2016（6）：99-106.

[67] 张剑光，张鹏．中国与"一带一路"国家的贸易效率与影响因素研究［J］．国际经贸探索，2017，33（8）：4-23.

[68] 刘洪铎，陈晓珊．中国与"一带一路"沿线国家出口贸易联系的稳定性及其影响因素研究［J］．国际经贸探索，2018，34（3）：29-45.

[69] 王文俊，李军．"一带一路"建设背景下广西开放型经济发展研究［J］．广西社会科学，2016（9）：20-25.

[70] 苗长青，王鹏智．辽宁沿海经济带融入"一带一路"国家战略的对外贸易问题研究［J］．经济研究参考，2016（33）：81-87.

[71] 付韶军．"一带一路"建设与中国出口效率提升——基于面板数据随机前沿引力模型的实证研究［J］．工业技术经济，2016，35（10）：63-71.

[72] 崔娜，柳春．"一带一路"沿线国家制度环境对中国出口效率的影响［J］．世界经济研究，2017（8）：38-50+135-136.

[73] 张生玲，魏晓博，张晶杰．"一带一路"战略下中国能源贸易与合作展望［J］．国际贸易，2015（8）：11-14+37.

[74] 刘瑞，高峰．"一带一路"战略的区位路径选择与化解传统产业产能过剩［J］．社会科学研究，2016（1）：45-56.

[75] 刘卫东．当代中国马克思主义新闻观科学化大众化的时代表达［J］．中国地质大学学报（社会科学版），2016，16（3）：138-147.

[76] 白永秀，何昊，宁启．五年来"一带一路"研究的进展、问题与展望［J］．西北大学学报（哲学社会科学版），2019，49（1）：149-162.

[77] 李正，陈才，熊理然．欧美地缘经济理论发展脉络及其内涵特征探析［J］．世界地理研究，2014，23（1）：10-18.

[78] 杨艳玲．"一带一路"倡议的地缘政治视角解读［J］．产业与科技

论坛，2019，18（11）：8-9.

［79］白永秀，王颂吉．丝绸之路经济带的纵深背景与地缘战略［J］．改革，2014（3）：64-73.

［80］王义桅．论“一带一路”的历史超越与传承［J］．人民论坛·学术前沿，2015（9）：19-27.

［81］盛毅，余海燕，岳朝敏．关于“一带一路”战略内涵、特性及战略重点综述［J］．经济体制改革，2015（1）：24-29.

［82］李晓，李俊久．“一带一路”与中国地缘政治经济战略的重构［J］．世界经济与政治，2015（10）：30-59+156-157.

［83］卢锋，李昕，李双双，姜志霄，张杰平，杨业伟．为什么是中国？——“一带一路”的经济逻辑［J］．国际经济评论，2015（3）：9-34+4.

［84］卫玲．“一带一路”：新型全球化的引擎［J］．兰州大学学报（社会科学版），2017，45（3）：23-29.

［85］张良悦，刘东．“一带一路”与中国经济发展［J］．经济学家，2015（11）：51-58.

［86］吴丰华，白永秀．以丝绸之路经济带促动西部发展：现实基础、重大意义、战略举措［J］．人文杂志，2015（12）：35-42.

［87］于津平，顾威．“一带一路”建设的利益、风险与策略［J］．南开学报（哲学社会科学版），2016（1）：65-70.

［88］匡增杰．WTO 贸易便利化议题谈判进程：回顾与前景展望［J］．世界贸易组织动态与研究，2007（5）：1-6.

［89］朱永强，高正桥．WTO 框架下贸易便利化问题探析［J］．华东经济管理，2003，17（6）：37-40.

［90］WILSON J S，MANN C L，OTSUKI T. Trade Facilitation and Economic Development：A New Approach to Quantifying the Impact［J］. The World Bank Economic Review，2003，17（3）：367-389.

［91］袁晓莉，周琛．新时代背景下中国与亚太经济体的贸易潜力研究——基于贸易便利化水平变动视角的分析［J］．青岛科技大学学报（社会科学版），2018，34（3）：16-23.

［92］孔庆峰，董虹蔚．“一带一路”国家的贸易便利化水平测算与贸易

潜力研究［J］. 国际贸易，2015（12）：158-168.

［93］李豫新，郭颖慧．边境贸易便利化水平对中国新疆维吾尔自治区边境贸易流量的影响——基于贸易引力模型的实证分析［J］. 地方经贸，2013（10）：120-128.

［94］段景辉，黄丙志．贸易便利化水平指标体系研究［J］. 科学发展，2011（7）：46-52.

［95］赵渊博．“一带一路”沿线国家和地区贸易便利化差异研究［J］. 改革与战略，2018，34（6）：109-115.

［96］曾铮，周茜．贸易便利化测评体系及对我国出口的影响［J］. 国际经贸探索，2008，24（10）：4-9.

［97］张淑辉．金砖国家贸易便利化对中国农产品出口的影响分析［J］. 经济问题，2018（4）：116-122.

［98］刘青峰，姜书竹．从贸易引力模型看中国双边贸易安排［J］. 浙江社会科学，2002（6）：17-20.

［99］曾向红．“一带一路”的地缘政治想象与地区合作［J］. 世界经济与政治，2016（1）：46-71+157-158.

［100］麦金德．历史的地理枢纽［M］. 周定瑛，译．西安：陕西人民出版社，2013.

［101］沈铭辉，张中元．中国境外经贸合作区：“一带一路”上的产能合作平台［J］. 新视野，2016（3）：110-115.

［102］杨思灵．“一带一路”倡议下中国与沿线国家关系治理及挑战［J］. 南亚研究，2015（2）：15-34+154-155.

［103］李新，张鑫．“一带一路”视域下区域一体化发展探析［J］. 新疆师范大学学报（哲学社会科学版），2016，37（4）：109-115.

［104］孙楚仁，张楠，刘雅莹．“一带一路”倡议与中国对沿线国家的贸易增长［J］. 社会科学文摘，2017（11）：18-20.

［105］徐梁．“一带一路”背景下动态比较优势增进研究［D］. 杭州：浙江大学，2016.

［106］邹嘉龄，刘春腊，尹国庆，唐志鹏．中国与“一带一路”沿线国家贸易格局及其经济贡献［J］. 地理科学进展，2015，34（5）：598-605.

［107］桑百川，李计广，张晓静．后危机时代新兴市场战略的拓展与深化［J］．国际贸易，2010（8）：29-33.

［108］冯根尧，陈霄．中国与“一带一路”沿线支点国家文化产品贸易效率与出口潜力——基于随机前沿引力模型的测算［J］．绍兴文理学院学报（人文社会科学版），2019，39（6）：64-72.

［109］刘用明，朱源秋，吕一清．“一带一路”背景下中俄双边贸易效率及潜力研究——基于随机前沿引力模型（SFGM）［J］．经济体制改革，2018（5）：78-84.

［110］雷洋，黄承锋，郑先勇．中国与伊朗双边贸易效率及潜力评估：基于随机前沿引力模型［J］．广西社会科学，2018（5）：81-86.